욕망과 혁명

—펠릭스 가타리의 혁명사상과 실천활동

서강학술총서
010

욕망과 혁명

펠릭스 가타리의 혁명사상과 실천활동

윤수종 지음

서강대학교출판부

서강학술총서 010
욕망과 혁명
—펠릭스 가타리의 혁명사상과 실천활동

초판발행 | 2009년 9월 16일
지 은 이 | 윤수종
발 행 인 | 이종욱
편 집 인 | 우찬제
발 행 처 | 서강대학교 출판부
등록번호 | 1978년 9월 28일 제313-2002-170호

주　소 | 서울특별시 마포구 신수동 1번지
전　화 | (02) 705-8212
팩　스 | (02) 705-8612

ISBN 978-89-7273-153-5 94300
ISBN 978-89-7273-139-9(세트)

값 20,000원

* '서강학술총서'는 SK SUPEX 기금의 후원으로 제작됩니다.

복제와 증식

가타리는 체계적인 학문적 훈련을 받은 사람이 아니다. 게다가 다양한 영역을 넘나들면서 새로운 사유를 추구하였다. 그렇기 때문에 기존의 용어들을 사용하기보다는 새로운 용어를 만들어서 사용하였다. 그의 텍스트를 접하면 우선 낯선 용어들 때문에 곤혹스럽게 된다. 게다가 그가 체계적으로 설명하면서 쓴 책은 『기계적 무의식』[1]과 들뢰즈와 같이 쓴 저작들(『앙티-오이디푸스』, 『카프카』, 『천 개의 고원』, 『철학이란 무엇인가』)일 것이다. 그의 다른 책들은 간단한 메모, 대담의 발췌문, 환자의 일기, 다른 사람의 책에 대해 쓴 서문, 좌파 잡지에 쓴 이념적인 글들, 잡지에 쓴 영화평, 당 강령을 위해 쓴 테제, 강의 원고 등을 묶은 것이다. 그래서 각 글의 논조나 밀도가 극히 다양하고 이질적이다.

그래서 가타리의 텍스트를 이해하기 위해서는 번역을 해가면서 여러 번 반복해 읽어야 했다. 게다가 불어도 보통 불문학 교수도 읽기 불편한

1 Félix Guattari, *L'inconscient Machinique*, Editions de Recherhes, 1979; 가타리, 윤수종 옮김, 『기계적 무의식』, 푸른숲, 2003.

정도이다. 마침 일본 사람들이 가타리를 일찍부터 소개해왔기 때문에 필자는 1990년대 초반 일어본을 통해서 가타리에 접근할 수 있었다. 그러나 일본어 번역본들은 의역을 많이 해서 원문보다는 일본인이 읽기 쉽게 해놓았다. 또 영어본으로 소개된 것은 번역도 제대로 안 되었지만 내용 파악이 더 어려웠다. 하는 수 없이 프랑스어를 배워가면서 가타리의 텍스트를 번역하기 시작하였다. 10여 년 동안 그의 텍스트를 일본어본 · 영어본 · 불어본 순으로 번역하고 교정하면서 한글본을 출판해왔다. 정말 고난의 연속이었다. 짧은 불어 실력에다가 그 꼬인 말투라니.

번역은 아무리 잘해도 욕을 먹기 십상이다. 오역은 있게 마련이고 한 문장 정도 빼먹는 일도 흔히 일어난다. 읽고 이해하는 것과 우리말로 옮겨서 이해할 정도의 글로 만드는 것은 전혀 다른 문제이다. 그것은 언어에 대한 숙달의 문제라기보다는 오히려 고행 노동에 가깝다고 할 수 있다. 읽는 사람의 입장에서는 원문과 대조해보다가 이상하거나 틀린 부분이 있으면 마구 꾸짖어댄다. 네그리의 『제국』이란 책을 번역한 뒤 인터넷에 번역의 오류를 꾸짖으며 재번역하라고 누군가 고함을 쳤다. 그것도 독일어본으로 읽고서. UN을 미국(USA)으로 잘못 옮긴 부분을 지적하면서. 물론 그 다음 판을 찍을 때는 찾아서 고쳤다. 그런데 다행인 것은 프랑스어나 독일어에 대해서는 그렇게 꾸짖는 사람이 거의 없다는 것이다. 그것도 영어 번역본에 대해서나 나오는 말이다. 영어의 제국화를 느낀다. 번역 문제 운운하는 사람들에게는 '니가 해봐라'는 말이 목구멍까지 나오지만 참고 만다. 더욱이 필자를 번역 기계로 보고 친하다는 이유로(필자는 전혀 친하다고 생각하지 않지만) '번역 좀 그만해라'라고 내뱉는다. 상대에 대한 배려와는 거리가 먼 사람들의 구토물, 분비물을 감당하기가 힘들다.

어쨌든 필자는 가타리를 이해하고 대중에게 알리기 위해서는 그의 텍스트를 번역해야 한다는 강박에 사로잡혀왔다. 물론 필자는 네그리를 비롯한 자율주의자들의 텍스트와 빌헬름 라이히의 텍스트도 번역해왔다. 실제로 번역을 하지 않으면 대중적인 논의가 이루어지지 않는다. 물론 번역을 해놔도 몇몇 관심 있는 사람들만이 정독하는 정도이다. 게다가 가타리는 혼자서 읽기에는 너무 고통스럽고 쉽게 포기하게 된다. 책을 사서 역자 서문 정도를 읽어봐도 다행이라고 생각할 정도이다.

어쨌든 번역은 복제이지만 증식을 위한, 자기가치증식을 위한 토대일 수 있다. 번역 과정 자체가 실은 공동 작업의 성격을 띠지 않을 수 없다. 대체로 세미나를 하면서 여러 사람이 초역을 하고, 그 텍스트가 또 다른 여러 사람의 손을 거치면서 교정된다. 특히 출판사에서 번역 교정을 얼마나 감당해주느냐가 독자가 읽을 수 있는 책이 되도록 하는데 결정적이다.

종종 이론 수입상 운운하는 비난을 받았지만, 이제는 모두가 잡종이, 혼혈아가 되어가는 판국이고 전지구화가 되어서 그런지 요즈음에는 수입상이라고 하지는 않는다. 수입상이든 오퍼상이든, 국산이든 외국산이든, 무엇이 문제랴. 잘 착취하면 되지. 읽지도 않고 비난하려고만 들지 말기를 바란다. 더욱이 자신의 입장과 다르다고 하면서 더 권위 있는 이론가(마르크스, 레닌, 또는 헤겔, 라캉, 니체, 스피노자, 들뢰즈?)에 의거해서 비난하는 일은 없어졌으면 한다.

이 책에 실린 글들은 대부분 그간 발표해온 것들이다. 가타리의 책들을 번역하면서 또는 번역하고 나서 몇 번에 걸쳐서 발표한 글들과 최근 가타리의 사상과 실천을 정리하면서 쓴 글을 덧붙였다. 그래서 글들의 내용이 여기저기 겹친다. 자기 표절의 흔적도 여기저기 보일 것이다. 반복이 차이를 만들어낼지……. 4장 「욕망과 혁명」은 필자의 이전 저서 『자유의 공간을 찾아서: 자율사회의 밑그림』(문화과학사, 2002)에 실린 '분자혁명과 투쟁 방향'의 내용과 상당부분 일치한다. 그리고 5장 「분자혁명론」은 4장 「욕망과 혁명」의 내용을 다른 말로 바꾼 것이다. 즉 다른 버전인 것이다.

1장은 새로 쓰고 결론은 각 글의 결론을 합치면서 재정리한 것이다. 그리고 9장의 '주체성생산'에 관한 글은 한국프랑스학회에서 발표한 글 가운데 일부를 발췌하여 실었다. 결론 부분도 다른 글들의 결론을 토대로 다시 써보았다. 전체적으로 수정하고 재조정하면서 책의 형식으로 정비하였다. 그럼에도 여기저기 반복되는 문구들이 보인다.

그리고 가타리의 사상 가운데 기호학 비판 부분은 접근하기가 어려웠다. 『기계적 무의식』이란 책을 번역하였지만 이해하기 힘들었고 그의 『분열분석적 지도그리기』[2]는 아직 저 멀리 있다. 그리고 『미시정치』[3]는 지금 번역 중에 있으며 이 책을 쓰는 데는 조금밖에 반영하지 못하였다.

그럼에도 이 책은 가타리의 사상 전반에 대한 설명을 감행하고 있다. 2장 「분자혁명에서 생태철학으로」에서는 가타리의 사상 전반을 개괄한다. 3장 「제도분석과 집단적 주체성」에서는 『정신분석과 횡단성』[4]을 중심으로 가타리의 제도 분석을 소개한다. 4장 「욕망과 혁명」과 5장 「분자혁명론」에서는 『분자혁명』[5]과 다른 텍스트들에서 나타난 가타리의 혁명론과 그 실천 방안들에 대해서 꼼꼼히 따져본다. 6장 「분열분석: 무의식 분석의 새로운 시도」에서는 『기계적 무의식』의 내용을 토대로 분열분석의 내용을 좀 더 천착해간다. 7장 「카오스모즈의 생태학」에서는 가타리의 세 가지 생태학이란 주장을 검토하면서 카오스모즈란 생성론으로 나아가는 과정을 살핀다. 8장 「주체성생산」에서는 카오스모즈 속에서 생산되는 주

---

2 Félix Guattari, *Cartogaphies Schizoanlytiques*, Editions Galilée, 1989.

3 Félix Guattari et Suely Rolnik, *Micropolitiques*, Les Emêcheurs de penser en rond/Le Seuil, 2007.

4 Félix Guattari, *Psychanalyse et Transversalité*, François Maspero, Paris, 1972; 가타리, 윤수종 옮김, 『정신분석과 횡단성』, 울력, 2004.

5 Félix Guattari, *La Révolution Moléculaire*, Editions Recherches, 1977; 가타리, 윤수종 옮김, 『분자혁명』, 푸른숲, 1998.

체성에 초점을 맞추면서 자본주의적 주체성과 대치하는 색다른 주체성생산의 방향을 탐색한다. 9장 「가타리의 실천 활동」에서는 이상과 같은 사상을 지닌 채 다양한 활동을 펴온 가타리의 실천 활동을 시기별로 정리해 보았다. 10장 「결론: 한국 사회운동에 대한 함의」에서는 먼 나라 이웃 나라 얘기에서 한국의 운동과 관련하여 가타리의 사상과 이론이 지니는 함의에 대해서 논의해본다.

또한 부록에 필자가 번역한 가타리의 『분자혁명』과 『(가타리가 실천하는) 욕망과 혁명』[6]에 대한 이구표 선생님과 서관모 선생님의 서평을 실었다. 필자의 좁은 이해를 확 넓혀주는 두 분의 고견을 꼭 읽어보시기 바란다. 그리고 두 분 선생님께 다시 한 번 감사드린다. 독자들의 이해를 돕기 위해서 용어 해설과 문헌 목록노 첨부하였다.

필자가 네그리, 가타리, 라이히 등의 텍스트를 번역해온 것은 자율사상을 알리기 위한 것이다. 헤게모니론에 입각한 조직론과 혁명론에 대한 대안으로서 말이다.

마르크스-레닌주의의 헤게모니론에 입각한 사상은 결국은 중심(이론 중심과 조직 중심)을 만들고 대중을 지도한다는 방식에 입각해 있다. 물론 그 중심에서는 다시 중심을 만들기 위해 헤게모니 싸움이 벌어진다. 결국은 한 사람이나 한 가지 사상이 모든 사람을 이끌고 가야 한다는 무시무시한 강박으로 이어진다.

필자는 이러한 헤게보니론에 입각한 운동을 구성원들의 자율성을 최대한 확장하고 중심(또는 대표)의 헤게모니나 권위(권력)를 최소화하는 방향으로 나아가는 운동으로 바꿔갈 것을 촉구하려고 한다. 그래서 가타리의 사상을 연구하면서도 분자혁명론이나 욕망과 혁명 부분에 강조점을 두었

---

6 가타리, 윤수종 편역, 『(가타리가 실천하는) 욕망과 혁명』, 문화과학사, 2004.

다.

그러한 방향에서 가타리의 주장은 구성원들 안에서 소수적인(주변적인) 것을 강조하고 포괄하면서 중심화되지 않는 변혁을 생각할 수 있게 해준다. 또한 그의 논의를 현실에 적용하면서 필자는 소수자운동을 강조해왔다.[7] 이 책이 그러한 방향으로 나아가는데 사유할 수 있는 쟁점들을 따져보는 계기가 될 것으로 기대한다. 증식을 넘어 자기가치증식으로.

2009년 3월 15일

7 윤수종 외, 『우리 시대의 소수자운동』, 이학사, 2002.

차례

제1장

서론: 가타리와의 만남

1. 가타리와의 만남

1990년대 초반 사회주의권이 무너지고 마르크스주의가 실패한 사상으로 폄하되고 마르크스주의자였던 사람들이 전향을 선언하던 시절이 있었다. 마르크스주의가 사회를 변화시켜보겠다고 노력해왔었는데 어느 날 갑자기 무너지면서 마르크스주의 사상이나 그것에 근거했던 모든 실천이 틀렸다는 식으로 진행되는 상황을 보고, 과연 그럴까 하는 생각을 하게 되었다.

마르크스-레닌주의의 한국판 버전인 민중민주주의 변혁론(PD론)에 입각하여 만든 책들[1]의 저술에 참여하면서 알뛰세의 마르크스주의에 대한 공부를 하고 있던 중이었다. 국가 정보기구에 의해서 서울사회과학연구소가 탄압당하였고 다른 한편으로는 탈근대론(포스트모더니즘)이 유입되면

---

1 서울사회과학연구소 경제분과, 『한국에서 자본주의의 발전』 새길, 1991과 페레스트로이카의 상황에서 사회주의를 재점검한 서울사회과학연구소, 『사회주의 이론 · 역사 · 현실』, 민맥, 1991.

서 혼란이 가중되고 있었다.

그 후 서울사회과학연구소에서 후배들과 탈근대론을 공부하면서 자본주의를 미화하는 탈근대론을 벗어나서 마르크스주의적인 비판적 논점들을 유지하면서 새로운 현상들을 분석하고 비판해가는 주장들을 찾아 나서게 되었다. 그 과정에서 떠오른 이론가들이 푸코, 들뢰즈와 가타리, 네그리, 데리다, 료타르, 라캉, 보드리야르 등이었다. 이들은 탈근대적 주체찾기에 나선 사람들이었다. 물론 다양한 편차가 있고 자본주의에 대한 비판적인 시선에서 장밋빛 상으로 그리는 시선까지 겹쳐 있었다. 이들 가운데 들뢰즈와 가타리, 그리고 네그리가 마르크스주의적인 비판적 함의를 지닌 채 탈근대적인 새로운 현상들을 설명해줄 수 있는 이론가들로 떠오르고 있었다.

그때 알튀세의 답답한 구조주의적 흐름에서 벗어나려는 느낌 속에서 『마르크스를 넘어선 마르크스』[2]라는 저서를 통해서 마르크스주의를 오히려 새롭게 변신시키려 했던 자율주의적 마르크스주의 흐름에 접하게 되었다.

자율주의 사상을 지닌 사람들의 기존 마르크스주의에 대한 비판의 핵심적인 논점은, 기존의 마르크스주의가 부르주아 과학과 마찬가지로 현실을 파악할 때 항상 어떤 중심, 가장 합리적이고 가장 이상적이고 가장 이성적인 어떤 중심을 생각하고 주체를 생각할 때에도 그렇게 생각했다는 점이다. 그래서 자본주의 사회의 지배계급과는 다른, 대체 계급으로서 노동자계급을 생각했음에도 불구하고, 이 노동자계급 안에서 또 순수한(진정한) 노동자상을 추구하는 그런 방향으로 나아갔다. 어쨌든 그런 과정 속에서 결국 어떤 이념적인 주체를 설정하고 그것에 매달렸다는 것이다.

---

2 네그리, 윤수종 옮김, 『마르크스를 넘어선 마르크스』, 새길, 1994.

그러다 보니 주체의 상을 고정시켜버리고 현실의 변화되는 주체들을 따라잡지 못하고 말았다. 그러한 양상이 지속되다 보니까 2백 년 동안 뭔가 새로운 사회를 만들려고 했던 사상이 어느 날 하루아침에 무너지는 것처럼 나타났다는 것이다.

이러한 관점에서 볼 때 결국 권력의 측면에서는 한 사회구성원으로부터 매개를 거쳐 대표가 되는 그런 과정들에 대한 비판적인 문제제기가 이루어지고, 주체의 측면에서는 중심적인 주체가 아니라 다양한 주체들을 어떻게 포괄할 수 있는가 하는 문제제기가 이루어져왔다. 이러한 문제제기에 앞장서왔던 것이 바로 마르크스주의를 내재적으로 비판했던 자율주의라는 흐름이었다.

자율주의도 처음에 출발하면서부터 이런 문제의식을 지니고 있었다기보다는 운동 과정 속에서 그러한 문제의식을 점차 구체화해 나왔다. 운동 과정에서 배제되는 사람들, 말하자면 노조운동 안에서 여성들이나 이주노동자들이나 또 어떤 특정한 지역에서 온 사람들이 배제되는 일들이 벌어진다. 그런데 그렇게 주변적인 사람들을 받아들이지 못하면 그 노조 전체가 결국 약화되는 일이 벌어졌다. 노조 전체의 자율성 · 힘을 강화하는 것은 바로 노조 내부의 주변성을 끌어안는 것이어야 했다. 그 주변자들 · 소수자들을 위한 운동을 주장하는 것이 아니라, 전체를 강화하기 위해서 주변자들 · 소수자들을 끌어안고 가야 된다는 그런 문제의식에서 주변적인 것에 착목하지 않을 수 없었다. 레닌주의적인 문제의식을 가진 운동가들이 중심적인 주체를 강조하고 헤게모니 싸움을 하는 것에 반대하면서, 자율주의자들은 다양한 주변적인 사람들, 소수자들을 포괄해나가려고 하였던 것이다.

물론 무슨 주의(ism, 이념)에 집착하려 하지는 않았다. 오히려 새로운 변화를 따라 잡으려는 생각에 사로잡혀 있었다. 그런데 구좌파적 사유는 마르크스가 설정하고 레닌이 정식화한 도식들에 매여 있었다. 하나의 사상을 지니는 것과 그 사상에 입각한 이론들을 옳다고 믿는 것은 다른 문제라고 생각한다. 그런 의미에서 마르크스주의 사상 위에서 다양한 이론들의 명멸을 인정할 수 있어야 할 것이다. 네그리로 대표된 자율주의 사상은 마르크스주의 용어들을 사용하면서도 새로운 변화를 따라잡으려 하였다.

네그리의 이론을 탐색하면서 동시에 들뢰즈와 가타리에 대한 공부도 시작하였다. 현학적인 들뢰즈에 비해 가끔씩 매서운 이야기를 던지는 가타리에 관심을 가지고 있던 중 일본어 번역본들을 통해 가타리의 이론과 실천에 접하게 되었다. 또한 네그리가 가타리와 같이 쓴 『자유의 새로운 공간』[3]을 통해서 가타리의 논의들을 더욱 깊이 탐색하게 되었다.

필자는 네그리의 이론이 『제국』[4]을 통해 널리 알려지기 이전에 네그리의 책들을 번역 소개하면서 그의 논의들을 정리해보고 한국에 적용해보려고 하였다. 물론 가타리의 논의도 일부 섞어가면서 했다. 그 결과물이 『자유의 공간을 찾아서』[5]였다.

네그리도 새로운 변화를 따라잡으려고 노력하지만 주체 문제와 관련한 설명에서 너무 추상적이고 개념적 수준에 머물러 있었다. 그런 아쉬움에서 빌헬름 라이히와 가타리의 저작들에서 주체 문제에 대한 생각들을 찾아보게 되었다. 물론 가타리는 들뢰즈와의 공동 작업으로 자신의 생각을 더욱 진전시켜 나갔기 때문에 들뢰즈 '와' 가타리를 만나지 않을 수 없었다.

---

3 네그리 · 가타리, 조정환 옮김, 『자유의 새로운 공간』, 갈무리, 2007.
4 네그리 · 하트, 윤수종 옮김, 『제국』, 이학사, 2001.
5 윤수종, 『자유의 새로운 공간』, 문화과학사, 2002.

2. 들뢰즈와 가타리

사람들은 들뢰즈와 가타리의 공저를 인용하면서도 들뢰즈만을 언급한다. 가타리를 자연스럽게 배제하곤 한다. 들뢰즈는 학계에 있었고 제자들도 있다. 지금은 들뢰즈의 이론은 인문 · 사회과학계에 새로운 이론사조로서 득세해가고 있다. 어딜 가나 들뢰즈의 이야기가 넘쳐나고 있다. 더욱이 푸코가 21세기는 들뢰즈의 세기가 될 것이라고 한 이야기가 허언이 아니게 되도록 하려는 듯이 많은 사람들이, 철학 · 문학 · 사회과학에서 들뢰즈를 언급한다.

특히 들뢰즈의 새로운 사상은 주로 가타리와 같이 쓴 저작들에 있다. 물론 들뢰즈의 단독 저작들도 기존의 사상을 종합하면서 새로운 노마드 사상을 제시하고 있지만, 그것이 좀 더 발전하고 다양한 탐색을 하면서 사회비판이론으로까지 발전해나가는 것은 가타리와의 공동 작업을 통해서였다.

사실 두 사람의 공동 작업은 들뢰즈가 먼저 제안한 것이었다. 가타리의 말을 그대로 옮겨보자.

> [들뢰즈와의] 만남과 공동 작업의 시작은 거의 한눈에 홀릴 정도로 눈 깜짝할 사이에 이루어졌습니다. 68년 사건 뒤였습니다. 한 친구의 소개로 질 들뢰즈를 만났습니다. 이때 저는 라캉의 주위에 일어나고 있는 모든 것에 대해 비판적이었습니다. 물론 라캉 자체에 대해서도 비판적이었습니다. 68년 운동을 해석하고 수습하려는 시도가 라캉주의 속에는 있었습니다. 아주 우습다고 생각했습니다. 이전부터 라캉에게는 흥미를 가지고 있었지만 이러한 종류의 비역사적인 구조주의는 정말로 반동적이라는 생각을 한편으로 지니고 있었습니다. 68년 5월 당시 마오주의자였던 사람들이 라캉주의자로 바뀌는 식으로 이루어진 운동의 수

습은 완전히 말도 안 되게 위선적인 것이어서 심한 분노를 느꼈습니다. 콩방디(Daniel Cohn-Bendit)[6]조차 라캉과 만나기도 했습니다. 그런 의미에서 정신분석과 정신병, 정신분석과 사회적 지평의 관계에 관해서 그때까지 제가 가지고 있던 비판적 생각은 급속히 첨예화되었습니다. 비판은 직접 정치적 영역으로 나아가고 논쟁적인 특성을 추구했습니다. 이러한 것을 질에게 말했을 때 그는 대단히 흥미를 보였습니다. 그는 저에게서 라캉파의 내부 고발을 발견하고 이것을 라캉파에 대한 자신의 비판에 결합시켜, 5월 사건에 관해 이론적 조명을 하려고 했습니다. 그는 제가 말한 것을 책으로 만들자고 했습니다. 제 쪽에서는 그러한 준비를 하지 않았고 어떤 본질적인 메시지를 곧바로 제공하려고도 생각하지 않았습니다. 그러나 그는 놀랄 정도로 급하게 책을 쓰자고 권했고, "자네가 오늘 말한 것을 쓰기만 해도 좋아"라고 했습니다. 저는 농담 반으로 "천천히 하는 게 어떨까"라고 했습니다. 그래서 "좋아, 그렇게 하자"는 것으로 되었습니다. 그것이 첫 번째 만남에서였는지 두 번째 만남에서였는지 어쨌든 말은 그렇게 급속히 진전되고 곧 책의 구체적인 구성에 관해서 검토하기 시작했습니다. 이러한 사정이 『앙티 오이디푸스』의 앞부분에서 좀 급한 어조로 숨 가쁘게 표현되었습니다.[7]

들뢰즈는 자신은 번개(가타리)를 맞은 피뢰침이었다고 말하였다. 두 사람은 나중에는 서로 다른 곳에서 같은 이야기를 말하는 분신(double)이 되어 있었다. 이처럼 두 사람의 이론과 사상을 구분하기가 점점 더 어려워졌다. 물론 그럼에도 그들 간에는 약간의 분업이 있었다고 한다.

서로 기한을 정해서 강도 높게 일을 했습니다. 물론 두 사람 사이에는 어떤 종류의 분업이 있었습니다. 질 들뢰즈는 철학사 · 사상사에 대한 놀랄 만한 지식을 바탕

---

6 프랑스 68혁명에서 시위 지도자였던 독일 학생으로 현재는 유럽의회에 들어가 있다.
7 가타리, 윤수종 옮김, 「분열분석의 방향으로」, 『비판』 3호, 박종철출판사, 1997, p. 169.

> 으로 자주 문제를 설정했습니다. 그가 무엇인가 심사 같은 것을 한다는 의미는 아니었고 어디까지나 공동으로 판단했지만, 제 쪽은 말하자면 탐험가의 역할, 다분히 어느 정도 위험한 역할을 했습니다. 좀 바보 같은 군사적 비유를 한다면, 그는 병력의 배치나 이동을 지휘하는 입장이었고 저는 공격대를 책임졌습니다.[8]

구체적인 글쓰기 작업에 들어가면 구분이 불가능한 혼성적 텍스트가 만들어졌다고 한다. 다시 가타리의 말을 들어보자.

> 제 쪽에서는 하나하나의 주제에 관해서 쓰면서 동시에 주제 전체에 관해서 써나갔습니다. 모든 요소가 시작부터 공존했다는 의미에서 결코 주제별로 시간을 나누어서 진행시키지 않았습니다. 하나의 주제에 관해서 쓰면서, 동시에 전체에 그것을 파급시켜갔습니다. 질은 그것을 검토하고 분류했습니다. 그가, "이것은 지금 할 것이 아니니 좀 더 나중에 하자"든지 "이것은 흥미 있지만 발전시킬 필요는 없다"든지 하는, 일의 경제를 관리했습니다. 그는 재빨리 해치웠습니다. 『앙티 오이디푸스』, 『카프카』, 『천 개의 고원』에 나온 주제는 대체로 미리 전체적으로 결정되었고 질이 진행을 조직했습니다. 저의 텍스트를 그가 고쳐 쓰고 저도 그의 텍스트에 첨가했습니다. 항상 텍스트는 두 사람 사이에 왔다 갔다 했고, 어느 것이 저의 텍스트인지 질의 텍스트인지 구별할 수는 있었지만, 사실 구별한다는 것이 정말로 무의미하였습니다. 그러나 질이 늘 최종 형태를 결정하였습니다. 저에게 그것은 당연한 것이었다고 생각됩니다.[9]

이렇게 섞였지만 들뢰즈와 가타리는 서로 다른 특징을 지니고 있었다.

---

8 가타리, 윤수종 옮김, 「분열분석의 방향으로」, 『비판』 3호, 박종철출판사, 1997, p. 168.
9 가타리, 윤수종 옮김, 「분열분석의 방향으로」, 『비판』 3호, 박종철출판사, 1997, p. 173.

가타리는 고등학교 시절부터 사회운동에 개입하였고 학문적인 경력을 거부하고 실천의 장으로 뛰어들었다. 미시적인 사회운동에서부터 전지구적인 운동에 동시에 개입하였던 가타리는 하나의 조직에만 편입되는데 반발해서 이중 가입은 기본이고 다양한 전선에서 활동하려고 하였다. 또한 소수자적인 것 중에서도 소수자적인 것을 추구하면서 다수자화되는 방식을 깨나가려고 하였다. 그에 비해 들뢰즈는 아카데미에 깊이 발을 들여놓고 철학자들을 리뷰하면서 자신의 입론을 정립해나갔다. 물론 가타리를 만나면서 사회실천의 영역에 발을 들여놓기도 하였지만 가타리만큼 개입하지는 않았다.

들뢰즈와 가타리는 동시에 호명됨으로써 그들이 지닌 개별성과 혼성성을 드러낸다. 그리고 동시에 호명됨으로써 그들의 풍부함을 간직할 수 있다. 그런데 가타리를 빼고 들뢰즈만 호명하는 경우 대개 이들이 가진 실천성을 배제하는 결과를 가져온다. 들뢰즈가 지닌 실천성, 들뢰즈와 가타리가 지닌 실천성, 가타리가 지닌 실천성을 모두 거세하는 효과를 지닌다. 물론 효과의 측면에서만 그런 것이 아니라, 의도적으로 그들의 실천성을 약화시키기 위해서 들뢰즈만 호명하는 경우도 있지만 말이다.

학계에서 들뢰즈가 주로 언급되는 것도 비슷한 이유일 것이다. 왜 들뢰즈만 언급하겠는가? 뭔가 조리 있고 현학적으로 설명할 뿐만 아니라 위험하지 않다는 것이다. 가타리는 다른 사람들의 이야기를 잘 들었다고 한다. 생각이 전혀 다른 사람들의 이야기도 듣고 관심 영역이 전혀 다른 사람들의 이야기도 잘 들었다고 한다. 그의 횡단성이라는 개념을 생각나게 하는 그의 성격이 아닐까 한다. 이중 가입이나 다양한 조직에 동시에 개입하는 방식은 그 실천적 형식일 것이다. 그래서 전혀 다른 이야기, 한 영역 안에서는 생각할 수 없는 다른 이야기를 던질 수 있었던 것이다. 국가와 제도에 안주하는 사람들이 가장 싫어하는 것이 이러한 문제제기일 것이다. 또한 국가와 제도 바깥만을 강조하는 것이 아니라 안팎을 드나들면서 웅성거리는 것을 추구하는 가타리는 국가와 제도 바깥에만 있으려는 사람들에게도 불편하였을 것이다. 가타리는 사회에서 노조운동을 하는 (자신을 민주투사라고 생각하는) 사람에게 집에서 자녀에게 파시스트 아니냐고 반문하고, 페미니스트를 자처하는 여성에게 자녀 교육에서는 남편의 권위를 빌려 자녀를 압박하지 않는가 하고 반문하고, 운동가에게 대중에게는 민주인사라고 자처하는데 애인에게는 미시파시스트 아니냐고 질문한다.

가타리는 전통적인 혁명을 생각하지 않는다. 권력 장악을 통해, 봉기를 통해 이루어지는 '10월 혁명'은 더 이상 불가능하다고 생각한다. 미시적인 작동 자체를 민주적으로 움직이게 하면서 삼투시켜나가는 분자적인 활동을 강조한다. 이러한 것이 농축되어서 전체 사회를 바꾸어나가는 분자혁명을 제기한다. 이러니 레닌적 조직론에 입각하여 지도자를 모시고 대중이 따르는 혁명을 추구하는 구좌파 운동가들은 가타리와 그의 주장을 불편해 할 것이다. 그러나 오히려 탈근대 시대에 바로 이러한 점에서 가타리의 이론과 사상, 그리고 실천 활동이 더욱 중요하다고 생각한다.

그런 점에서 레닌이 말했던 '막대 구부리기 이론'(너무 오른쪽으로 기울어져 있으니 왼쪽으로 꺾어서 결국 중간에 오도록 한다는 논리)처럼 '들뢰즈와 가타리'에서 오히려 들뢰즈를 떼어내고 가타리만을 호명할 수도 있을 것이다. 필자는 이러한 의도에서 의도적으로 가타리를 강조하고 그의 텍스트와 이론과 실천을 소개해왔다.

물론 가타리도 최근 들어 자주 언급되면서 2008년 4월에 영국에서 가타리의 사상을 토의하는 회의가 열리기도 하였다.[10] 가타리만을 주제로

---

10 주최, Centre for Research in Modern European Philosophy. 주제는 'The Guattari

그의 독특한 사상과 실천을 논의하는 국제 행사였다.

3. 활동가이자 지식인

프랑스에서 가타리의 삶 및 저작과 관련하여 가타리가 활동가냐 지식인이냐에 대한 논란에서 둘 다는 아니며 활동가라고 하는 판단이 내려졌

Effect: The Life and Work of Felix Guattari 1930-1992', An International Conference 17 and 18 April 2008. Drawing Room, Mansion Building, Middlesex University, Trent Park Bramley Road London N14 4YZ. Supported by the Cultural Service of the French Embassy. http://www.mdx.ac.uk/www/crmep/EVENTS/TheGuattariEffect.htm. 회의를 주도한 것은 Professor Eric Alliez와 Dr. Christian Kerslake(both of the Centre for Research in Modern European Philosophy, Middlesex University)였다.

발표자와 발표제목은 다음과 같다.

Franco Berardi, Academy of Fine Arts, Milan—'Chaosmotic Sensibility and Ethics.'

Dr. Gary Genosko, Lakehead University—'Banking on Félix: Refashioning Low Threshold Semiosis Through A-Signifying Particle-Signs.'

Professor Barbara Glowczewski, Écoles des Hautes Études en Sciences Sociales—'Passion According to Guattari: Attractors and Detractors in Anthropology.'

Professor Monique David Ménard, Université de Paris VII Denis-Diderot—'Guattari and "Collective Assemblages of Enunciation".'

Dr. Anne Querrien, Université de Paris XV-Evry Val d'Essonne—'Mapping in an N-Dimensional Plane.'

Professor Brian Massumi, University of Montreal—'Always Having Been, For the First Time: Emergence and Eternality in the Work of Guattari.'

Professor Peter Pal Pelbart, Catholic University of Sao Paolo—'Re-founding the Unconscious upon Deterritorialization.'

Dr. Anne Sauvagnargues, École Normale Supérieure—'Politics of the Face.'

Dr. Stephen Zepke, Academy of Fine Arts, Vienna—'To Remake the Readymade: Guattari and Duchamp.'

Professor François Dosse, History, Institut Universitaire de Formations des Maitres de l'Académie de Créteil—'Guattari with Deleuze.'

다고 한다. 가타리가 활동가라는 판단은 그를 스타로 만들었지만, 그러한 판단은 가타리가 들뢰즈와 같이한 작업들과 그 자신의 이론적 작업들에도 불구하고 가타리를 지식 세계 밖으로 몰아냈다. 이것의 한 가지 부수효과는 들뢰즈의 정치에 관한 문제의식도 더욱 묻어버리는 것이다.[11]

프랑스에서는 들뢰즈-가타리라고 하지만 대개 들뢰즈의 제자들은 아카데미즘으로 먹고 살며 따라서 가타리를 배제하고 들뢰즈만을 언급한다. 프랑스에서 1997년에 들뢰즈의 제자인 에릭 알리에즈(Eric Alliez)가 조직한 학회에서도 가타리는 배제되고 있었다. 오히려 가타리는 문화활동 혹은 아카데미즘과 관계없는 다양한 활동으로서 계승되고 있다. 알리에즈의 세미나에 온 네그리는 가타리가 스피노자와 같다고 말했다고 한다. 결국 배제되고 있는 야만적 별종이라고. 프랑스의 아카데미즘은 가타리를 배제하고 있다고.[12] 사실 가타리에게는 아카데미즘을 깨는 요소가 있다. 이것은 그의 경력에서 드러난다.

영어권에서 가타리는 종종 탈근론의 표본으로 평가된다. 물론 들뢰즈의 이름과 함께 불리면서 말이다. 제국의 이론가들이 푸코의 이론을 착취하고 나서 새롭게 착취할 대상으루 찾아낸 이름이 '들뢰즈와 가타리'였다. 물론 그러다가 슬쩍 '와 가타리'를 떼어버리고 '들뢰즈'라고 하지만 말이다. 들뢰즈의 거의 모든 저작은 영어로 번역되었다. 그에 비해 가타리의 저작들은 주로 들뢰즈와 같이 쓴 것이나 네그리와 같이 쓴 것이 먼저 번역되었고, 그나마 핵심적인 분자혁명에 관한 것이 이상하게 편집되고 알기 어려운 번역으로 소개되었으며 사후에 후기의 생태학과 관련된 것이 번역 소개되었다.

---

11 Gary Genosko, *Félix Guattari: An Aberrant Introduction*, continuum, 2002, p. 1.

12 Félix Guattari, 紛川哲夫 · 杉村昌昭 譯, 『政治から記號まて』, インパクト出版會, 2000, pp. 106~107.

물론 일본이나 남미 등에서는 일찍이 실천적인 연계가 이루어졌고 저작들도 소개되었다. 가타리는 1980년대 들어서 일본과 남미를 자주 방문하였다. '인동의 세월'(1980년대 초반) 동안 프랑스 안에서의 운동은 차갑게 식어갔지만 가타리는 점점 더 전지구적인 생각과 활동을 해나가게 된다. 일본에서는 가타리의 저서가 대부분 번역 소개되었다. 그리고 가타리는 이미 1980년대에 일본에 여러 번 와서 강연도 하고 운동가들과 접촉하기도 하였다.[13] 브라질 활동가들과의 인터뷰와 편지들, 요약 발제문 등이 1986년에 책으로 발간되었으며 최근 불어본과 영어본이 나왔다.[14]

한국에서는 현실사회주의의 붕괴 이후 마르크스주의의 위기가 현실화되면서 모든 것을 흐려놓는 포스트모더니즘(탈근대론)이 등장하였다. 이 포스트모더니즘을 돌파해 나가는데서 이론가들 사이에서 데리다, 푸코, 네그리, '들뢰즈와 가타리'가 주목받기 시작하였다. 그러나 여전히 현실의 노동운동권에서는 들뢰즈와 가타리는 전혀 접촉할 수 없는 이상한 노마드론 정도로 취급받았다. 더욱이 아카데미즘의 본류인 철학이나 문학쪽에서 수용되면서 초창기의 실천적 문제의식은 흐려지고, 따라서 들뢰즈와 가타리가 아니라 들뢰즈로 통용되어오고 있다.

들뢰즈의 말대로 들뢰즈 자신(피뢰침)은 번개(가타리)를 맞았다고 했듯이, 아카데미즘에서 능동적인 철학자였던 들뢰즈는 가타리를 만나서 사회와 정치에 대한 상을 함께 발전시킬 수 있었다. 가타리의 말을 빌리면 들뢰즈와의 공동 작업에서 두 사람 사이에는 일종의 분업이 있었다고 한다.

그러나 '들뢰즈와 가타리'는 '이론과 실천'이란 말처럼 뗄 수 없는 짝

---

13 ガタリ 外, 『東京劇場: ガタリ, 東京を行く』, UPU, 1986.

14 Félix Guattari et Suely Rolnik, *Micropolitiques*, Les Emêcheurs de penser en rond/Le Seuil, 2007; Félix Guattari / Suely Rolnik, *Molecular Revolution in Brazil*, Semiotext(e), 2008.

이라고 생각한다. 이 두 이름을 떼어놓는 것은 이론과 실천의 상호작용을 약화시키는 일임이 분명하다. 물론 '가타리'라는 이름으로만 부른다고 해서 실천만을 생각하는 것은 아니다.

필자는 가타리를 활동가이자 지식인(실천가이자 이론가)이었다고 생각한다. 그가 들뢰즈처럼 앉아서 체계적으로 쓴 책은 들뢰즈와 함께 쓴 책들 이외에는 『기계적 무의식』밖에 없다(다른 책들은 여기저기 발표한 글들, 대담, 다른 책들의 서문, 팸플릿에 나온 글들, 여기저기서 강연한 원고나 발췌록 등을 묶은 것이다). 그러나 그는 들뢰즈를 실천의 장으로 끌어들이면서 또한 자신의 고유한 개념들과 이론적 작업들을 들뢰즈의 작업과 결합해나갔다. 다시 가타리의 말을 들어보자.

> 질은 『차이와 반복』과 『의미의 논리』에서 역사적 사회적 특이성(singularité)에 접근하기 위한 아주 독창적인 독해 도구를 준비했습니다. 그러나 그 자신이 "나는 보통의 교사에 지나지 않는다"고 말한 것처럼 그의 '언표행위배치'(agencement d'énonciation)는 다양한 영역을 횡단하는 이론적 장치를 만들어낼 정도로 충분히 자유롭지는 않았습니다. 서로 영향을 주는 가운데 저는 그를 전동적인 지평에서 끌어냈다고 생각합니다.[15]

다양한 실천 활동을 하면서도 가타리는 들뢰즈와의 공동(이론)작업을 계속해나갔다. 그 속에서 가타리는 정치적 차원이나 기계적 계통, 탈영토화, 추상기계 같은 개념들을 만들어냈다. 가타리는 들뢰즈와의 공동 작업뿐만 아니라 횡단성 · 분열분석 · 분자혁명론 · 생태론과 생태철학 등과 관련하여 그만의 독특한 이론적 작업도 계속해나갔다. 물론 들뢰즈의 생

---

15 가타리, 윤수종 옮김, 「분열분석의 방향으로」, 『비판』 3호, 박종철출판사, 1997, p. 175.

각과 가타리의 생각이 서로 누구의 것인지가 불분명해질 정도로 둘은 점차 섞이게 되었다.

가타리는 활동가와 지식인 사이의 횡단선을 그은 사람이라고 할 수 있다. 가타리는 들뢰즈와의 관계를 통해서 뿐만 아니라 다양한 지식인들 및 활동가들과 만나면서 자신의 생각과 활동 범위를 전혀 다른 영역들 사이로 횡단하도록 만들었다.

어쨌든 들뢰즈로 기울고 인식론으로 기우는 '들뢰즈와 가타리'를 실천적으로 착취하기 위해서 '가타리'를 강조해보고자 한다.

4. 가타리 연구의 동향

가타리에 대한 연구는 대개 '들뢰즈와 가타리'로 진행되어왔다. 들뢰즈와 구별되는 가타리의 연구와 실천에 대한 연구는 드문 편이다. 그리고 가타리의 사상과 실천에 대한 연구는 프랑스보다도 다른 나라에서 진행되었다.

가타리는 1980년대에 일본에 여러 번 왔고 강연도 하고 실천가들과 대담도 하였다. 1980년 10월에 동경에 와서 대담도 하고 활동가들과 만났다.[16] 1986년 1월에는 동경에 와서 동경의 홈리스 집결지인 야마야에도 들르고 활동가들과 대담을 하여 책을 내기도 하였다.[17] 1989년에는 오키나와에 와서 생태학 강의를 하고 그 내용을 『카오스모즈』에 삽입하였다.

이렇게 일본에 자주 오게 연결고리 역할을 한 사람은 수기무라 마사아

---

16 Felix Guattari, 紛川哲夫 · 杉村昌昭 譯, 『政治から記號まで』, インパクト出版會, 2000.
17 ガタリ 外, 『東京劇場: ガタリ, 東京を行く』, UPU, 1986.

키(杉村昌昭)였다. 이 사람은 프랑스에 유학 갔다가 68혁명을 겪었고 그 당시 활동 때문에 프랑스에서 추방당하였다. 가타리의 책을 여러 권 일본어로 번역하였고 그 과정에서 1991년에서 1994년에 걸쳐 해제 글을 쓰곤 했다. 또한 가타리에 대한 대담을 일본인들끼리 하기도 하였다. 그는 그 글들을 1995년에 낸 『자본주의와 횡단성』[18]이란 책의 한 장에 넣어서 간행하였다. 그 글들을 구체적으로 언급해보면, 「횡단성, 분자혁명, 에콜로지: 『세 가지 에코롤지』에 관하여(1991)」, 「주관성이란 무엇인가: 들뢰즈 · 가타리 독해를 위하여(1991~1994)」, 「펠릭스 가타리 추도: 그의 정치적 활동가로서의 면모(1994)」, 「사상과 정치의 사이: 들뢰즈 · 가타리의 수용을 둘러싸고(1994)」이다. 대체로 가타리에 접근하기 위한 입문들에 해당하는 글들이었다.

그는 이어서 2005년도에 낸 책[19]에서 가타리의 주장을 네그리의 주장과 결합시키면서 가타리에 대해서 언급하였다. 1부 「통합과 분열」에는 「정신 · 환경 · 사회: 가타리의 세 가지 생태학이란 무엇인가?」를 실었고, 2부 「제도와 주관성」에는 「횡단성에서 주관성으로: 가타리의 제도론에 관해서」, 「제도와 욕망의 가오스모즈: 들뢰스/가타리의 기원의 기원」이란 글을 실었다. 그런데 특이하게도 가타리의 혁명론의 핵심인 분자혁명론, 욕망과 혁명에 대한 논의가 빠져 있다.

이탈리아에서는 아우토노미아 활동가였고 자유라디오운동을 했던 프랑코 베라디 "비포"(Franco Beradi "Bifo")가 2001년에 『펠릭스』(*Felix*)라는 책을 썼다. 이 책은 영어본으로 2008년 말에 출간되었다.[20] 1부에서 비포

---

18 杉村昌昭, 『資本主義と横斷性』, インパクト出版會, 東京, 1995.

19 杉村昌昭, 『分裂共生論』, 人文書院, 京都, 2005.

20 Franco Beradi "Bifo", *Félix Guattari: Thought, Friendship, and Visionary Cartography*, Palgrave Macmillan, 2008.

는 가타리에게서 행복한 침체기가 있었다고 하면서 그의 통합된 세계자본주의 개념을 요약해주고 있다. 그리고 환경 파괴와 더불어 전지구적 정신병리학(Psychopatholgy)으로 옮겨가고 있음에 주목한다. 가타리가 수행한 자유라디오운동에 대해 언급하면서 탈매체적 정서에 접근하려 한 가타리의 의도를 강조한다. 2부에서는 들뢰즈를 다루면서 리좀적 기계 개념을 길게 설명하고 나서, 『앙티-오이디푸스』가 68운동의 책이라는 점을 강조한다. 이어서 카프카를 하이퍼 텍스트라는 관점에서 분석하면서 배치의 문제를 끌어내고 있다. 이러한 설명은 결국은 카오스모즈라는 생성론으로 나아간다고 설명한다. 가타리와 가깝게 지냈고 자유라디오운동도 함께 했던 비포는 가타리와의 가까운 우정을 비롯하여 그의 글과 책들에 대한 자신의 생각을 제시해주고 있다.

영어권에서는 게리 게노스코(Gary Genosko)가 2002년에 그간 써온 글들을 재정리 하여 가타리에 관한 책[21]을 발간하였다. 그 책의 구성을 보면, 1장 「가타리 나타내기」, 2장 「횡단성」, 3장 「일본적 특이성」, 4장 「혼성 기호학」, 5장 「세 가지 기능소」 등으로 이루어져 있다. 기호학적인 분석에 집중하고 있는데, 이 연구서도 분자혁명에 관한 논의가 빠져 있다. 게노스코는 또한 2009년도에 들어 가타리에 대한 입문서를 출간하였다.[22] 목차를 보면 「서론」, 1장 「청년 전사의 형성」, 2장 「횡단성과 정치」, 3장 「주체성, 예술, 그리고 생태철학」, 4장 「비기표적 기호론」, 5장 「정보적 홈패임」, 6장 「소수 영화」, 7장 「정서와 간질」, 「결론」으로 이루어져 있다. 가타리의 사상 전반을 비교적 쉬운 말로 자세히 설명해주고 있다. 특히 실천적인 활동까지 함께 설명해주고 있다.

---

21 Gary Genosko, *Félix Guattari: An Aberrant Introduction*, Continuum, 2002.
22 Gary Genosko, *Félix Guattari: A Critical Introduction*, Pluto Press, 2009.

그리고 자넬 왓슨이라는 문학을 가르치는 버지니아공과대학교 교수가 『가타리의 도표적 사유: 라캉에서 들뢰즈 사이의 글쓰기』[23]이라는 책을 간행하였다. 이 책은 가타리가 들뢰즈와 공동작업을 하기 전과 하는 동안에 가타리 자신이 저술한 글들을 검토하고 있으며, 프랑스에서 20세기 후반 동안의 지적이고 정치적인 경향들에 대한 놀랄 만한 신선한 관점을 제시하고 있다. 왓슨은 가타리의 저술의 역사적이고 정치적인 측면을 인식하고, 그의 이론적 아이디어들이 1968년 5월 학생운동, 라캉의 정신분석, 신자유주의, 인종적 정체성, 미시생물학, 양자역학, 카오스이론, 생태학, 대중매체, 정보기술의 주체적 차원과 같은 쟁점들과 지닌 관련을 탐색하고 있다. 이 책은 가타리의 독특한 사유과정이 들뢰즈적인 것처럼 보이는 많은 개념들에 대한 두드러지게 가타리적인 판본을 만들어내고 있다.

프랑스에서는 구조주의의 역사를 썼던 프랑쇼와 도스(François Dosse)가 들뢰즈와 가타리의 전기를 썼다.[24] 특히 가타리의 실천활동에 대해서 자세히 다루었으며 가타리와 들뢰즈를 따로 다루면서 함께 다루어나갔다. 들뢰즈의 부수물로서가 아니라 가타리의 실천활동을 오히려 강조한 느낌마저 든다. 가타리에 관한 부분만 보아도, 지금까지 나온 어떤 연구보다도 많은 자료와 직접 면담한 내용을 가지고 사적인 것에서부터 연구 작업과 실천활동에 관한 것까지 포괄적이고 상세하게 설명해주고 있다.

이상과 같이 가타리에 대한 연구가 이루어져왔는데, 필자 생각에 가타리가 사회에 대해 강하게 발언한 분자혁명론이나 욕망과 혁명에 대한 분석이 소홀히 다루어져온 것 같은 느낌이 든다. 물론 가타리의 철학적 논

---

23 Janell Watson, *Guattari's Diagrammatic Thought: Writing Between Lacan and Deleuze*, Continuum, 2009.

24 François Dosse, *Gilles Deleuze et Félix Guattari: Biographie croisée*, La Découverte, 2007.

의나 정신 영역에서의 다양한 실험들 자체가 혁명적인 것이기는 하지만, 여전히 가타리의 혁명에 대한 사유는 민주집중제적인 혁명 사상 및 방향에 대해 철저한 문제제기라고 생각된다.

그와 관련하여 이 책에서는 가타리의 혁명론을 좀 더 강조해보고자 한다.

제2장

분자혁명에서 생태철학으로

1930년생인 가타리(Félix Guattari)는 고등학교 시절부터 유스호스텔운동에 가담했으며, 대학생이 된 이후 1950년대에는 트로츠키적인 성향의 운동집단들에서 활동하였다. 1953년부터는 보르도 정신병원 의사로 일하면서 제도요법을 제창하였고, 다른 한편으로는 68운동에 '3월 22일 운동' 일원으로 적극적으로 개입하였다. 이후 1970년대에는 다양한 부문의 사람들을 결집하여 토론모임과 『르셰르셰[탐구]』(*Recherches*)라는 잡시를 만들어나갔다. 1970년대 말에는 이탈리아의 자유라디오운동에 감명 받아 프랑스에서 민중자유라디오운동을 벌이기도 하였다.[1]

스스로 '인동의 시대'(Les Années D'hiver)라고 한 1980년대 전반을 넘어 가타리는 1980년대 중반 이후에는 생태운동에 적극적으로 참여하였다. 프랑스 녹색당의 당원으로서 생태운동에 새로운 지평을 열기 위한 이론적 · 실천적 활동을 정력적으로 전개하였다. 1992년 3월 실시된 프랑스

1 가타리의 삶과 사상에 대한 다른 소개로는 윤수종, 「펠릭스 가타리의 삶과 사상」, 『자유의 새로운 공간을 찾아서』, 문화과학사, 2002를 참조. 그리고 『비판』 3호, 박종철출판사, 1998에 있는 가타리 특집을 참조. 이 책 9장에서 좀 더 자세하게 논의한다.

지방의회 선거에서는 생태파의 후보자 리스트의 끝에 들어가기도 했지만, 가타리는 녹색당과 '에콜로지 세대'라는 두 가지 흐름(정당)으로 나뉘어 있는 프랑스 생태운동에 사상적 가교 역할을 하였다. 가타리는 이 두 흐름이 연대해나가면서 새로운 실천 방향을 재구성해나가기를 기대하였다. 가타리의 그 열정적인 신체는 심장마비로 1992년 영도의 기관 없는 신체로 돌아갔다.

열정적으로 살았던 가타리. 그의 전반적인 사상을 그의 단독 저서를 중심으로 소개하면서 그의 색다른 문제 설정을 알아보자. 항상 들뢰즈의 부수물로 취급되는 가타리를 드러내기 위해서라도 말이다.

1. 정신분석과 횡단성

애초에 제도들의 심리-사회적 동학에 대한 가타리의 생각을 자극한 것은 라캉의 정신분석이었다. 처음에 정신분석은 프랑스에서 적대적인 대접을 받았다. 1960년대가 되어서야 프로이트는 프랑스 지식인들 사이에서 큰 힘을 얻게 되었다. 프로이트가 각광받게 된 것은 라캉 덕분이었다. 라캉은 소쉬르의 언어학과 레비스트로스의 구조주의 인류학을 정신분석 이론에 도입함으로써 프로이트를 구조주의 흐름 속에 집어넣었다. 그리고 탈중심화된 주체라는 라캉의 개념은 1970년대에 이르기까지 많은 프랑스인들의 논의거리가 되었다. 1968년 5월 혁명 이후 정신분석은 대중적인 인기를 얻기 시작하였다. 라캉의 이러한 시도는 마르크스주의자인 알튀세에 의해 마르크스와 프로이트를 접목시키려는 시도로 이어졌다. 물론 알튀세(그리고 발리바르)는 마르크스의 대상과 프로이트의 대상이 다르기 때문에 이들을 접목시킬 수 없다는 관점으로 흘러간 데 반해서, 가타리는 일찍이 마르크스와 프로이트의 접목을 시도했던 빌헬름 라이히의 인식을 더욱 확장해가려고 하였다.

가타리는 1960년대에 쓴 제도적 심리정치학에 대한 글들에서는 '대상-a', '상상적인 것', '지배적 기표로서의 팔루스'와 같은 라캉의 개념들을 비교적 호의적으로 사용하였다. 그러나 가타리는 라캉적인 구조주의가 68년 혁명 과정을 반동적으로 흡수하고 정비하여 질서화하는 것을 보고는 구조주의적 정신분석에 대해서 본격적인 비판을 가하기 시작한다. 정신병원에서 환자들을 치료하면서 한편으로는 기존의 정신분석에 대해 비판을 가하기 시작하고, 다른 한편으로 정치운동에서는 스탈린적인 당 조직운동에 대해서 비판을 가한다. 이러한 배경에서 각종 대담과 연설 · 발표문 등을 모은 것이 『정신분석과 횡단성』[2]이다. 1955년부터 1970년까지 출판된 논문들의 모음집인 이 책에서 가타리는 집단에 대한 정신분석과 정치학 이론을 발전시키고 있다.

가타리는 1950년대와 1960년대에 장 우리(Jean Oury)가 주도하여 설립한 보르도 병원에서 작업을 통해 집단과 제도의 심리학이 개인의 분석에 본질적으로 연결되어 있음을 보았다. 가타리는 프로이트의 무의식 분석을 개인의 리비도적 집착에서 사회적 장으로 열어젖힌다. 여기서 그는 콤플렉스론이나 구조주의적 환원론에서 벗어나 집단과 제도 분석으로 넘어간다. 주체집단과 예속집단이란 집단 구분으로 시작하는 집단 이론, 그 집단들이 지니는 기본적 대상과 과도적 대상 · 환상 등에 대한 분석은, 분석집단이라는 새로운 조직의 상을 정립하는 것으로 나아간다.[3] 이러한 인식은 지도와 대중이라는 틀 속에서 이루어지는 기존 운동의 방식에 대한

---

2 Félix Guattari, *Psychanalyse et Transversalité–Essais d'analyse institutionnelle*, Editions de Maspero, 1972; 가타리, 윤수종 옮김, 『정신분석과 횡단성』, 울력, 2004.

3 윤수종, 「제도요법과 집단적 주체성」, 『탈주의 공간을 위하여』, 푸른숲, 1997. 이 책 3장 참조.

비판과 연결되며, 아우토노미아적인 경향을 내재하고 있는 것이다. 국가주의적 편향에서 벗어나려는 경향을 드러내면서, 가타리는 국가를 모든 주체적인 집합적 과정의 출현을 방해하고 금지하기 위해 존재하는 기표들인 '반생산'(anti-production)으로 규정한다. 자본주의를 탈영토화와 재영토화를 수반하는 힘으로 보고 국가를 반생산(생산을 통제하고, 또 그렇게 함으로써 제한하는) 기계로 보았으며, 그리하여 혁명행동을 이미 수립되어 있는 사회적 코드들과 지배 구조들을 깨뜨리는 집합적 주체성을 형성해 나가는 것으로 규정하게 되었다. 그 과정에서 가타리는 구조주의를 파괴하는 이론적 작업을 시작한다. 「기계와 구조」(1969)라는 글에서, 데카르트적 주체를 구조 안에 가두어버린 구조주의를 비판하기 위해서 '기계'라는 개념을 사용한다. 지배적이고 다수적인 구조에 소수적인 기계를 들고 공격하기 시작한 것이다.

이러한 과정에서 가타리 사상에서 가장 중요한 '횡단성' 개념이 제시된다. 횡단성 개념은 정신분석과 제도분석의 교차점에서 가타리가 만들어낸 독자적인 개념이다. 일반적으로 사회제도 속에서 인간관계는 형식상 수직관계가 수평관계를 이끌지만, 실제로 이 양자 간에는 횡단적으로 즉 사선으로 결합된 무수한 관계가 내재적으로 존재한다. 이 횡단적인 사선은 두드러지게 무의식적인 수준의 결합선이며, 눈으로는 보기 어려운 결합관계의 양태들을 밝혀준다.

구체적으로 가타리는 무엇보다도 1960년대에 정신병원에서 의사로서의 실천 활동(진료)을 하면서 의사－간호사－환자라는 제도적으로 결합된 삼자 관계를 종래의 틀에서 해방하고, 거기에서 새로운 사회변혁 모델을 찾으려는 과정에서 '횡단성' 개념을 착상하였다.

먼저 가타리가 말하는 횡단성 개념을 추적해 보자. "횡단성이란 두 가지 막다른 골목—즉 순수한 수직성과 단순한 수평성—을 넘어서려는 차원이다. 그것은 다양한 수준들 사이에서 특히 다양한 다른 방향성 상호간에 최대한의 소통이 수행될 때 현실화된다. [……] 우리의 가설은 어떤 제도의 다양한 수준에서 무의식적인 다양한 횡단성계수(횡단성의 정도)를 변화시키는 것이 가능하다는 것이다. [……] 수많은 횡단성계수는 그 강렬도가 상당히 달라도 질적으로 다른 것은 아니다. 예를 들면 현실적인 권력을 보유하고 있는 집단 속에 존재하는 횡단성 수준은 다른 횡단성 수준이 확장할 가능성에 대해서 무의식 속에서 영향을 준다." "어떤 제도 속에서 횡단성 수준의 강화에 의해서 집단 속에 새로운 종류의 대화가 생길 수 있다. 착란이라든가 환자가 그때까지 고립적으로 닫고 있던 무의식적인 자기 표시 등이 집단적인 표현양식에서 만들어질 수 있게 된다." "집단 속에서 횡난성은 피라미드형의 위계화를 가져오는 구조에 대립하면서 보충하는 차원이며, 또한 메시지를 불모화하는 전달 양식에 대립하면서 보충하는 차원이기도 하다. 횡단성은 집단의 무의식적 주체가 존재하는 장소이며, 그 주체를 수립하는 객관적 법칙을 넘어선 피안이자 집합적 욕망의 지주이다."[4]

이처럼 횡단성 개념은 일의적인 반체제-혁명의 근거로서 상정되는 것이 아니라 항상 권력과 반권력(역능)의 상반하는 벡터를 포함한 양의적인 장으로서 상정되며, 그것이 어떤 벡터로 향할지는 오로지 욕망의 질에 관계할 것이다. 일반적으로 형식상 수직적 관계 혹은 수평 관계에 이끌리는 사람과 사람 사이의 관계의 자장에 어떤 욕망을 부여하여 횡단적 사선을 부상시킬 수 있고, 사회관계들의 변혁의 축을 파악할 수 있다는 것이다. 그리고 그 경우, 권력에 의한 위로부터의 횡단성의 현실화가 아니라, 억압된 집합적 무의식의 주체화를 노리면서 아래로부터 권력 및 제도에 횡

4 가타리, 윤수종 옮김, 『정신분석과 횡단성』, 울력, 2004, pp. 145~153.

단성계수를 높여가는 것, 이것이 나중에 『분자혁명』에서 결정화되는 가타리의 혁명 이념이다.

2. 분자혁명

가타리는 『분자혁명』[5](제1판, 1977)에서 욕망과 권력의 관계에 대한 이론을 제시하고 있다. 푸코에게서는 찾아볼 수 없는 역능 개념을 도입하고 그것의 기반으로서 생산하는 욕망을 설정해나감으로써, 푸코가 지배의 미시적 작동을 분석했다면 가타리는 미시적 분자적 움직임을 통해 권력을 파괴해나가는 방향으로 나아가고 있다.[6]

제1부 「분자혁명과 계급투쟁」에 있는 1절 「물신주의의 종말」이란 글에서 가타리는 우선 정신분석의 억압성을 비판한다. 가타리의 격렬한 정신분석 비판의 배경에는 프랑스에서 1960년대부터 1970년대에 걸쳐 정신분석이 대유행하고, 그것이 체제질서의 안전판 역할을 하는 사태가 있었다. 더욱이 가타리가 정신분석 속에서 정신분석을 집어삼키려고 싸우던 이 시기에는 특히 68년 5월 혁명에 자극받은 다양한 미시적 반권력운동이 프랑스에 머무르지 않고 유럽 전역에서 발생했다. 예를 들어 이탈리아에서는 기존의 정당 틀을 훨씬 넘어서는 새로운 대중운동이 활성화되었다. 자유라디오 방송 등 새로운 소통 · 선전 장치를 활용한 이탈리아를 중심으로 한 이 운동에 가타리는 상당히 감화되어 거기에 "횡단성에서 분자

5 Félix Guattari, *La Révolution Moléculaire*, Editions de Recherhes, 1977; 가타리, 윤수종 옮김, 『분자혁명』, 푸른숲, 1998.

6 분자혁명론에 대한 좀 더 구체적인 소개로는 윤수종, 「욕망과 혁명」, 『마르크스주의 연구』, 6호, 한울, 2006을 참조. 이 책의 4장 참조.

적 운동으로"라는 자신의 혁명이념의 경로를 구체화하였다. 『분자혁명』 속에는 1970년대 유럽에서의 권력과 아우토노미아 운동의 싸움의 양상, 횡단성이나 분자적 운동의 현실의 모습이 뜨거운 호흡으로 형상화되고 있다.

2절 「욕망투쟁과 정신분석」에서는 기존의 계급투쟁이 권력 장악에 집착하고 국가주의적 도식에 사로잡혀 있는 점을 비판적으로 성찰하면서 분자혁명의 상을 제시해나간다. 사회경제적 분석을 보완할 리비도경제 분석을 촉구하면서 욕망이론을 끌어들인다. 여기서 계급전선의 투쟁과 욕망전선의 투쟁이라는 이분법을 제기하지만, 가타리는 주체성의 변화를 찾아낼 수 있는 욕망의 정치학을 더욱 강조한다.

3절 「파시즘의 미시정치」는 권력 장악과 국가장치 파괴라는 마르크스주의적 혁명 도식이 현실 사회주의에서 왜곡되어온 것에 대한 반성 속에서 라이히가 제시한 문화혁명으로서 성혁명을 욕망의 문제설정 위에서 사회적으로 더욱 확장하려는 시도라고 할 수 있다. 욕망의 거시정치와 미시정치를 구분함으로써 국가와 권력이라는 분석 준거를 넘어서면서, 지배분석에서도 미시파시즘과 거시파시즘을 구분해나간다. 소련은 국가권력을 장악하고 국가가 사멸해가는 사회를 만들겠다고 하였는데 왜 강한 국가가 지배하는 사회로 되었는가? 라이히는 파시즘의 심리를 대중의 정신구조에서 찾음으로써,[7] 권력과 지배의 문제를 저 멀리 위에서 권력을 장악한 '나쁜 사람들'이나 '포악한 지배권력'이란 상으로서가 아니라, 대중 속에 파시즘으로 향하고 파시즘에 동조하고 파시즘을 만들어가는 과정이라는 문제로 바꾸어나갈 수 있었다. 이러한 상 위에서 가타리는 기존에 정치라고 할 때 주로 집중되었던 거시정치에 대하여 미시정치를 강조

7 빌헬름 라이히, 황선길 옮김, 『파시즘의 대중심리』, 그린비, 2006.

한다. 또한 조직 방향과 관련해서는 중앙집권적 당으로 모아가는 방식이 아니라 다양한 혁명기계를 만들어냄으로써 권력을 만들어내는 일상적 과정들 자체를 바꾸어가는 분자혁명을 제시하고 있다.

가타리는 혁명의 발목을 잡았던 국가 문제를 「국가에 직면한 사회민주주의자와 유럽공산주의자들」에서 다루고 있다. 국가 사멸을 지향하는 마르크스주의 사고와는 달리 이들은 오히려 국가의 강화를 외치고 있다. 특히 공산당은 권력의 안에 들어가거나 선거주의에 사로잡혀 대중의 새로운 움직임을 오히려 가로막고 있다. 세계시장이 형성되고 초국적 자본들이 득세하면서 국가권력은 전통적으로 자신이 지녔던 조정 기능을 상실한다. 그러면서도 생산력 발전으로 복합적인 기술적 양식들, 코드화 체계, 노동조직 방법을 받아들이고 나아가 모든 교육 및 통제감시 수단을 더욱 다양화하고 소형화하였다. 그런 과정에서 법의 영역에 속하는 것은 모두 국가를 모형으로 하는 경향이 있고 욕망의 영역에 속하는 것은 모두 이윤추구를 모형으로 하고 있다고 한다.

그런데 전체주의를 지향하는 이러한 국가 안에서 대중은 다양하고 새로운 행동들을 확산시키고 있다고 한다. 자본주의의 '가장 약한 고리'를 욕망의 집합적 배치 영역에서 찾을 수 있다고 하면서, 다양한 예속화 기술들 및 제도들에 대항하여 새로운 유형의 욕망을 제기해야 한다고 한다. 단지 정치체제에만 영향을 끼치는 것이 아니라 모든 것에, 심지어 가장 미세한 톱니바퀴까지도 문제삼는 새로운 유형의 혁명을 촉구한다.

여기서 가타리는 일상적 파시즘의 문제를 제기한다. 2부 「사법과 일상적 파시즘」에서는 마오주의자들이 주장하는 인민재판이란 '좋은' 우리 편과 '나쁜' 적이라는 도식 속에서 욕망의 문제를 완전히 무시한 채 또 다른 파시즘적 과정을 산출해낸다고 비판한다. 더욱이 인간은 어떤 대상에 대한 집단적 증오를 만들어냄으로써(‘트로와의 증오’) 미시파시즘적인 합의를 만들어내고 다양한 희생양을 만들어낸다. 자신과 자신의 이웃이 항상 이러한 희생양이 될 수 있는데도 말이다. ‘표준적인’ 인간상을 만들어가는 과정과 그것을 수행하는 방식(‘현행범’의 처리)은 일상생활과 욕망의 문제를 고려하지 않을 수 없게 한다. 정신이상자에 대한 자의적인 관리 및 처리(「정신이상자에 관한 법의 138주년에 부쳐」), 성도착자에 대한 판정방식과 처벌방식(「법정에 선 30억의 성도착자」)은 모든 사람이 걸려든 문제를 그렇지 않은 척하면서 특정한 사람에게 특정한 절차로 고정시킨다는 것이다. 이러한 것이 결국은 권력을, 파시즘을 만들어낸다고 가타리는 생각하는 것 같다.

여기서 그친다면 푸코보다 나아갔다고 말할 수 없을 것이다. 가타리의 가장 전진적인 측면은 바로 탈주(되기)에 대한 사고, 그리고 탈주의 방법적 고찰로서 기호학 비판으로 이어지는 분열분석일 것이다. 먼저 3부 ‘탈주하기’에서는 로날드 렝을 중심으로 한 정신의학 실험에 대해서 비판한다(「메어리 반스 또는 반정신의학적 오이디푸스」). 가족주의, 해석, 전이를 중심으로 한 정신분석 및 그 치료법을 비판하면서, 오이디푸스 수형 안에 가두는 것은 현실의 질서를 주입하는 것이며 환자는 바로 이러한 사회라는 현실 질서와 부딪쳐서 나타난 것이라고 파악한다. 또한 분석에서 돈을 받는 의사는 바로 현실 질서를 주입한 대가로 받는다고 한다. 분석가는 환자가 스스로 자기 분석하는 것을 듣고만 있다가 몇 가지 정신분석적 용어나 틀로 판정을 내린다는 점에서, 오히려 분석 노동은 주로 환자가 함에도 불구하고 화폐는 환자(또는 환자의 후견인)에게서 의사에게로 가는 일이 벌어진다는 것이다(「분석거래에서 화폐」). 이러한 분석 위에서 가타리는 반정신분석을, 나아가 반정신의학을 옹호한다(「반정신의학과 반정신분석」). 라캉주의라는 흐름으로 새로운 제도 속에서 권력을 획득해간 정신분석을 비판하는 반면, 감금제도로서의 정신병원에 대해 문제제기하고 정신 해방의 방식을 찾아내려는 영국 · 프랑스 · 이탈리아의 반정신의학을 의미 있는 것으로 파악한다.

이론적 분석적 비판을 넘어서서 가타리는 「정신의학의 대안」에서 다양한 반정신의학적 실험과 운동을 소개한다. 광기의 탈정신의학화를 제기하면서 1975년에 결성된 '국제 대안정신의학 네트워크'는 광기를 단순한 사회적 소외현상으로 환원하지 않고, 또한 정신의학에 의한 억압 문제를 자본주의 착취에 대항하는 사회투쟁으로 단순화시키지 않고, 노동운동조직 및 다양한 소수자들이 놓인 조건에 관련한 다양한 투쟁들에 근거해서 제기해나가야 한다고 강조한다. 그래서 광기를 정치화한다기보다는 오히려 기존의 정치조직들이 오랫동안 무시해온 일련의 문제들을 의식화하도록 정치를 열어젖혀야 한다고 한다. 또한 대안은 환자와 관련 당사자들의 자율적인 감당 위에서 이루어져야 할 것이라고 한다. 그러한 예로서 「하이델베르크 사회주의 환자집단(SPK)」의 자율적 실험과 이에 대한 국가의 폭력적 탄압, 스페인의 콩소정신병원에서 전개된 개혁 흐름에 대한 국가의 탄압에 대한 소개와 설명에서, 가타리는 정신의학적 소외에 놓여 있는 문제들에 대한 인민의 직접적 책임에 의한 관리를 강조한다. 그리고 이러한 운동과 탄압 과정에서 볼 때 환자들의 소외는 단순히 환자들만의 소외가 아니라 사회 전반의 다른 소외들과 연결되어 있고, 따라서 환자들 또는 소수자들의 소외의 극복은 사회의 전반적인 소외의 극복 과정과 궤를 같이해야 한다고 한다. 이탈리아의 정신의학자 바살리아를 중심으로 정신병환자들이 만든 '광인의 해방'이란 영화가 보여주는 모습에서, 공동체적 경험들이나 정신의학적 전복 시도들이 사회에 대한 현실적인 개방 통로로부터 단절되어 있는 측면에 주목한다. 이것은 꼭 외부로부터의 억압뿐만 아니라 자신들의 행동방식과 정교화된 언어 스타일 때문인데, 그렇기 때문에 일상생활에 근거한 투쟁이 필요하다고 강조한다.

가타리는 자신이 일했던 「보르도 병원」에 대해서도 언급한다. 자율적 공동체의 성격을 지닌 보르도 병원이라는 작은 세계 속에서 그는 더 이상 계급투쟁, 국가권력 장악, 경제적 거시구조의 변혁이라는 거대한 그러나 단순한 문제를 넘어서서, 사태를 전혀 다르게 바라보고 느끼는 방식을, 노동 · 신체 · 사회 · 코스모스에 대한 전혀 다른 관계를 만들어갈 것을 요구한다. 더 나아가 부엌에서 나타나는 미시적인 억압 권력의 전개 과정을 지적하면서 미시적인 욕망투쟁의 필요성을 역설한다(「부엌에서의 미시정치」).

이제 가타리의 논의는 제도들 속에서 형성되는 주체성을 다르게 만들기로, 즉 되기(생성)를 향해서 나아간다. 「어린이, 부랑자, 동성애자 되기」와 「여성되기」에서는 질서를 횡단하면서 형성되는 새로운 주체성의 가능성을, 새로운 조직방식을 찾아낸다. 특히 욕망의 에너지를 해방하는 방향으로 나아갈 것을 강조한다. "혁명이란 모든 소외관계—노동자, 여성, 어린이, 성적 소수자의 소외, 색다른 감성이나 소리, 색채나 사상의 기호(taste)의 소외—와 절단하는 문제이다. 어떤 영역에서도 혁명은 먼저 혁명에 의해 욕망에너지의 해방이 있어야 한다. 그리고 기존의 지층화를 관통하는 연쇄반응만이 현재의 사회를 유지하고 있는 권력구성체를 재검토하는 불가역적인 과정을 촉진할 수 있다"는 것이다.

이런 관점에서 보면 유치원에서의 글쓰기를 비롯한 교육은 어린이들을 지배적 기호체계로 포획하고 자본의 공리계를 따르도록 하여 어린이들의 욕망 자체를 억압한다는 것이다. 그러나 어린이들은 자율적인 집단 활동을 통해서 자신들의 욕망을 표현하고 새로운 사회관계들을 만들어갈 수 있다. 더욱이 뉴욕의 갱들 속에서 기존의 상하관계와는 다른 수평적인 관계를 지향하는 여성 갱조직의 출현과 사우스 브롱크스에서 약물중독자들을 중심으로 전개된 자주관리서비스 운동은 전혀 다른 실천 방향을 보여준다. 주변적인 소수자들이 보이는 문제제기 속에서, 미라벨 극단이 공연한 연극에 대한 평을 통해서, 가타리는 '갑옷'을 벗고 다른 것으로 '되기'를 강조한다. 물론 그 속에서 욕망의 미시정치에 주목하게 된다. 그리고 성과 관련하여 여성, 이성애, 동성애라는 엉성한 개념들을 넘어설 것을 제안하면서(횡단성애), 여성 되기, 소수자 되기를 통해서 남근권력을 파괴할 것을 제시한다.

가타리는 영화에 대해서도 많은 평을 하였다. 4부 「영화: 소수예술」에서 들뢰즈와는 영화에 관해서 서로 의견이 잘 맞지 않았다고 한 가타리는, 영화는 소수예술이 되어야 한다고 주장한다. 또 영화는 기표적인 기호학을 깨고 비기표적인 기호론으로 나아가는 욕망하는 기계라고 표현한다. 즉 영화는 기계적 배치로서 우리가 볼 수 없는 미시적인 것과 거시적인 것을 볼 수 있게 해준다. 그렇게 함으로써 영화는 무의식의 내용을 보여준다는 것이다.

이러한 분석들 위에서 가타리는 자신의 독특한 방법론을 기호학비판을 통해서 전개한다. 5부 「기호학적 구축물」에서 보여주는 엄청난 개념들과 새로운 제안들을 가타리는 나중에 『기계적 무의식』과 『분열분석적 지도제작』에서 상세하게 개진해나간다.

가타리는 기호학비판과 관련하여, 특히 「욕망의 미시정치학」에서 의미를 찾아내려는 기표적 기호학에 대해서 무의미를 강조하면서 다양한 흐름과 언어를 넘어선 다양한 행동을 통해 해독해나가려는 비기표적 기호론을 제시한다. 이러한 과정을 통해 언표행위 안에서 나타나는 권력관계를 강조하고, 내용과 표현, 형식과 실체라는 이중분절 체계에서 벗어나 n 분절을 지닌 기호론을 제시한다. 특히 가타리는 기호학 비판에서 제도 속에서 기표가 차지하는 위상을 검토한다. 많은 사람들이 권력장치 분석에 집중했다면 가타리는 오히려 주체성을 생산하는 데 중요한 역할을 하는 기호화 양식들을 분석하고 비판하면서 기표의 독재적인 작용에 주목하는 것이다.

「가치, 화폐, 상징」에서는 상징을 축으로 모든 것을 해석이나 이항적 환원을 통해 파악하려는 기표의 병적인 집착을 지적하면서 욕망경제를 제기한다. 그리하여 전통적인 마르크스주의 경제학에서 말하는 사용가치와 교환가치에 욕망가치를 덧붙인다. 이를 통해 실물경제적인 자본주의 분석에 기호화 양식에 의한 지배문제와 권력구성체에 대한 확장된 인식에 이르려고 한다.

가타리의 기호학 비판과 기호화 양식에 대한 분석은 「의미와 권력」에서 한 여성 환자를 분석하면서 진가를 발휘한다. 권력구성체는 특정한 기호화 양식들을 통해 한 사람이 나타내는 모습을 의미화하고 그럼으로써 그런 의미에 따라서 그 사람에게 특정한 작용을 가하게 된다. 이처럼 권력구성체는 실은 비기표적인 기계들을 통해 의미작용을 강요한다. 따라서 권력구성체에 대한 공격은 기표에 대한 공격뿐만 아니라 권력이 사용하는 다양한 비기표적 기호들을 다르게 사용하는 것으로 나아가야 한다.

뒤이어 일관성의 구도, 도표적 의식, 잉여성, 인칭론적 틀, 기계적 명제, 구체적 기계에 대한 새로운 개념화 작업은 욕망의 흐름을 분석하려는, 그리고 무의식 분석 작업을 위한 기초로 되고 있다. 마지막으로 「수백만의 잠재적 알리체」는 이탈리아 자유라디오 가운데 하나인 라디오 알리체(Radio Alice)가 보여준 욕망의 분출에 대해 묘사하고 있다.

가타리는 이탈리아의 상황과 관련한 글과 미시정치에 관한 글을 첨가하고 일부 내용을 뺀 채 『분자혁명』 2판(1980)을 냈다.[8] 특히 2판에서는

8 Félix Guattari, *La Révolution Moléculaire*, Editions de Recherhes, 2e éd., 10/18, 1980(일

자본주의에 대한 분석도 첨가하였다. 2판에 있는 「권력구성체의 적분으로서 자본」[9]은 기존의 자본주의 분석에 기호화 양식을 통한 자본의 자기 실현과 지배라는 문제를 덧붙이고 있다. 노동시간 단위로 착취를 설정한 마르크스를 비판하면서, 자본가는 시간이 아니라 복잡한 질적 과정을 강탈한다고 한다. 인간노동을 기계노동이 점점 더 대체해가면서 자본주의는 달라진다. "자본주의적 착취는 인간을 기계로 다루며, 계량주의적인 양식에 기초하여 인간을 기계로 보고 임금을 지불하게 된다. 그러나 착취는 거기에만 머무르는 것이 아니다! 자본가는 자본의 저울로 달 수 있는 다른 많은 잉여가치나 이윤을 추출하기도 한다. 자본주의는 피착취자에게 뒤떨어지지 않게 '사회적인 것'에 관심의 눈을 돌린다."(p. 295) 이러한 가타리의 분석은 안토니오 네그리의 분석과 일맥상통하는 것이다.

"자본은 전에는 마르크스가 '한 국가의 사회적 자본'이라고 부른 것을 기점으로 해서 움직였지만, 지금은 세계적으로 통합된 자본을 기점으로 해서 움직인다"는 인식 위에서 가타리는 '통합된 세계자본주의'라는 상을 제시한다. "자본은 항상 경제 · 과학 · 기술 · 풍속 등 모든 영역의 탈영토화의 움직임에서 구성되어왔다. 기호적 존재로서 자본은 전반적인 기술적 · 사회적 변화에 체계적으로 접목되어, 그것을 도표화하여 권력구성체 안에 재영토화한다. 그리고 자본주의는 임금노동자를 그 노동시간뿐만 아니라 '여가'시간도 착취하는 데 그치지 않고, 임금노동자가 자신들의 행동반경에 집어넣는 사람들—임금노동자에 딸려 있는 비임금노동자, 또는 친지 · 아내 · 어린이 · 노인 등 여러 가지 보조를 받고 있는 사람들—을 착취하기

역본: Félix Guattari, 杉村昌昭 譯, 『分子革命』, 法政大出版局, 1988); 가타리, 윤수종 옮김, 『(가타리가 실천하는) 욕망과 혁명』, 문화과학사, 2004.

9 『진보평론』, 6호, 2000년 겨울호에 번역되어 있다. 『(가타리가 실천하는) 욕망과 혁명』에 재수록됨.

위해 그 대리자로서 임금노동자를 이용하기도 한다."(p. 296) 이러한 자본의 변화는 산노동(살아 있는 노동)과 생산수단이란 기본조건으로 설명하기가 어렵게 되었다. 가타리는 자본의 기술적 구성과 관련하여 산노동(노동력)과 생산수단에, 자본주의적 권력구성체와 국가적 · 준국가적 기구 및 시설의 네트워크와 미디어를 중요한 구성요소로서 추가한다.

이러한 분석에 입각하여 가타리는 자본이 전과는 다르게 주체들을 소외시키고, 특히 극소화 기술을 통해 인간을 내부에서부터 지배해나간다고 분석한다. 자본은 기계를 통해 사회구성원들을 다양하게 분화시키고, 자신의 권력적 공리계 및 기술적 요청에 기초하지 않은 모든 범주를 폐지하지 않을 정도로까지 소거하여 무력화하는 것이다. 자본은 그 연쇄체계의 끝에서 남자나 여자 · 어린이 · 노인 · 연금생활자 · 빈민 · 육체노동자 · 지식인 등을 '재발견'하면 자기 자신의 지표에 따라 그들을 재정의하며, 스스로 그들을 재창조하려고 한다. 여기서 가타리는 혁명이란 분명한 정치적 수준에서뿐만 아니라 주체성의 변화, 욕망의 변화, 과학기술이나 예술 등의 변화라는 훨씬 더 분자적인 차원에서 일어나야 한다는 것을 지적한다.

여기에 덧붙여 「지구계획」에서는 자본주의의 변화를, '통합된 세계자본주의'가 안정화되고 공고화될 가능성과 특이한 욕망을 꽃피우는 주변집단 · 소수집단 · 자율운동의 가능성이라는 양자를 대립시켜 분석한다. 지배국에서는 보장노동자와 비보장노동자로 계급적대가 재편되며, 국제노동분업도 재편된다. 국제적인 하위 분할이 진행되면서 미디어를 축으로 한 기호화 양식에 의한 소형화된 억압이라는 새로운 형태의 파시즘이 세계적으로 확산되는 것으로 판단한다. 그러나 이러한 경향에 대한 반대움직임으로서 주변집단들의 증식을 통한 변혁 가능성을 지적한다.

1970년대말 적극적으로 개입하고 많은 관심을 가졌던 이탈리아 사회운동과 관련하여 가타리는 이탈리아 국가권력의 탄압에 저항하는 운동을 벌인다. 특히 그 과정에서도 가타리는 1977년 볼로냐회의 이후 새로운 정치로의 방향전환이 일어나고 있음을 강조한다. 이탈리아 공산당이 제시하는 거대정치가 아니라 다양한 주변자들 · 소수자들을 중심으로 대중이 전개해나가는 미시정치에 입각한 '분자혁명'을 강조한다.

특히 당시에 성행하던 테러리즘에 대해 비판하고, 또한 권력의 탄압에 대해서도 폭력적인(경성) 탄압과 부드러운(연성) 억압을 구분한다. 물론 가타리는 양자는 상보적인 관계에 있고, 그 목표는 대중을 틀 지우고 또 대중이 그 틀에 최대한 참여하도록 정비하는 것이라고 강조한다. 따라서 주체성에 개입하는, 즉 어떤 모델을 주입하고, 인간을 불구화시키고, 우리의 행동 구석구석까지 감시하려는 부드러운 억압을 발본적으로 변형시키는 주체성 혁명이 없이는 사회변혁이 가능하지 않다는 것이다. 이러한 분석 위에서 가타리는 항상 아우토노미아(자율 자치)의 가능성을 모색한다.

자율자치의 가능성에 대한 모색은 미시정치에 대한 분석으로 나타난다. 가족주의적인 입장에 서 있는 가족치료법들을 비판하면서, 결국 그러한 치료법이나 지배는 현실에 하나의 형식 · 구조 혹은 체계를 투여한다는 구실로 이질적인(돌연변이적인) 성분의 침입을 막으려 든다는 것이다. 그러면서도 실은 주변자들에 대해서는 보호나 구조라는 명목으로 개입하여 지배하고 있다. 「기표로서의 마약」에서 가타리는 경성마약과 연성마약을 구분한다.[10] 월드컵이나 박세리 골프, 박찬호 야구 등과 같은 연성마약과 스탈린주의 같은 집단적인 경성마약이라는 상을 그리도록 해주면서, 더 나아가 경찰이 개입해서는 (주로 마약중독자를 중심으로 한) 마약 문제를 결코 해결할 수 없다고 본다. 굉장한 경제기계(비싼 마약일수록 효과가 있

10 카치아피카스는 죽음의 마약과 삶의 마약으로 구분한다. 카치아피카스, 『정치의 전복』, 윤수종 옮김, 이후, 2000.

다는 신비)가 작동하도록 돕고 있는 경찰의 마약 금지에 대해서 마약의 무료 배급을 통해 그 경제기계를 깨고, 나아가 몸을 망치는 마약(죽음마약, 경성마약)이 아닌 다른 대체물들로 바꾸어나갈 것을 권장한다. 물론 당사자들의 자율자치를 근거로 해서 말이다.

주체성의 변화와 관련하여 가타리는 지배국 내부의 제3세계화를 지적하면서 광범한 주변층들의 출현에 주목하였다. 이러한 전형적인 「현대의 빈곤」은 사회 전체의 커다란 개혁 없이는 변하지 않을 것이라고 판단한다. 즉 표준에서 배제된 주변층들을 포괄하는 혁명으로서 분자혁명의 필요성을 제기하는 것이다.

또한 자율운동으로서 제시되었고 자신도 열심히 참여했던 '민중자유라디오' 운동에 대한 분석에서, 가타리는 국가기구나 독점체들이 지배하는 초집중적 방향으로 나아가는 거대매체가 여론을 형성하고 대중의 태도나 무의식적인 가치 도식을 지배적 규범에 적응하도록 강화하고 있다고 지적하면서, 매체의 집단적 소유로 나아갈 수 있는 극소적 방향으로서 소형매체는 광범한 대중뿐만 아니라 소수자 · 주변자, 모든 종류의 일탈자에게도 적합한 소통수단을 제공한다고 강조한다. 이러한 민중자유라디오운동에 의한 소형 매체의 색다른 사용은 자율운동의 실질적인 투쟁수단이 된다고 한다.

3. 분열분석

이상과 같이 '횡단성에서 분자혁명으로'라는 가타리 사상의 변화는 연속선상에 있다고 할 수 있다. 그리고 그는 이러한 자신의 생각을 근거짓기 위해서 분열분석에 대한 정리를 시도한다. 1979년에 나온 『기계적 무의식』[11]에서 가타리는 『분자혁명』에서 개진한 바 있는 기호학 비판을 더욱 발전시킨다. 정신분석 비판에서 나아가 언어학 비판과 기호학 비판을 통해서 무의식분석에 대한 장을 열어간다.[12]

가타리는 구조주의적 정신분석가들의 무의식을, 프로이트파나 융파나 라이히파의 무의식 이상으로 적합하지 않은 것으로 생각한다. 가타리는 오히려 무의식이란 "무언가 우리 주위 어디에나 붙어다니는 것, 몸짓에도, 매일 매일의 일상에서도, TV에서도, 기상 징후에도, 더욱이 당면한 큰 문제에 있어서조차도 우리에게 붙어다니는 것"이라고 생각한다. 따라서 무의식이란, "개인의 내면에 있어 그 사람이 세계를 지각하거나 자신의 신체나 자신의 영토나 자신의 성을 체험하는 방식에서만 움직이는 것이 아니라, 부부나 가족이나 학교나 이웃이나 공장이나 경기장이나 대학 등의 안에서도 움직이는 것이다. 무의식 전문가의 무의식이라든가, 과거 어디엔가 결정화되거나 제도화된 담론 가운데에 붙어버린 무의식이 아니다. 반대로 무의식은 미래로 향하고 있으며, 무의식의 줄거리는 언어활동뿐만 아니라 피부 · 사회체 · 우주공간 등과 같은 수평면에 있는 가능성이기도 하다"(p. 26). 그리고 무의식에 붙어 있는 것이 이미지나 언어뿐만 아니라 모든 종류의 기계장치이며, 이들 기계장치로 인해 무의식은 그 이미지나 단어를 생산하고 재생산하게 된다. 가타리는 이러한 점을 강조하기 위해서 '기계적 무의식'이란 제목을 달고 있다.

언어학자 및 기호학자의 태도와 정신분석자의 태도는, 자신들 가까이에 있는 '구체적인' 정치적 · 사회적 · 경제적 · 과학기술적 장들에 대해

---

11 Félix Guattari, *L'inconscient Machinique*, Editions de Recherhes, 1979; 가타리, 윤수종 옮김, 『기계적 무의식』, 푸른숲, 2003.

12 윤수종, 「무의식분석의 새로운 시도」, 『경제와 사회』, 57호, 2003년 봄호, 한울, 2003. 이 책 6장 참조.

어떤 탈선도 피하는 데에 동조하고 있다고 비판하면서, 가타리는 자신의 작업의 의도를 넌지시 비춘다.

이러한 무의식 인식 위에서 가타리는 언어학적 · 기호학적 차원의 문제들을 다룬다. 이것들에 대한 검토는 무의식 이론의 전체적 수정을 위한, 그리고 특히 오늘날 제기되고 있는 화용론 문제에 대한 본질적인 전제조건을 구성한다고 생각한다. 다음으로는 사회적 장에서 무의식 현상의 각도에서 본 언표행위배치 및 화용론적 장에 관하여 다루고, 그 위에서 기계적 무의식의 잉여성의 두 기본적 범주인 안면성 특징과 리토르넬르를 다룬다.

이러한 분열분석을 위한 기본 도구들을 검토한 위에서 정치적 · 미시정치적 문제와 관련하여 환원 불가능한 분열분석적 화용론을 구축하기 위한 기반들을 모색한다. 보론으로 첨가한 「기호의 분자적 횡단」에서는 기호론적 실체 전체의 '기계적 계보학'을 탐색한다. 여기서 가타리는 기호론적 실체들이야말로 전적으로 언어학이나 기호학의 관할에 속하지 않는 하나의 화용론의 틀 속에서 기능할 수 있을 것이라고 생각한다. 요약하자면 가타리는 통사적 계통수(나무) 모델에 대해 분석적 화용론 및 분열분석을, 위계적 모델에 대해 '리좀'을 대치시킨다.

『기계적 무의식』의 제2부는 마르셀 프루스트(Marcel Froust)의 작품(『잃어버린 시간을 찾아서』)에 대해 배치, 안면성 특징, 리토르넬르 개념 등을 통해 분석(재구성)해나가고 있다. 가타리는 이 작품을 거대한 리좀 지도라고 한다.

그러면 가타리가 『기계적 무의식』에서 개진하고 있는 이러한 분열분석은 분자혁명과 어떤 관계를 맺고 있는 것일까? 미시정치적 분열분석은 촘스키의 '문법성의 공리'를 자명한 것으로 인정하지 않을 뿐만 아니라, 그것과 전투적으로 대립한다. 분열분석은 의미작용을 번역하거나 재편성하지 않고 잉여성 체계를 넘어서 기호론적 배치를 변형하는 것이 항상 가능하다고 생각한다. 나아가 첫 번째 책략은 기표적 권력의 정당화에 대한 거부이다. 새로운 언어능력 지도를 새로운 비기표적 도표좌표를 만들어 내는 것에 전념토록 한다는 것이다. 이것은 레닌주의자들이 사회민주당과 결별했을 때 한 것이며, 그때 그들은 새로운 형태의 당 설립을 바탕으로 프롤레타리아트 전위와 대중 사이에 분열이 생기는 것을 어떤 재량을 가지고 결정한 것이었다(민주집중제 주장). 이 레닌주의적 '변형'이 나중에 스탈린적 관료주의의 잉여성의 장으로 기울어 간 사실은, 이 장에서 지도나 투여 체계는 항상 바뀔 수 있다는 것을, 어떤 구조적 기초도, 어떤 이론적 정당화도 혁명적 '능력'의 유지를 결정적으로 보증할 수 없다는 것을 나타내고 있다. 그래도 어쨌든 레닌주의자들은 새로운 무의식적 정치 지도, 새로운 표현소재(당)를 만들어냈으며, 그 이후 그것과 관련하여 모든 언표행위 산출물이 결정되지 않을 수 없었다고 한다.

더 나아가 미시정치적 분열분석은 주체화 양식의 개인화된 방식을 비판하고, 이것을 바탕으로 이전의 미시정치적 관계가 기록되고 수정되는 도표화 작용의 과정들, '분석장치들,' 집합적 언표행위배치를 드러내려고 노력한다. 여기서 문제가 되는 것은 사회적 화용론에서의 변이이다.

따라서 화용론의 임무는, 기표적 생성의 효과를 해체하는 변형체계 사이의 연결 작업을 하는 것에, 그리고 '분자혁명'의 방향으로 진전하는 기호적 체계 전체에 관한 미시정치적 동향을 판별할 수 있게 하는 데 있다. 각 상황에서 분열분석의 목표는, 모든 지배적 변형 성분 주위에서 일어나는 권력의 결정화 작용의 성질을 밝히는 데 있다. 어떤 기표적 성분의 붕괴 및 어떤 새로운 도표적 성분의 출현은 기표 및 개체화 작용의 효과를 감소시키고, 언표행위를 기계적 배치의 다른 요소 내부의 하나에 지나지 않는 것으로 만들어버린다. 즉 분열분석적 화용론의 목표는 어떤 점에서 지도들 사이에 일치가 있는가, 어떤 분리 작업이 이루어지는가, 일정한 체계에 대한 기표적 권력 장악은 어떤 범위를 갖는가, 언표 및 명제의 범위를 조직하거나 초코드화하는 기표에 접속되는 권력구성체는 어떤 성질을 갖는가를 결정하는 데 있다. 물론 그런 가운데 이행구성요소와 그것이 배치 속에서 행하는 기능에 집중한다.

이러한 점에서 가타리는 분열분석을, 어떤 미시정치적 실천이며 다수의 변이적 생성, 여성 되기, 어린이 되기, 노인 되기, 동물 되기, 식물 되기, 우주 되기, 투명인간 되기 등을 바탕으로 증식하는 분자혁명의 거대한 리좀에 관련시키면서 그 의미를 찾으려고 한다. 이 '되기'들은 존재의 새로운 감수성이나 새로운 지성, 새로운 부드러움을 창출하거나 조립하는 많은 방법을 만들어낸다는 것이다.

가타리는 근 20년 정도 자신의 행보를 더듬으면서 전개해온 분열분석 작업을 더욱 진전시켜나가 생태적 사고와 결합하여 생태철학으로 발전시키는데, 이 과정에서 분열분석의 결실인 『분열분석적 지도그리기』(1989)[13]를 발간하였다. 여기서는 새로운 세계론, 사회혁명론을 위한 개념 장치들을 구상해나가고 있다. 주체성생산이라는 문제를 권력이 배열한 '주체화의 집합적 시설[설비]들' 속에서 이질발생적으로 만들어나가는 문제로 포착해나간다.

인간 총체를 외부에서 강압하는 권력과 주체성의 내부에서 과학기술적이고 경제적인 화용론에 접합해 있는 지식에 대립하여, 사회적 · 정신적 지층화를 횡단하면서 자신의 고유한 좌표, 자기일관성에 근거한 과정적인 주체성을 발전시키는 자기준거를 찾으려고 한다. 이것은 특이화 과정을 탐색하는 것이기도 하다. 이전까지의 분열분석에 공간, 에너지, 자기

13 Félix Guattari, *Cartogaphies Schizoanlytiques*, Editions Galilée, 1989.

준거로서 일관성, 흐름, 세계(Univers) 등의 개념을 부가하면서 사고의 폭을 넓혀간다. 이원론을 벗어나기 위해서. 이렇게 사고의 폭을 넓혀간다고 해서 보편적인 논의로 빠져서 하나마나한 이야기를 하는 것이 아니다. 가타리는 오히려 폭을 넓혀 갈수록 더 많은 가능성과 생성 가능성들을 생각하게 해주는 구체적인 과정을 보여준다. 그래서 끊임없는 도식과 엄청난 분류가 따르지만 말이다.

4. 생태철학

가타리의 이러한 사고 전개는 1970년대를 통하여 전개된 뜨거운 현실운동을 반영한 것이었다. 그러나 이탈리아를 중심으로 한 1970년대 유럽의 뜨거운 운동도 점차 사그라들고, 가타리가 『인동의 시대』[14]라고 명명한 1980년대가 들어선다. 이 시기에 가타리는 이탈리아 아우토노미아 운동가이자 이론가인 네그리와 접촉하고 현대판 '공산당선언'을 쓰게 된다. 이것이 네그리와 공저로 출판한 『자유의 새로운 공간』이다.[15] 인동의 시대에도 불구하고 코뮤니즘을 "모든 차원에 걸친 의식과 현실—정치적인 것과 사회적인 것, 역사적인 것과 일상적인 것, 의식적인 것과 무의식적인 것—의 변형으로 이끄는 다양한 실천들의 모음"(p. 56)으로 규정하면서, 대중의 다양한 실천영역들에서 새로운 연합의 가능성을 감지하고 있다.

나아가 1980년대에 접어들어 생태운동에 가담한 가타리는 기존의 분

---

14 Félix Guattari, *Les Années D'hiver 1980–1985*, Editions Bernard Barault, 1985.

15 Félix Guattari, (avec Toni Negri), *Les Nouveaux Espaces de Liberté*, Editions Dominique Bedou, 1985; 가타리 · 네그리, 조정환 옮김, 『자유의 새로운 공간』, 갈무리, 2007.

자혁명적인 사고를 더욱 진전시키고 생태적 틀 속에서 확장해 나간다. 그 이론적 결실이 바로 『세 가지 생태학』[16]으로 나타난다. 개인과 집단의 본원적인 자립화 작용을 가져오는 기반 개념으로서 특이성(singularité)—개개의 인간 존재의 생존양태로서의 고유성—의 중요성을 강조함과 동시에, 새로운 사회구성 이념으로서 생태철학이라는 사고를 전개해나가기 시작하였다.

가타리는 종래의 생태운동이 이른바 (자연환경을 중심으로 한) '환경문제'에 한정되어왔다는 것에 의문과 불만을 느끼면서 무엇보다도 그것만으로 현대세계의 전면적 위기에 대처할 수 없다고 보았다. 그는 환경생태학에 덧붙여 사회생태학과 정신생태학의 삼위일체적인 이론 전개를 제창하였다. 즉 이 세 가지 생태학을 윤리-정치적으로 접합하는 고리로서의 철학적 실천 개념이 생태철학(écosophie, écologie와 philosophie의 합성어)이다. 여기서 환경생태학에서 '환경'에는 '자연'(오염)을, 사회생태학에서 '사회'에는 '사회관계'를, 정신생태학에서 '정신'에는 '인간의 주체성'을 각각 대응시키고 있다.

"잡초의 생태학이 있는 것처럼 잘못된 사상의 생태학도 있다"(그레고리 베이트슨, 『마음의 생태학에 대하여』)(p. 7)라는 권두 인용문으로 시작한 가타리는, 환경생태학을 긍정한 위에서 다른 두 가지 생태학을 강조한다.

먼저 사회생태학은 "커플 사이에서, 가족 · 도시생활 · 노동 등에서 존재방식을 수정하고 재발명하는 데로 나아가는 특정한 실천을 발전시키는 것에 있을 것이다. 물론 인구밀도가 아주 희박하고 사회관계의 밀도가 오늘날보다도 훨씬 강"했던 시기에 일치하는 이전의 방식으로 되돌아가는

---

16 Félix Guattari, *Les Trois Ecologies*, Editions Galilée, 1989; 가타리, 윤수종 옮김, 『세 가지 생태학』, 동문선, 2003.

것은 생각할 수 없다. 그러나 "집합적 존재양식 전체를 문자 그대로 재구축하는 것이 중요할 것이다. 그래도 그것은 단순히 '소통적인' 개입에 의해서가 아니라 주체성의 본질에 관련한 실존적인 돌연변이(변화)에 의해서 이루어져야 한다. 이 영역에서는 단순히 일반적인 지향에 머무르지 말고, 미시 사회적 수준에서도 대규모 제도적인 수준에서도 실효성이 있는 실험적 실천을 실행에 옮겨야 할 것이다"(p. 15)라고 한다.

그리고 정신생태학은 "신체, 환상, 지나간 시간, 생과 사의 '신비'에 대한 주체의 관계를 재발명하는 데로 나아가야 할 것이다. 그것은 대중매체나 정보통신의 획일화에, 행동양식의 순응태도에, 광고와 각종 조사에 의한 여론조작에 해독제를 찾아야 할 것이다. 정신생태학의 실행방식은 과학성이란 시대에 뒤진 이상에 집착하는 '정신분석' 전문가들의 방식보다도 예술가의 방식에 더 가까울 것이다"(p. 16)라고 한다.

가타리가 이러한 세 가지 생태학을 제기하는 것은, 이들 "생태학의 세 가지 근본적인 작용영역의 재접합이 없는 한 안타깝게도 인종주의(인종차별), 종교적 광신, 반동적인 재폐쇄 속에서 동요하는 소수민족의 분열의 위협, 어린이 노동의 착취, 여성의 억압 등과 같은 모든 위협이 늘어난다"(p. 16)고 보기 때문이다.

그리고 세 가지 생태학을 접합하여 사고하는 것에서 가타리는 자신의 궁극적인 핵심주제인 '주체성생산' 문제로 나아간다. 사회생태학과 정신생태학이 맞서야 하는 "중요한 분석적인 문제 가운데 하나는 억압 권력을 피억압자 쪽에서 장악하는 것"이라고 제기하면서도, 특히 "자본과 인간활동 사이의 관계에 대한 새로운 '여건'이란 맥락에서 생태적 페미니즘, 반인종차별적인 자각이 주체성생산—즉 새로운 생산적 배치의 근원에 존재하는 비신체적 가치체계와 관련한 인식 · 문화 · 감수성, 그리고 사교성의 생산— 양식을 신속히 주요한 목표로 삼기를 기대하자"(p. 33)고 한다.

결국 생태학은 자본주의 권력구성체나 그것이 만들어내는 주체성 전체에 대해 문제제기하는 것이라고 본다. 가타리는 우리가 살고 있는 이 시대의 커다란 위험으로부터의 탈출은 정확히 발생기 상태의 주체성과 변이 상태의 사회체와 재창조의 임계점에 달하고 있는 환경이라는 세 가지 요소의 접합 여부에 달려 있다고 본다. 그러면서 세 가지 생태학은 각각을 특징짓는 실천이라는 관점에서는 서로 구별되지만 하나의 공통적인 미적-윤리적인 영역에 속하는 것, 하나로 연결하는 것으로서 구상해야 한다고 한다. 가타리는 이러한 것을 '윤리-미학적 패러다임'이라고 하면서 자기준거(auto-référence)에 기초한 이질발생과 재특이화의 지속적인 과정임을 강조한다. 즉 개인들이 타자에 대해서 연대함과 동시에 타자와 점점 다른 존재로 되어가야 한다는 것이다.

이러한 과정 속에서 주체성은 횡단적인 축을 매개로 환경 세계나 커다란 사회적 · 제도적 배치 속에 동시에 설치되지만, 그것과 대칭적인 형태로 개인의 가장 심오한 영역에 주재하고 있는 환상이나 풍경 속에도 뿌리를 두고 있고, 어떤 특별한 영역 속에서 일정한 수준의 창조적인 자율성을 획득하면 그것은 다른 영역들에도 같은 현상을 불러일으킨다고 한다.

가타리는 현대 세계의 위기 현상을 사회적 존재로서의 인간의 외적 조건, 내적 조건을 연결하는 포괄적인 성격의 것으로 파악하며, 그것에 대응하는 포괄적인 처방으로서 기존의 생태학 개념을 사회와 정신으로 확장하여 '생태철학'이라는 새로운 개념을 제기하고 새로운 사회구성의 모델을 구축하려고 하였다. 거기에는 '횡단성' 개념의 제창 이래 가타리가 일관하여 주목해 온 인간과 인간 사이의, 혹은 이질적인 영역들을 무의식적 수준에서 규정하고 결합하는 불투명한 심신적 공간을, 어디까지나 사회관계들의 일차성에 집착하면서 상황에 따라 읽고 편성하려는 의지가 들어 있다.

마지막 저서인 『카오스모즈』[17](chaosmose, chaos와 cosmose의 osmose[상호침투]라는 의미에서 만든 합성어)에서 전개되고 있는 가타리의 생성론은, 주체성생산 문제에서 시작하여 윤리-미학적 패러다임의 실천 대상으로서 생태철학의 대상(전망)을 다루는 것으로 끝맺고 있다. 이것은 들뢰즈와 함께 프로이트의 무의식을 비판적으로 파악하면서 '리좀'이라는 개념을 사회적 장에 실천적으로 적용하고 확장해나간 최종적인 결과로 볼 수 있다. 어떤 중심점을 가진 기존의 질서체계로부터 단절을 통한 자기성장적인=자기준거적인 자기산출(autopoïétique)에 의해서 새로운 '실존적 영토'가 확립된다는 발상은 '리좀'의 연장선상에서 구상된 변혁이론이라고 할 수 있다. 특징적인 것은 기존의 변혁이론이 지배권력 및 지배장치의 파괴과정과 대체장치의 건설에 초점을 맞추고 있다면, 가타리는 이러한 문제를 주체성생산이라는 문제로 바꾸어간다. 객관적 현실에 붙박힌 구조와 관계와 주체가 아니라, 예술적인 생성으로서 새로운 주체성생산이라는 문제로 넘어가는 것이다.

이상의 가타리의 사상 여정을 보면, 그의 관심은 정신분석(프로이트)과 정치(마르크스)의 결합을 넘어서 새로운 정치를 모색하는 과정이었다. 그 과정에서 그의 사상의 추이를 간단하게 요약하자면 '횡단성 → 분자혁명(분열분석) → 생태철학'이라고 할 수 있을 것이다. 분열분석은 사고의 방법을 위한 가타리 나름의 훈련 과정이 아니었나 생각된다. 이러한 사상추이 속에서 가타리는 그간의 인간과학과 사회과학이 가져온 객관주의와 과학성에 대한 엄청난 비판을 감행한다. 물론 그것을 깨뜨리는 방식도 사용하지만, 가타리의 강점은 적을 비판함으로써 내가 건강해진다는 노예

---

17 Félix Guattari, *Chaosmose*, Editions Galilée, 1992; 가타리, 윤수종 옮김, 『카오스모제』, 동문선, 2003.

의 도덕이 아니라 나의 주체성을 어떻게 생산하는가 하는 긍정적인 귀족적인 도덕에서 출발한다. 물론 니체를 꺼림칙해하는 가타리로서는 스피노자의 입을 빌려, 역능에 기초해서 구성해갔다고 할지도 모르겠지만 말이다.

부르주아과학에서는 객관성과 과학성으로, 마르크스주의에서는 미래를 담지한 추상적인 보편계급으로서 노동자상으로, 주체성 문제를 막아왔다. 근대적 이성에 기초한 인간주체는 이제 이질적인 생성경로 위에서 다양한 주체들로, 사회의 다양한 주체집단들로 대체된다. 개인들의 차이를 통합하거나 개인들의 공통성을 보편화함으로써 권력을 만들어가는 방식이 아니라, 개인의 특이성 · 고유성에 기초하여 새로운 것을 생성해내려는 방식은 권력을 깨고 특이성의 잠재력(역능)을 확장하는 것으로 나아간다. 이러한 사유에 입각하여 가타리는 사회분석에서는 주변집단들, 소수자들에 착목한다. 물론 그들의 현상태에 주목하기보다는 주변자 되기, 소수자 되기 등을 통해서 다른 것으로 되어가는 과정을 강조하려는 것이다.

이 장에서는 가타리의 사상추이를 개관해보았다. 다음 장부터는 그의 사상(과 실천활동)을 몇 가지 주제별로 나누어서 살펴보겠다.

제3장

제도분석과 집단적 주체성

정신분석가로서 혁명가가 될 수 있는가? 알튀세가 겪은 비운의 실패. 그래서일까? 그의 제자인 발리바르는 마르크스주의와 정신분석은 대상을 달리 하기에, 그것을 결합하려는 시도는 애초부터 실패할 수밖에 없었다고 말한 바 있다.[1]

한편 가타리의 경우는 차라리 그 반대인 것처럼 보인다. 즉 가타리 안에서는 정치활동가와 정신분석가가 만나며, 이 양자기 끊임없이 혼합되고 영향을 주고받고 소통하고 서로 교체되고 있다. 정치적 힘과 분석적 힘을 결합하여 현실을 공격해나가는 가타리는 기존의 교조적인 마르크스주의자들이 해왔던 구조분석보다는 새로운 주체성의 탐구에, 자본운동에 대한 연구보다는 오히려 새로운 주체성을 담지한 노동자에 관심을 갖고 있다.[2]

---

1 E. Balibar, "Fascisme, Psycanlyse, Freud-Marxime"; 윤소영 옮김, 「프로이트-마르크스주의의 교훈: 빌헬름 라이히의 『파시즘의 대중심리』에 관하여」, 『문화과학』, 제3호, 1993년 봄.

2 이러한 관심은 Antonio Negri의 관심과 일치한다. 이들은 나중에 공동저서(『자유의 새로운 공간』)를 내기도 한다.

가타리는 이미 1960년대 중반부터 새로운 정신요법의 실천을 통해서 기존의 정신분석에 대해 공격하였을 뿐만 아니라, 프로이트를 계승한다고 한 라캉주의의 구조주의적 경향에 반대하여 정신분석적 실천을 사회 전체와 그리고 정신치료를 둘러싼 사회적 장과 연결하면서 사회비판으로까지 확장시켜나갔다. 또한 정신치료(psychothérapie) 안에서의 실천을 현실사회의 다양한 영역에서의 실천과 연결시켜나갔으며, 그리하여 기존의 마르크스주의 운동 내부에서도 새로운 실천 방향들을 모색하고 실천하였다.

들뢰즈는 이 정신분석가와 정치활동가의 만남 속에서 적어도 다음과 같은 세 가지 문제가 모습을 드러낸다고 지적한다.[3] 즉 ① 어떤 형식으로 정신분석 이론과 실천 속에 정치를 도입할 것인가? ② 정신분석을 혁명적 활동가 집단에 도입해야 할 이유는 무엇인가, 또 그러려면 어떻게 해야 할 것인가? ③ 정치집단 및 정신의학이나 정신분석 구조에 영향을 미치는 특별한 치료집단을 어떻게 구상하고 형성할 것인가?

여기서는 첫 번째 문제와 세 번째 문제를 중심으로 다루면서, 어떻게 정신분석가가 혁명가가 될 수 있었는지를, 주로 가타리의 초기 글들, 특히 1968년 전후에 쓴 글들과 사용한 개념들을 통해 간접적으로 조명해보겠다. 나아가 서구의 반정신의학 운동의 흐름 속에서 정신분석에 대해 비판하면서 제도분석과 집단분석을 통해 새로운 주체성을 탐구하는 가타리의 기획을 살펴보자.

---

3 "Préface de Gilles Deleuze"(1972), Félix Guattari, *Psychanalyse et Transversalité*(이하 *PT*로 약칭), Maspero, Paris, 1972, pp. i~ii; 가타리, 윤수종 옮김, 『정신분석과 횡단성』, 울력, 2004.

1. 반정신의학 운동과 제도분석

1) 반정신의학운동

반정신의학(anti-psychiatrie)운동은 주로 프랑스와 영국, 그리고 이탈리아에서 발생하였다. 영국에서의 반정신의학운동은 로날드 렝(Ronald D. Laing), 데이비드 쿠퍼(David Cooper), 맥스웰 존스(Maxwell Jones) 등이 주축이 되어 이루어졌다. 이들의 생각에 따르면, 정신병은 서구 사회의 주요한 가치 지향에 밀접하게 연관되는 정상성과 대립하는 것인데, 병원의 입원자는 '급진적인 소리'로 말하는 반대자이며, 그가 말하는 것은 기존의 도덕적 질서와 모순된다고 한다. 그리고 정신병원의 체제는 색다른 사람을 억압하고 특정한 가치와 행위들을 조장하는데 기여하며, 따라서 광기의 제도화는 '전복적인' 사유와 태도를 침묵하게 하는 시도라는 것이다. 정신병 개념은 실질적으로 '죄'의 개념이며, 기존 사회질서에 내재된 가치에 대한 거부의 개념과 동일한데, 그러한 개념은 부르주아 사회가 용인할 수 없는 자유롭고 자생적인 삶에 대한 표현을 억압하려는 시도에서 만들어졌다고 한다. 따라서 분열증환자의 행동에 일탈이 있다면 그것은 다른 사람에 대한 공격이라기보다는 다른 사람의 공격의 결과라는 것이다.[4]

이들의 반정신의학 실험은 1965년부터 런던 근교의 킹슬리 홀(Kingsley Hall)에서 정신의학자들과 분열증병력을 가진 사람들이 모여 이루어졌다. 킹슬리 홀에서 그들은 환자, 정신과의사, 간호사 사이의 모든 역할 분업을 철폐했거나 철폐하고자 했으며, 어느 누구도 명령을 하거나 규칙을 정하는 권한을 가질 수 없도록 만들려고 하였다.[5] 이러한 실험들에 대해 외

---

4 Roger Scruton, *Thinkers of the New Left*, Longman, 1985, pp. 45~52.

5 J. Berke, ed., *Counter-Culture: The Creation of an Alternative Society*, Peter Owen Ltd. and Fire Books, 1970, 참조.

부의 압력도 많았지만,[6] 킹슬리 홀에 대한 최대의 위협은 내부에서 발생했다. 이는 명시적인 제한들은 없었지만 사람들이 여전히 사회적 억압들을 말없이 내재화했기 때문이었다. 나아가 오이디푸스적 정신분석의 주형 안에서 정상성의 경계라고 생각되는 것을 넘어서는 모든 상황을 제한하는 동일한 낡은 삼각형(아버지, 어머니 그리고 자녀)으로 환원하는 것을 어느 누구도 피할 수 없었기 때문이다. 이로 인해, 환자와 의사와 간호사의 역할분업을 철폐하고 분석적 대면을 대신하는 집단적 해석을 도입했으며 지배적인 정상성에서 벗어난 공동체를 시도하였음에도 불구하고, 결국 '해석'과 '오이디푸스적 가족주의', 그리고 '전이'라는 선별 과정 속으로 퇴행하고 말았다[7]고 한다.

이탈리아에서의 반정신의학운동은 1961년부터 바살리아(Basaglia)의 주도 아래 시작되었는데, 영국에서보다 훨씬 전투적이었다. 이들은 사회로부터 부탁받은 '치료와 감시의 위임'을 거부하고, 환자를 포함해 전원이 참가하는 총회와 계속적인 모임 등을 통해 공보활동(公報活動), 여가나 사회치료의 조직화 등을 강화하여 새로운 관계를 만들려고 하였다. 바살리아와 그의 팀은 1965년에 '공동체적 문화'를 더욱 진전시키려고 결심하고 차차 지평을 넓혀, 직원과 환자 사이의 현실적인 역관계를 변화시켜 간다. '합의에 도달하는 기술'은 결국에는 '구석구석까지 사회를 조직화하려고 하는 신(新)자본주의사회의 이상'에 대응하는, 환자를 사회에 통합시키는 새로운 방법에 지나지 않는다고 생각하였다. 따라서 그들은 병원

6 그러나 이것은 훨씬 덜 '도발적인' 실험이 중단되었던 이탈리아의 상황, 또는 정말로 악랄한 억압이 하이델베르크의 SPK(Sozialistisches Patientenkollectiv)의 구성원들에 대해서 가해졌던 독일의 상황과 비교해서 언급되고 있다. 이에 대해서는 "Le SPK"(Heidelberg 1971), Félix Guattari, *La Révolution Moléculaire*(이하에서 *RM*으로 약칭), encres, éditions recherches, 1977; 『분자혁명』, 푸른숲, 1998을 참조.

7 "Mary Barnes ou l'Œdipe anti-psychiatrique", *RM*, pp. 125~136.

에서의 모든 개선이나 강화 정책을 거부하고, '스태프의 수준에서 보다 깊은 치료 및 교육의 개입도 결국은 제도적 이해관계의 특별한 영역 안에 닫혀버린 움직임'과 다를 것이 없다고 생각하였다. 그리하여 그들은 '제도의 전복', '제도의 부정'으로까지 나아갔다.[8] 가타리는 이러한 시도를 '정신의학의 게릴라'라고 불렀다.

프랑스에서는 자유주의자들과 좌파들이 정신병자 수용소제도를 강하게 비판하는 전통이 있었다. 프랑스의 정신보건 영역에서는 정신질환자들을 조직해서 정신의학의 억압에 대항해 싸우는 단체를 만들려는 노력이 있었으며, '자주관리', '자유로운 의사표현', '결정권을 환자나 의사들의 조수들과 의사 아닌 다른 사람들에게 넘기자'는 구호 아래, 환자 · 사회사업가 · 지역주민을 조직해서 정신보건시설의 통제권을 장악하려는 시도들이 있었다. 의료시설 안에서 의학의 위계질서에 도전하는 일은 사회적인 문제를 개인의 문제로 보는 치료기관에 대한 총체적인 도전의 디딤돌로 여겨졌다.

또한 프랑스 반정신의학은 지방의 정신병원에서 조직된 노동자들 · 간호사들에서 라캉의 이론에 관심을 가지는 파리의 지식인들에까지 수용되었다. 특징적인 것은 대체로 그 방향 설정에서 라캉의 정신분석이론이 중심에 있다는 점이며, 이 점에서 영국의 반정신의학과 무척 다르다고 할 수 있다. 즉 프랑스의 좌파는 정신분석을 전복적인 것으로 간주하였다. 그리하여 1968년 이후 주체 형성에 대한 라캉의 담론은 광기의 정치에 대한 반정신의학 담론과 현대 자본주의에서 주체의 위기에 대한 담론들과 얽히게 된다.[9] 가타리는 이러한 상황에서 반정신의학은 일반대중과 직업적

8 "Guérilla en psychiatrie"(1970), *PT*, pp. 261~264.

9 Sherry Turkle은 라캉이 반정신의학을 지지하였으며 전통적인 정신의학이론이 광기를 결핍, 이성의 결여, 정상보다는 모자란 상태로 인식하는 광기에 대한 경멸적인 개념에 기반하고 있

'정신건강 노동자들' 사이에서 의식을 일깨우는 방식으로, 즉 정신의학적 억압과 다른 억압 형태들 간의 연계를 찾아내는 방향으로 나아가야 한다고 주장한다.[10] 1968년 5월 운동과의 관계에서 볼 때 반정신의학은 본질적으로 제도들에 대한 공격이었다는 의미에서 서로 연결될 수 있지만, 그 당시에는 감옥과 정신병원에 대한 사람들의 태도는 보수적이었다.

그렇지만 반정신의학운동의 결과로 제도적인 정신의학은 축소되는 경향을 보였다. 많은 정신병원이 입원자가 크게 감소하고 사람들도 정신치료를 거부하는 태도를 보였다. 그러나 정신에 대한 억압이 없어지지는 않았고 오히려 정신치료제도가 교묘한 형태로 다시 등장하였다. 정신에 대한 억압은 과거의 정신의학적 분류에 준거를 두지 않지만 정신분석이란 장치를 통해서(부랑자, 무일푼의 사람들, 노인 등의 관리로) 정신치료적 통제체제에 포함되게 된 것이다.[11]

이처럼 1960년대에 들어 프랑스에서는 전반적으로 정신의학 제도는 약화되고 있었지만 정신분석 제도는 새로운 권력 형태 속에서 힘을 얻어가고 있었다. 특히 라캉주의를 통해서 확산된 정신분석적 실천들 위에서[12]

다고 하면서, 정신분석에서 모든 규범적이고 정신의학적인 가치들을 몰아내려고 시도한다고 보고 있다. Sherry Turkle, *Psychoanalytic Politics*, The MIT Press, 1981, Chapter 5.

10 "Mary Barnes ou l'Œdipe anti-psychiatrique", *RM*, p. 140.

11 "Mary Barnes ou l'Œdipe anti-psychiatrique", *RM*, p. 144.

12 프랑스에서 5월 운동의 경험은 구조주의에 대한 반발과 함께 자신과 사회와 정치를 고려하며 투쟁하는 사람들을 위한 환경을 마련하게 되기에 이르는 등 라캉주의적 정신분석의 영향력이 극대화된다. 이 속에 라캉의 이론에 대한 해석(이전에 정신분석을 적대시했던 마르크스주의 진영 등을 포함해서)이 서로 갈라지고 분기되는 일련의 과정들이 존재하게 된다. 정신분석에 대한 가장 급진적 · 정치적 해석의 경우 라캉의 정신분석이 고도로 정치화된 프랑스의 반정신의학운동을 위한 토대가 되며 은유적 · 환유적 고리에 내재되어 드러나지 않는 사회적 구속들을 노출시킴으로써 모순을 첨예화시킨다는 것이다. Sherry Turkle, *Psychoanalytic Politics*, The MIT Press, 1981, Chapter 6. 그러나 가타리는 점차 라캉을 비판하는 입장으로 나아간다.

반정신의학 운동은 제도적 정신요법을 중심으로 전개된다.

이상과 같은 반정신의학 운동의 흐름 속에서 가타리는 바살리아식으로 제도를 문제 삼는 경향을 쫓아가며 라캉식의 정신분석에 대해 비판하게 되지만, 분석 자체를 부정하는 것이 아니라 오히려 제도와 무의식 분석을 강조하는 방향으로 나아간다.

2) 제도분석

(1) 제도적 정신요법

프랑스에서 시작된 반정신의학 운동의 흐름은 제도적 정신요법으로 전개되었다. 제도적 정신요법(Psychothérapie institutionnelle)의 시작은 전전 에르망 시몽(Herman Simon)의 '부활요법'이 웨스트팔리아의 여러 정신병원에서 전개되었던 제1차 세계대전 직후로까지 소급할 수 있다.

정신요법 혁명의 이론적 · 실천적 수준에서 조직적인 시도가 이루어진 것은 레지스탕스의 은거지이기도 했던 로제르의 생타르방(Saint-Arban) 정신병원에서였는데, 프랑소와 토스켈(François Tosquelles)을 중심으로 편성된 의료진에 의해서였다.

그후 감옥이나 강제수용소에서 나온 간호사와 정신과의사들은 의료기관을 집단적으로 개선하려고 노력하였다. 생타르방에서는 지식인 · 의사 · 마르크스주의자들이 모여 새로운 수단으로서 '병원 안 치료클럽'을 만들었다. 정신병에 대한 새로운 태도가 나타났고, 환자와 보호자, 간호사와 의사, 의사와 가족 사이에 새로운 관계를 만들려고 하였다. 그리하여 병원에서의 실천과 정신분석이 접근하기 시작하였으며, 이 과정에서 '제도적 정신요법'이라는 관점이 생겼다. 이 관점은 중환자에 대한 정신요법적 치료를 하려면 반드시 제도분석을 해야 한다고 하는 것인데, 제도적 배경에 좀 더 주의함으로써 개인의 치료에 대한 사고방식을 재검토하게 되었다.

반정신의학을 주도한 제도적 정신요법의 실험은 인간과학에 대한 방법론적 재검토를 함의하였다. 무엇보다도 기본적인 욕망에 접근하려면 어떤 우회, 어떤 매개가 필요하다고 생각하였다. '제도화'라는 개념, 이 제도의 생산이라는 문제를 도입하는 것은 바로 이 점에 있었다. 누가 제도를 생산하고 누가 제도와 그것의 하위집단을 관련시키는가? 이 제도의 생산 방향을 바꾸는 방법이 있을까? 이처럼 제도적 정신요법은 제도에 초점을 맞춤으로써 제반 사회문제들과 연결시킬 수 있는 입지를 마련하게 된다.

이런 관점에서 제도적 정신요법은 사회집단과 이를 포함한 전체 사회의 유기적 관련을 강조한다. 이로써 정치와 유기적 관련을 지닌 분석 개념들을 만들어낸다. 이런 개념화는 단지 인간주의적인 방향이 아니라, 환자가 일정한 장소에 폐쇄되어 있을 때 어떻게 거기서 벗어나게 할 수 있는가를 알아내는 것이다.[13]

그런데 보통 정신치료시설을 책임지고 있는 정신과의사들은 자신들이 보호하는 제도에서 다양한 방식으로 드러나는 보다 일반적인 사회문제들로부터 분리되어 있다. 이로 인해 그들은 병원의 바깥에서 일어나고 있는 것에 대한 체계인 몰이해, 사회문제를 심리화하는 경향, 혹은 제도 안에서의 작업과 목표에 관한 일정한 무감각 등으로 고통을 겪는다. 그러나 사회적 기표가 개인에 미치는 효과는 모든 계기와 수준에서 끊임없이 일어나며, 제도요법의 맥락 안에서 양자는 항상 충돌하지 않을 수 없다.

이에 대해 가타리는 제도적 정신요법이 최초로 발견한 것은, 인간이 존재하는 장(예를 들면 정신병원)은 거기에 관여된 모든 것에 근본적인 수정을

13 "Introduction à la psychothérapie institutionnelle"(1962–63), *PT*, pp. 40~42.

가한다는 것을 인정하는 점이었다고 한다. 이 경우에 정신요법의 기술은 정신병원을 '배경'으로 이루어지지만 본질적으로는 다른 것으로 되고 있다. 예를 들면 전통적인 교육을 받은 정신분석가는 병원의 의료기관에서 치료를 시작하기 위해서는 단지 그 기술만이 아니라 정신병리학에 관한 이론적 규준도 근본적으로 수정해야 한다. 이러한 수정은 일반적으로 정신분석가가 담당한다. 개인과 기술이 정신의료의 장으로 이동함에 따라서 그 모든 이동과 관련하여 '질적 변화'가 생기기 때문이다. 이를 좀 더 정확히 정의하기 위해서 가타리는 제도적 정신요법의 기술적 · 과학적 분야의 특수한 대상으로서 '제도적 대상'이라는 개념을 제안한다. 더 나아가 병원제도나 '정신요법집단'이나 집단적 정신요법 기술이나 집단의 '분석장치'(analyseur)의 설치 등등을 통해서 전문가의 가설이나 방법의 불모성을 자각하기에 이르렀다고 한다.[14]

그래서 어떤 제도가 프로이트적인 의미에서의 분석적 역할을 수행하려면 어떤 조건이 필요한가를 결정하는 데에 관심을 가지게 된다. 그리고 정신분석의 개념들을 재평가하는 것으로 나아간다. 이러한 제도적 정신요법의 출발점은 사회에서 배제된 개인들, 보다 정확히 말하면 그 성장의 역사와 발육장애 때문에 사회 속에서 자신이 살 곳을 찾을 수 없게 되어버린 개인들을 지원하는 것이다. 이 때문에 제도적 정신요법은 제도 전체—공언된 제도의 목적이나 다양한 유형의 개인 역할, 사회적 규범—를 문제 삼는데 이른다. 정신요법의 제도분석은 단지 치료의 의미를 집합적으로 파악하고 각각의 특수한 증례를 분석적 절차에 따라 해석하려고 노력할 뿐만 아니라, 그 각각의 경우마다 사회 전체의 효과들을 해명하고 나아가 그것을 다

14 "Réflexions pour des philosophes à propos de la psychothérapie institutionnelle" (1966), *PT*, pp. 87~88.

른 사상이나 투쟁의 조류와 연관시키는 사회비판을 수행하려고 한다.[15]

(2) 제도분석

'제도적 정신요법' 학파는 정신병 연구를 그 사회적 제도의 맥락에서 결코 분리하지 않는다. 오히려 개인에 대한 사회의 현실적 · 상징적 · 상상적인 효과들을 해석하는 것을 바탕으로 제도를 분석하려고 한다. 그러나 이 학파의 구성원들은 제도들과 완전히 동떨어져 있지는 않다 해도 다만 주변적으로만 제도들과 관련되어 있었다. 이는 이론적 측면에서 어떤 미성숙 · 중립성 · 비정치성 등과 같은 의료직업의 의고주의에 고착된 결과였다고 가타리는 믿는다.[16]

가타리에 따르면 환자는 우선 공민(citoyen)이며 그 다음으로 개인이다. 특이한 개인이 역사적인 조건들 속에서 어떤 일정한 문맥 속에서 사회와 유기적으로 관련되는 것은 제도와의 어떤 종류의 만남에 기초한다. 환자 역시 이러한 만남을 통해 가능하게 된다. 제도는 개인과 일치하지 않는 분석주체로서 잠재적으로 존재하는 특성을 지니고 있다. 대체로 제도는 맹목적인 구조로 되어 있으며 근본적으로 소외의 영역 속에서 작동한다. 따라서 주체는 자기 자신에게로만 되돌아갈 수 있을 뿐이고, 개인은 막다른 골목에 있는 셈이다.[17] 이런 조건 속에서 제도요법은 개인으로서 의사, 동업자로서의 의사, 공민으로서의 의사 그리고 '~을 위해서 말하는' 사람, 주체의 '대변자'로서의 의사와 연을 끊으려고 한다.[18]

15 "Réflexions pour des philosophes à propos de la psychothérapie institutionnelle"(1966), *PT*, p. 92.

16 "L'étudiant, le fou et le katangais"(1969), *PT*, p. 230.

17 이러한 상황을 돌파하기 위해 주체성에 관심을 집중한다.

18 "Introduction à la psychothérapie institutionnelle"(1962–63), *PT*, pp. 45~47.

제도분석이 비판하려는 것은, 결국 반정신의학이 제도가 갖는 모든 혁명적 가능성을 부정할 뿐만 아니라 특히 정신적 소외와 사회적 소외를 궁극적으로 혼동하여 광기의 특수성을 말소해버린다는 점이다. 도덕적 · 정치적인 더할 나위 없는 선의(善意)에서도 광인은 광인일 권리를 거부당한다. '사회적 책임'이라는 것은 모든 이탈을 억압하는 어떤 방식을 은폐하고 있다. 그렇지만 제도의 부정은 일종의 광기의 일반성을 제기하려는 것도 아니며, 혁명가와 광인의 신비로운 동일성을 끌어내려는 것도 아니다. 광기가 일반성의 질서로 환원되어야 하는 것이 아니라, 반대로 근대세계 일반 혹은 사회적 장 전체가 광인의 주체적 위치의 특이성(singularité)을 통해 정의되어야 한다는 것이다.

가타리는 제도 속에 투쟁적인 정치적 기능을 도입하려 하며, 정신분석도 아니고 병원의 실천도 아닌, 집단적 동학과도 관계없는—병원이든 학교든 그 투쟁에 있어 어떤 장소에서도 적용 가능한— 일종의 "괴물"을 생산하고, 욕망을 언표하는 기계를 만들어내려고 한다. 즉 기존의 제도에 얽매이지 않는 괴물을 만들어내기 위해서 제도분석을 요청하는 것이다. 그럼으로써 가타리는 제도적 정신요법이라는 이름보다도 '제도분석'(analyse institutionnelle)이라는 이름을 선호한다.[19]

3) 정신분석 비판

가타리는 프로이트의 정신분석의 많은 부분을 비판적으로 계승하고자 한다. 특히 초기의 무의식에 대한 강조, 무의식의 역동성에 대한 인식 등을 이어받고자 한다. 그러나 이드와 문명의 관계 설정 속에서 초자아를 강조하는 후기의 프로이트에 대해서는 비판적인 자세를 취한다. 한편 가

---

19 "Préface de Gilles Deleuze"(1972), *PT*, p. x.

타리는, 특히 1960년대 당시 프랑스에서 위세를 떨치던 라캉주의에 대해서 처음에는 부분적으로 수용하다가 점차 비판하는 자세로 돌아서고 있다. 그는 라캉주의의 '구조'에 대해서 '기계'를 들이민다.

가타리는 정신분석이 개인사에 집중하고, 큰[大] '타자'라는 준거에 의해서 분석을 하는 점에 대해 비판한다. 더욱이 라캉의 경우에 언어의 고정점으로 퇴행하는 분석을 하고 있다고 비판한다. 개인(및 그의 정신)은 다양한 수준의 기표에, 모든 가치의 토대에 접속할 수 있다. 그런데 정신분석에서는 이 다양한 접속 가능성을 전이 기제를 통해 특정한 것으로 환원하는 경향이 있다는 것이다. 표상이라든가 신화라든가 하는 것이 그것이다. 거기에서 등장인물은 반드시 아버지, 어머니나 할머니, 중생대의 괴수 등등에 한정되지 않는다. 그것은 또한 사회의 근본적인 문제, 즉 현 시대의 계급투쟁이라고 하는 문제에 놓여 있는 등장인물이기도 하다[20]는 것이다.

이러한 문제의식에서 가타리는 라캉의 정신분석적 실천에 대해서 비판한다. 특히 라캉파들이 실천한다고 한 '카르텔'(cartel)[21]이 하는 것은 분석하는 일의 정반대로서, 모든 것을 단순화하는 해석이고 '새로운 의고주의'(archaïsme)로 나아갈 뿐이라고 비판한다. 분석단위의 원형으로 제시되는 '카르텔'은 모든 자유로운 상상에 종지부를 찍고 통로를 막아서 항상 텍스트로 되돌아가게 하며, 사물의 상태[원형] 그대로의 모습으로 되돌아가는 데 집착하고 있다는 것이다.

---

20 "Introduction à la psychothérapie institutionnelle"(1962–63), *PT*, pp. 47~48.

21 파리 프로이트파(EFP) 내부에 만들어진 작업집단으로 라캉이 파리 프로이트파의 창설 취지문(1964년 6월) 속에서 이 작업집단은 "적어도 3명, 많게는 5명으로 4명이 적정 규모이다. 그리고 그것과는 별도로 또 한 사람, 즉 각 사람의 일을 선별해주고 논의를 설정하고 보존할 수 있는 결론을 지정하는 역할을 지닌 사람"으로 구성된다고 명확히 규정하고 있다.

분석의 측면에서, 욕망은 담론의 흐름에 따라 끊임없이 하나의 접합관계에서 다른—기호소적 · 상상적 · 음소적 · 상징적 등등의— 접합관계로 이행해가는데, '카르텔' 쪽에서는 이미 타자의 향유에 매달려 지식에 대해서는 자세히 알기를 원하지 않는 독해기계가, 그러한 지식을 결론에서가 아니라 처음부터 자신의 실체 속에 붙잡아두려고 한다.

가타리는 카르텔에 대해 텍스트 자체에 몰입하여 읽고 조립하는 작업 이외에 제도분석의 실천, 결국은 정치적 분석의 실천에 관계하는 것으로 나아가야 할 것이라고 충고한다.[22] 또한 정신분석 담론이 어떠한 실제적 조건에서, 자신이 사로잡혀 있는 복잡한 제도적 망의 눈 및 다양한 신화에서 해방될 수 있는가를 구명하는 것이 중요한 문제라고 주장한다.[23]

그것들은 정신분석 담론을 도덕적 · 종교적 · 정치적 · 과학적 등등의 차원에서 지배적인 사회적 모델에 순응한 어떤 복합적인 이상형에 종속시키려고 하기 때문이다. 이러한 선상에서 가타리는 환상이론, 특히 집단 환상에 대해 강조한다.

가타리에 따르면 분석가가 할 일은 이런저런 것에 참여하는 것이 아니라, 정신분석 담론의 영역이 다른 다양한 담론으로 나아가는 것을 막지 않고 오히려 반대로 그것이 여러 가지 다양한 욕망 대상을 최종적으로 드러낼 수 있도록 하는데 기여하는 것이다. 가타리는 정신분석이 현실에서 욕망의 대상을 결정하는 무의식의 사회정치적 내용 전체를 제거하는 방식에 대해 비판하려 한 것이다. 가타리는 이렇게 말한다. "정신분석은 일종의 절대적 나르시시즘(das Ding)에서 출발하여 치료라고 하는 사회적 적응의 이상에 이르지만, 이 과정은 항상 하나의 특이한 사회적 성좌

22 "Réflexions sur l'enseignement comme envers de l'analyse"(1970), *PT*, p. 251.

23 "Réflexions sur l'enseignement comme envers de l'analyse"(1970), *PT*, p. 255.

(constellation)를 어둠 속에 방치하게 된다. 그리고 이 사회적 성좌야말로, 추상적이고 상징적 무의식의 날조에 이바지하는 것이 아니라, 반대로 자세히 탐구해야 하는 것이다."[24] 이러한 점을 인식하지 못하는 기존의 정신분석은 더더욱 전통적인 정신의학과의 합류에 모든 노력을 기울이고, 본질적으로 정치나 경제, 질서나 혁명의 문제를 거론하는 광인의 목소리를 압살해왔다는 것이다.

정신분석에 대한 이러한 평가는 정치경제(정치활동)와 리비도경제(정신분석)를 분리하는 전통적인 사고방식에 대한 비판으로 이어진다. 리비도경제는 정치경제를 주체적으로 연장하는 것으로서 존재하는 것이 아니며, 성 억압 역시 경제적 착취나 정치적 종속을 내면화하는 것으로서 존재하지 않는다는 것이다. 리비도로서의 욕망은 이미 어디에서나 존재하며, 성(Sexualité)은 사회적 장 전체를 둘러싸고 결합하면서 사물이나 사람이나 집단의 상징 속을 관통하는 흐름과 일체화되며, 사물이나 사람이나 상징은 그 형태나 조성(組成)까지도 이 흐름에 의존한다는 것이다. 욕망의 성행동이 지닌 잠재적 성격은 이러한 것이며, 그것은 성적 대상 및 그 상징의 선택에 따라서만 드러난다고 한다. 따라서 무의식적으로 리비도적인 것은 정치경제 그 자체, 흐름의 경제라는 것이다. 결국 욕망과 리비도는 정치경제의 주체성에 지나지 않는 것이며, '경제적인 것이라고 하는 것은 결국에는 주체성의 원동력이다'라고 본다. 여기에서 집단의 객관적 형태(구조) 속에서 흐름과 그 흐름을 절단하는 주체성에 의해 정의되는 제도개념의 본질이 표명되어 있다. 이렇게 해서 객관적인 것과 주관적인 것, 하부구조와 상부구조, 생산과 이데올로기 등의 이원성은 사라지며, 그것은 '욕망하는 주체'와 '제도적 대상'의 분명한 상보성으로 대체된다.[25]

---

24 "Préface de Gilles Deleuze"(1972), *PT*, p. ii.

25 "Préface de Gilles Deleuze"(1972), *PT*, p. iii~iv.

2. 새로운 주체성의 탐색

기존의 마르크스주의가 객관적 분석에 초점을 맞추었다면 가타리는 반정신의학 운동에서의 경험과 정신분석에 대한 일정한 비판 속에서 제도분석을 통해 새로운 주체성의 탐구에 몰두한다. 그렇다고 주의주의적인 주체성 탐구로 빠지는 것은 아니다. 주체집단과 예속집단의 구별, 집단환상과 개인환상의 대비, 횡단성 개념 등은 이러한 명확한 실천적 방향을 가지고 만들어진 것이다.

1) 집단적 정신요법

가타리는 제도적 정신요법의 흐름 속에서 정신병원에서 실천(진료)을 해나가면서 새로운 주체성을 탐색하려고 한다. 물론 그는 이러한 실천의 대상을 환자에게만 좁히지는 않는다. 그는 집단적인 치료를 강조하지만, 분석과 연구에 의해서 미리 준비된 실천을 기초로 해서 구성되는 '주체집단'이 행하는 것이어야 한다고 말한다.

환지 주체의 문제기제 전체를 피악하기 위해서는 단순히 임상의사들 사이에 정보를 교환하는 것만이 아니라 모든 의료스태프가 제도상의 환경, 활동들, 분위기 등에 대해서 실질적인 책임을 지니는 것이 당연히 필요하다. 이처럼 의료행위자 각각이 스스로의 역할이나 스스로의 연구, 제한된 수단들이나 그것들의 유효성을 순환시키고, 곳에 따라서는 이의제기를 하기 위해서는 전통적인 규정을 근본적으로 재검토해야 한다고 한다. 그렇게 함으로써 관습적인 유형화가 가지고 있는 기만을 폭로하는 것이 주체를 놓치지 않으려고 하는 치료에 중요한 단계를 이룬다.

의료시설 관계자 전원의 전체성을 회복하는 것에 의해서 각각의 관계자는 환자에 대해서 그 인간적 역할을 진실로 할 수 있을 것이며, 각 사람의 노동환경 · 노동시간 · 직업훈련 등도 정비되는 것이고, 각 사람이 환자와의 접촉 기회를 증가시키고 공동으로 활동하는 기회를 가질 수가 있을 것이며, 이렇게 하여 의료의 장이 확장할 가능성이 나타난다. 그리고 이 장은 물론 관계자 전원 속에서 선발된 치료집단이 내부에서 항상 검토하고 관리하지 않으면 안 된다고 한다.

확실히 치료를 실천하는 사회적 장의 차이를 완전히 없앨 수는 없지만 그러한 차이가 가지고 있는 병의 원인이 서서히 해소되어가는 것은 중요하다. 이 해소는 특히 일련의 모임과 집회를 조직적으로 편성함으로써 진전되어가는데, 이러한 회합에 의해서 체계 전체의 목적을 방해하는 문제들을 표현해낼 수 있을 것이다. 특권적인 어떤 제도상의 처방은 없으며, 오히려 중요한 것은 실제로 체험된 국면에서 적어도 일반적으로 용인되는 다양한 직업적 역할을 근본적으로 재편성하는 전체적인 방침을 채택하는 것이다.

환경에 대한 이러한 분석 과정은 외부에서 행해질 수 없다고 가타리는 강조한다. 그것은 제도 그 자체와 일체를 이루어야 한다. 집단 분석은 본질적으로는 스스로의 발전단계나 실현단계나 혹은 좌절의 단계라고 하는 다양한 단계를 통해서 자기 자신의 수단에 의해서 상황들을 개념화하고 장악하고 개선하는 능력을 획득해야 한다는 것이다. 그리고 분석은 사람들이 질문하려는 문제들에 대해 이미 만들어진 합리적 대답을 하는 것이 아니라, 반대로 그들의 문제제기의 수준을 좀 더 심화시키고 발전과정의 각 단계가 지닌 고유함을 드러내려고 해야 한다[26]는 것이다.

가타리는 이러한 문제 설정 속에서 보르도 병원(La Borde)에서 여러 가지 실험을 하였다. 정신분석처럼 의사와 환자라는 두 사람 간의 치료법이

26 "L'étudiant, le fou et le katangais"(1969), *PT*, p. 238.

나 가족요법에 대해서 부정적인 입장을 취하면서,[27] '기초치료단위'(UTB)를 사용하여 궤도 수정을 하고 인공적인 가정과 같은 것을 만들려고 하였다.[28] 개인적인 시간의 사용 방식, 식사 때의 좌석 배치, 약 등에 관해서는 반드시 UTB에 우선 상담하게 했다. UTB라는 단위는 자신을 구성하는 개인들의 대리 역할을 한다. 그렇지만 이른바 '대표' 역할을 하는 것은 아니다. 이것은 그들을 배제하는 것이 아니라 반대로 그들이 원기를 갖게 하려고 했다.

그런데 결국 그것은 표면적인 식별단위이기는 했지만, 거기에서 비교적 탈출하기 어려운 것이다. 예를 들면 자신이 경찰에 대항해서 바리게이트를 치고 있는 군중 가운데 있을 때, 만약 자신이 거기에 있는 사람들을 잘 모른다면 어쨌든 쉽게 탈출할 수 있다. 그러나 만약 자신이 UTB와 함께 한다면 양상은 완전히 변한다. 왜냐하면 장래의 여러 가지 영향이 생겨나기 때문이다. 따라서 집단주의의 그물에 빠지지 않으려고 한다면 사람은 그 유해한 영향을 경계하게 된다고 한다.

그럼에도 불구하고 가타리는 '집단을 통한 치료'를 주장한다. 그렇지만 가타리의 방식은 누가 누구를 치료하는 것이 아니다. UTB의 경우 한 사람 한 사람이 차례로 정신분석가가 된다. 그 때문에 그들 사이에는 점차 정신분석가조차 없어지고, 하고 싶은 것을 하고, 만나고 싶은 사람을

27 「家族療法について」(1979), プェリックス ガタリ, 『分子革命』, 法政大學出版局, 1988, pp. 206~210.

28 UTB(unités thérapeutiques de base)는 평균적으로 8명+/−2명의 재원자와 2명 혹은 2명+1명의 지도원으로 되어 최대한 공동으로 수행한다. 보르도 정신병원은 더욱이 각기 동수의 '간호사'와 '간호 받는 사람'으로 된 몇 개의 기능위원회에 의해서 운영된다. UTB의 독창성은 그 속에 간호사와 간호 받는 사람 사이의 차이가 최대한 철폐된 것에 있다. 어떤 문제가 있어도 외부의 기관은 '정상 혹은 건강한' 사람들로 불리지 않고, 상대하는 것은 항상 주체집단으로서 UTB의 총체였다. 물론 UTB의 일관성은 그 수에 따르는 것은 아니다. 그것은 무엇보다도 그 성원이 자신을 저울질하는[선택한] 환상에 따른다.

만나게 된다. 스키 타러 간다든지 빵집에 간다든지…… 유한하지만 열리는 곳에서 소통하려고 한다. 그 경우 말하자면 일종의 '주체적 일관성'을 지닌 상태를 지향하게 된다.[29]

이러한 노력에도 불구하고 정신의학에서 딜레마는 변화를 만들어내는 것이 결국은 병원 내부에서라는 점, 또는 공동체에 우선성을 부여하게 된다는 점에서 흔히 나타난다. 가타리는 정신병원 내부에서의 혁명이라는 하나의 환상과 '일국혁명'을 정당화하는 다른 환상 간의 대칭성을 인식해야 한다고 강조한다. 그렇지만 다른 한편 어떤 의미에서 정신병을 사회 전반으로 재흡수하고 그리하여 사회를 정신적인 소외와 동등하게 다루려고 노력해야 한다고 제안하는 '반정신의학'이 있음을 상기시킨다. 정신의학 및 정신의학 작업에 포함된 모든 것은 분명히 아직 자신의 제도를 상당히 변화시키고 인간화하고 개방할 수 있다. 그러나 아마도 정신의학의 실제 책임은 어디에나 존재할 것이라고 가타리는 말한다. 사회적 통제에서 벗어난 모든 사람(카탕가들, katangais)이 지닌 다양한 주체적 태도를 무시하는 모든 제도적 준거물의 지위와 방법론에 대해 철저히 비판해나가는 것('분석')이 필요하다고 한다.[30]

이러한 정신의료의 실천 속에서 가타리는 자신의 주체성 이론을 점차 만들어간다. 먼저 그 출발점이 되는 주체집단과 예속집단에 대한 논의를 보자.

2) 주체집단과 예속집단

가타리에 따르면 주체집단은 자기 자신의 행동을 통제하려고 노력하고

29 "Où commence la psychothérapie de groupe?"(1971), *PT*, pp. 265~267.
30 "L'étudiant, le fou et le katangais"(1969), *PT*, p. 239.

자신의 대상을 분명히 하며 자기 자신의 해명 수단을 만들 수 있는 집단이다. 그러한 집단은 자기 자신의 구조를 만들어낼 수 있어서 자기 자신의 직접적 이해를 넘어서 세상에 열려 있게 된다고 말할 수 있다. 반대로 예속집단은 사태를 이러한 종류의 전망 속에 만들어갈 수 없다. 예속집단은 다른 집단에 적응(예속)함으로써 자신의 구조를 만들어가기 때문이다. 주체집단은 자신이 어떤 진술을 한다고 말할 수 있는 반면, 예속집단은 어떤 진술은 들리지만 아무도 어디에서 누구에 의해 또는 언제 그 진술이 이루어지는지를 알지 못한다고 말할 수 있다.

가타리는 예속집단과 주체집단이 서로 배제하는 것으로 보아서는 안 된다고 강조한다. 즉 집단 안의 작동방식이 주체집단을 지향하는가 아니면 예속집단을 지향하는가가 중요하다. 그래서 집단의 예속성이라고 하는 측면에서는 집단을 자기 자신 속에 폐쇄해버리는 현상들—지도력이라든가 자기동일성, 암시효과, 거절, 희생양 등 타부나 의례를 동반하면서 국한된 규율이나 특이체질적인 조직을 만들어가는 모든 것—을 해독하지 않으면 안 될 것이다. 이러한 해독에 영향을 끼치는 기표의 위협을 외부에서 오는 것으로 느끼는 예속집단 속에 몸을 둔다면 다양한 역할이 모두 물화되고 정상에 선 자의 하는 행위방식이나 배제양식에 근거하여 남근 지배 아래에 들어가게 된다고 한다.

가타리에 따르면 주체집단은 예속집단과 같은 안정화의 수단을 가지고 있지 않다. 주체집단 속에서 사람은 끝없는 문제, 긴장감, 내부투쟁, 분열의 위험 등에 놀아나 티격태격하게 되지만, 그것은 이 집단이 다른 집단들에 대해서 열린 존재이기 때문이다. 다른 집단들과의 대화나 상호 간섭은 주체집단이 수용하는 목적에 적합한 것이며, 그것은 주체집단이 스스로의 유한성을 파악하고, 자신의 죽음 즉 분열의 지평의 윤곽을 그려내는 것이다. 주체집단은 집단 안의 구성원의 지위나 안전을 위험에 드러내는 경향이 있으며, 이때 주체집단이 일종의 현기증이나 특수한 광기에 사로잡힐 수 있다. 그럴 경우에는 편집적인 경련이 주체이려고 하는 사명을 대신하려고 한다. 다른 한편 주체집단은 다른 집단을 대신하는 형태로 가는 주체이기를 바란다. 이처럼 주체집단은 최악의 소외 속에 빠져 들어간다. 이것이야말로 우리가 알고 있는 군소 종교적 · 문학적 혹은 혁명적인 당파에 있어서 모든 강박관념이나 고민의 기제의 시원에 있는 것[31]이라고 한다.

예속집단의 외적인 소외라든가 주체집단의 의도에서 생기는 광기에 가까운 소외라고 하는, 이처럼 소외의 다양한 측면 사이에서 하나의 집단이 균형을 잘 잡기 위한 요소는 어디에서 찾아볼 수 있을까?

병원에서 한 환자가 하나의 집단에 들어가는 것은 단순히 치료자의 열의에 따른 것이 아님은 분명하다. 환자들은 어떤 제도 속에서 누군가의 집단이나 활동에 동화해갈 때, 관용 또는 한계의 지대, 혹은 절대적 불가능성의 지대 등을 만난다. 그것은 원시사회가 새로운 연령층을 수용할 때 통과의례를 행하는 기제와 유사하다. 하나의 인간은 어떻게 해서 집단의 일원으로서의 각인을 받아들이게 되는가? 그 경우 무리하게 한다면 집단이 분열하든가 혹은 그 사람 자신이 분열해버리는 다른 길로 가기도 한다. 어쨌든 주체집단처럼 스스로의 정신증상을 의례를 사용해서 문화적으로 가치화하려고 하지 않는 집단의 경우 그에 속한 개인은 무의미성으로 향할 위험이 상당히 크지만, 거기서는 동시에 개인적인 정신증상의 막다른 골목이 제거되는 가능성 또한 크다고 할 수 있다.[32]

개인과 집단의 관계에서 볼 때, 하나의 집단은 많은 개인들의 합이 아

31 "Le transfert"(1964), *PT*, p. 53.

32 "Le transfert"(1964), *PT*, p. 52.

니다. 집단은 나에서 너로, 지도자에서 평당원으로, 당에서 대중으로 즉각적으로 움직이지는 않는다. 주체집단은 대신 말한다고 주장할 수 있는 위임받은 개인에 체현되어 있지 않다. 주체집단은 우선 잠정적인 전체화(totalization)에 기반을 두고 자신의 행동의 전개에서 진실한 어떤 것을 생산하는 활동하려는 의도이다. 또한 알튀세의 견해와는 달리, 주체집단은 개념들을 생산하는 이론가가 아니다. 주체집단은 의미작용이 아니라 기표를 생산하며, 당 또는 노선이 아니라 제도 및 제도화를 생산한다.

가타리는 더 나아가 집단에 있어서 '현재적 내용'—즉 말해지고 행해진 것, 상이한 구성원들의 태도, 분열, 리더나 리더 후보 또는 희생양의 존재 등—과, 현상적인 수준에서 다양한 의미 누출들을 해석함으로써만 발견할 수 있는 '잠재적 내용'을 구분하는 것이 편리하다고 생각한다. 이 잠재적인 내용을 집단욕망이라고 정의할 수 있으며, 그것은 집단이 지닌 특수한 에로스 및 죽음 본능 형태와 접합되어 있다고 한다.[33]

3) 집단적 주체성

가타리는 주체집단의 특성을 지니는 주체성의 생산에 관심을 보인다. 그런데 이러한 집단적 주체성이 제도와의 관련 속에서 고유한 환상을 통해 형성된다고 파악한다.

(1) 환상

제도는 자신의 유지와 작동을 위해 특정한 상징화를 통해 제도적 수단의 분립(설치)을 필요로 한다. 그런데 제도적 수단은 본성상 어떤 종류의 의미로 소멸하는 경향이 있는 상징적 매개물로서밖에 기능할 수 없다. 집

---

33 "transversalité"(1964), *PT*, p. 76.

단에 관련된 일정수의 기표의 접합이 지닌 이러한 '상상적 구체화'는 구조 전체를 응고시키고, 그 자신의 변화 가능성들을 막고, 자신의 특질들과 자신의 '양'을 결정하며, 자신의 '게임규칙'을 의문시하는 경향이 있는 모든 것과 대화할 가능성을 극도로 제한한다.[34] 마찬가지로 가타리는 국가기계와 억압기계는 반생산(anti-production)을 위해, 즉 집단의 편에서 어떤 주체적 과정의 출현을 막거나 방해하기 위해 존재하며, 관료제 · 교회 · 대학 등의 기구들은 모든 영역에서 사회적 창조 과정에 대립하여 일련의 억압의 환상들 및 이데올로기를 발전시킨다고 본다.[35]

가타리는 이러한 제도가 지닌 환상과 더불어 주체성의 형성 과정도 고유한 집단환상을 통하여 이루어질 수밖에 없다고 본다. 그는 여러 가지 예를 든다. 철새 떼는 자신의 고유한 구조를, 즉 공중에서 스스로 만드는 떼 지은 모양 · 기능 · 방향을 갖는다. 그러므로 모든 것이 단일한 중앙위원회의 결의 없이, 또는 올바른 노선의 정교화 없이도 결정된다. 원시사회는 자신들을 연구하러 온 학자들보다 훨씬 훌륭한 집단적 민족(속)학자이다. 한 도시의 일부 지역에서 자생적으로 형성된 청년갱단은 단원을 모집하거나 서명을 요구하지 않는다. 그것은 인정과 내부조직의 문제이다. 그러한 집합체의 조직은 말해지는 단어뿐만 아니라 어떤 집단구성의 기저에 놓여 있는 이미지들의 형성에 의존하고, 그들의 색다른 목표와 목적이 의거하는 지지물이 근본적인 것이 된다. 즉 어떤 집단의 환상의 '작동' 기능들 및 주제들을 포착하지 않고는 그 집단의 행동, 태도 또는 내부 삶을 완전히 포착할 수 없다는 것이다.

34 요약하자면 가타리가 예속집단이라고 하는 것으로 타락해가는 모든 조건들을 생산한다. "Réflexions sur la thérapeutique institutionnelle et les problèmes d'hygiène mentale en milieu étudiant"(1964), *PT*, p. 67.

35 "Le groupe et la personne. Bilan décousu"(1966), *PT*, p. 162.

그런데 집단환상은 개인환상 또는 개인환상들의 어떤 합계 또는 특수한 집단의 환상과 같지 않다. 개인환상은 인간유기체에 종속한 상상적인 구조적 차원으로 환원되며, 모든 개인환상은 개인이 고독해지려고 할 때 개인에게로 되돌아간다. 그러나 개인 또는 특수한 집단에서 기원하는 특수한 환상은 일종의 집단적 흐름이 되어 유통되고 집단환상화의 토대를 제공한다. 예를 들어, 집단은 지도자, 성공 인물, 의사 또는 그러한 사람들 주위에 자신의 환상을 조직한다. 그렇게 선택된 개인은 집단환상 만들기가 굴절되는 일종의 기표화 거울의 역할을 한다.

가타리는 집단환상을 한편으로는 집단의 예속적인 성격에 의존하는 '기본적 환상'들과, 다른 한편으로 그 집단 안의 다양한 재조직화에 상응하는 내부 주체화 과정과 연관된 '과도적 환상'들로 구분한다. 가타리는 그에 맞춰 두 가지 가능한 대상형태들을, 즉 '확립된 제도(제도적 대상)'와 '과도적 대상'(objet transitionnel)을 구분한다. 첫 번째 것과 관련하여, 제도는 제도적 대상에 사로잡혀 있을지라도 결코 제도적 대상의 문제에 대처하려고 하지는 않는다. 교회가 자신의 신을 지니고 있으되 그 신을 바꾸고 싶어하지 않는 것과 마찬가지로, 지배계급은 권력을 가지고 있고 다른 누구에게도 그 권력을 양도할 생각을 하지 않는다! 반면에 두 번째 것과 관련하여, 혁명운동은 자신의 목표 등을 명확히 하면서 그것이 옳은지, 그것이 자신을 전적으로 변형시키고 있는지에 대해 계속해서 질문한다.

집단환상에서 (가족집단을 포함해서) 분석과 개입을 촉진한다는 것은 정확히 이러한 환상현상들을 고려한다는 것을 의미한다. 또한 제도적 대상을 분석하는 것은 환상행위를 하나의 구조와 다른 구조 사이에 관통시킴을 의미한다. 여기서 가타리는 제도분석에서 근본 문제가 사회집단들이 집단소외의 기제들을 강화하는 **생산**과정과 의식적 주체와 무의식적 주체

를 **밝히는** 과정 (제도와 주체) 간의 모순을 극복할 수 있는가 하는 것이라고 주장한다.[36]

이와 관련하여 가타리는 예속집단의 집단환상과 독립적 주체집단의 과도적 환상의 구분을 더욱 강조한다. 정태적인 사회에서는 신화형태 속에, 관료제화된 사회에서는 역할형태 속에 나타나는 환상의 종류가 있다. 이러한 예속집단에서의 환상은 실존의 중심적 진실을 감추지만, 그럼에도 불구하고 기표의 변증법, 부분대상들, 그리고 이것들이 역사의 흐름과 상호침투하는 방식을 통해, 계속 진실이 출현할 수 있도록 한다. 여기서 문제는 환상 기능이 잘 작동하는 집단은 주체집단의 과도적 환상들을 생산할 수 있을까 하는 것이다.

말하자면, 역사의 시간에 구두점을 찍지만 여전히 대중을 마비시키고, 억제하며, 어딘가에 이르게 하는 집단환상 구성체에의 모든 예속을 혁명적 실천이 단절시킬 수 있는가라는 문제이다. 이는 자기 자신의 환상화 작용을 충분히 통제하여 그것을 과도적 환상의 상태로까지 가져갈 수 있는 '주체집단'이 어떤 조건을 근거로 출현할 수 있는가를 결정하는 데로 귀착될 것이다. 주체집단은 이 과도적 환상을 통해서, 지배적인 집단환상 속에 끌려들어가 스스로 예속집단으로 변형되는 것을 피할 수 있다.[37]

(2) 집단적 주체성

가타리는 자신에게 부여하는 법칙 속에서는 의식적이지만 다른 사람들이 자신에 대해 행하는 규정에 있어서는 무의식적인 주체를 연구하려 한다. 그는 '말(파롤)에 기초하여 언어영역에서 전개되는 무언가'가 있으며,

36 "Le groupe et la personne. Bilan décousu"(1966), *PT*, pp. 165~167.
37 "La causalité, la subjectivité et l'histoire"(1966–67), *PT*, pp. 190~191.

'고정된 회로 속에서 파악되지만 그 열린 전체화 작용 속에 상당한 정보를 품고 있는 말'이 있고, '어떤 종류의 표현을 자본화[포획]하는 말'이 있고, '코드 상태로 사회 속에 순환되고 있는 언어 전체에 대해서 비밀히 획책되고 있는 말'이 있음을 인식해야 한다고 말한다. 그래서 가타리는 관습적으로 쓰는 개념의 의미를 변형시키면서 '집단의 주체적 통일성(unité)'을 구성하려 하며,[38] 이를 통해 주체적 일관성의 생산을, 즉 집단적 주체성의 형성을 포착하려고 한다.

가타리는 집단적 주체성 개념은 프로이트 이론의 연장선상에 있다고 생각한다. 프로이트 자신은 그것을 정확히 알지 못했지만, 끊임없이 어떤 면에서 다른 면으로 미끄러져가는 것, 그런 평면활주에 필수적인 사회적 현실의 포착을 놓치지 않으면서, 관념론적인 가설의 틀을 벗어나 주체와 타자의 관계를 정의할 수 있는 수단을 전해준다. 마르크스주의자들이 계급의식에 붙잡혀 있을 때 프로이트는 일거에 주체의 지위를 공격했다. 그는 주체성이 근본적으로 무의식적인 것이며, 개인의 결정으로부터 벗어나서 사회집단의 구조적 관계들과 그 다양한 소통양식의 흔적을 말소시키기 어려운 방식으로 잠재하고 있는 것으로 정의했다. 더 나아가서 제도의 수준에서 나타나는 이 주체성은 자신에 고유한 법칙, 자신의 집단 내지는 개인 '해석자', 조작자를 지니고 있으며, 저항 · 부인이라고 하는 특수한 체계를 전개하고, 개인환상에 대해서 상대적으로 자율적인 어떤 종류의 환상을 만들어내는 것으로 파악된다. 개인환상과는 달리 집단환상은 기표 및 사회구조의 총체와 유기적으로 관련된다. 이 때문에 집단환상은 개인과 집단의 일련의 충돌과 장애 전체의 좌표가 된다. 이러한 집단환상을 통해 집단적 주체성, 사회적 주체성이 출현하는지 여부는 집단 ·

38 "Introduction à la psychothérapie institutionnelle"(1962–63), *PT*, p. 43.

계급 · 제도 등이 지닌 역사현상과 자연법칙에 따라서 스스로의 전체화를 유기적으로 구성하는 능력에 정확히 의존하고 있다.[39]

가타리에 따르면 집단적 주체성은, 상상의 영역으로 흘러가게 하는 환영 만들기를 통해서만 자신을 표현할 수 있다. 노동자인 것, 청년인 것은 자동적으로 특수한 종류의 (대개 부적합한) 집단환상을 공유함을 의미한다. 전투적 노동자 되기, 전투적인 혁명가 되기는 그러한 상상의 세계에서 벗어나는 것을 의미한다.[40]

1968년 5월 혁명 당시 그 전날만 해도 상상할 수 없었던 어떤 것이 발생한다. 상상력은 해방되었고 권력을 대체하도록 요청받았다. 그것은 잠시 동안의 광기였던가? 이토록 오랫동안 묻혀왔던 관념들이 밝은 곳으로 나오는 것을 어떻게 설명할 것인가? 이것이 과도적 환상의 개념이 작동하게 되는 지점이다. 그것은 본질적으로 비(非)표상적인 것을 위해 표상양식을 확립한다. 철저한 변화, 상이한 사태의 가능성, 절대적으로 다른 어떤 것, 새로 태어났지만 아직은 불확실한 혁명적 참여.[41] 이러한 주체성의 출현은 제도와 밀접하게 연결되어 있다. 여기서 주체성 문제는 생산력 발전과 그에 따른 노동의 변화에 대한 분석과 연결된다. 생산력 발전은 개별 생산자와 소비자들이 스스로에 대해 갖고 있는 이미지의 특수한 모델을 더욱 더 강화시키는 경향이 있다. 다시 말해 그 이미지는 경제기계 그 자체의 본질적인 부분이 되었다. 따라서 어떤 사람의 '실존'에 대한 정당화는 가족 · 직업 · 사회집단 · 교회 · 민족과 같은 제도보다는 경제구조에서의 위치에 더 의존한다. 생산을 조절하는 데서 소비가 행하는 필수

---

39 "Réflexions pour des philosophes à propos de la psychothérapie institutionnelle" (1966), *PT*, pp. 93~94.

40 "Le groupe et la personne. Bilan décousu"(1966), *PT*, pp. 160~161.

41 "L'étudiant, le fou et le katangais"(1969), *PT*, pp. 233~234.

적인 부분은 모든 유형의 개인이 지닌 상투적인 이미지가 일할 '규범'으로 성립되어야만 한다는 것을 의미한다. 그러나 반대로 그 동일한 생산력은 더 많은 '인간적 요소'를 필요로 한다. 오늘날의 사회에서 노동자는 노동시간이라는 측면이 아니라 그가 한 노동의 질과 생산체계 구조에서의 지위에 의해 측정된다. 즉 문제가 되는 것은 기표의 생산이며, 기표의 생산은 또한 주체적 통일성의 생산, 다시 말해 제도의 생산과 뗄 수 없다. 생산력은 한편으로 개인들을 상투화된 모델들로 환원하는 반면, 다른 한편으로 (노동조직, 직업훈련, 기술혁신, 재교육기구, 조사 등등과 더불어) 더욱 복합적인 주체성 단위들의 생산을 요구하는 경향이 있다는 사실 속에 모순이 자리 잡고 있다.[42]

더욱이 집단적 주체성의 형성은 기존의 제도에서의 일탈을 전제로 하고 있다. 이것은 광기, 신경증, 비행(非行)과 관련이 있거나, 청년 · 어린이 또는 창조성과 실제로 관련이 있다. 그리고 모든 혁명 전사들이 어떤 경우에도 마주치게 되는 문제, 즉 사회적 영역 전체를 해석하는 수단으로서 일탈적인 징후가 갖는 의미를 어떻게 포착하느냐 하는 것으로 나아간다. 따라서 지식인 또는 미친 사람의 특이성을 수동적으로 일반성의 질서로 환원하는 문제가 아니라, 오히려 자신의 주체적 위치가 지닌 특이성에 입각하여 세계를 해석하는 문제이다. 사람을 수많은 이접된 자아로 파악하는 대신, 동일시 과정 속에서 돌파구를 만들어낼 수 있는 무의식적 주체와 '주체집단' 사이의 의미접속을 인식할 수 있어야 한다.

이러한 의미에서 가타리는 68년 5월 혁명에서 '3월 22일 운동'[43]의 시

42 "L'étudiant, le fou et le katangais"(1969), *PT*, pp. 235~236.

43 '3월 22일 운동'은 5월 혁명 직전 낭테르 분교에서 학생시위를 시작으로 전개된 운동으로서 학생층이 주요 인자였으며, 이후 5월 혁명 과정에서 주요한 역할을 했다. 이에 대해서는 『프랑스 5월 혁명』, 4부, 백산서당, 1985를 참조하라.

작은 '주체집단'의 원형으로 파악될 수 있다고 본다. 그것은 전체 운동의 일부가 되거나 어느 다른 정치집단에 의해 장악되지 않으면서도, 모든 것이 그 주위에서 되풀이된다. 상황 자체의 전개에 따라, 연석 회의에서 규정된 어떤 강령이라는 측면이 아니라, 점차적으로 '참여한 사람들'이 상황을 해석하는데 착수한다. 그들은 자신들의 운동을 상황의 구현(대표)으로 제시하는 것을 거부하고, 대중이 스스로에게 가해진 금지에 대한 전이를 만들어낼 수 있는 어떤 것으로 제시할 뿐이다. 모델을 제공하는 이들의 전위 행동과 함께 대중은 새로운 길을 열며, 금지를 제거하고 교조에서 벗어나 새로운 이해와 새로운 논리적 정식화를 향한 길을 연다는 것이다.[44]

(3) 횡단성

이러한 주체집단의 작동방식과 관련하여 가타리가 제시한 중요한 개념이 '횡단성'(transversalité)이다. 하나의 집단이 다른 집단의 객체(대상)에 머무르는 한 그 집단은 외부로부터 무의미성이나 죽음을 받아들인다. 그러한 집단에서는 사람은 스스로의 무지의 구조 속으로 도피하는 것이 항상 가능하다. 그러나 집단이 스스로의 운명의 주체가 되고, 자기 자신의 유한성, 자기 자신의 죽음이라는 것을 받아들이게 되면, 홀연 초자아의 수용좌표에 변화가 생겨 기존 사회질서의 특성으로서의 거세 콤플렉스의 경계영역에 국지적으로 변화를 가져오는데 이른다. 그렇게 되면 사람은 욕망과 집단 속에 있고 집단적인 환상현상의 과정 속에 들어가게 된다. 물론 그러한 상태는 영원히 계속되는 것이 아니라 일시적인 것에 지나지 않는다고 한다.[45]

---

44 "L'éudiant, le fou et le katangais"(1969), *PT*, p. 237.
45 "Le transfert"(1964), *PT*, p. 54.

가타리는 집단분석의 목적이 이러한 증후군의 배후에 있는 정태적 진리를 밝히는 것이 아니라, 오히려 전이와 특별한 해석양식에 알맞은 조건들을 창조하는 것이라고 말한다. 전이와 해석은 상징적 개입양식을 표상하지만 '분석가'의 역할을 목적으로 삼는 개인이나 집단이 행하는 것은 아니다. 누구도 해석을 할 수 있다. 따라서 심리학적 · 사회학적 · 교육학적, 심지어 치료적인 모든 선입견을 제거해야만 한다. 정신의학자나 간호사가 일정량의 권력을 행사하는 한, 그들은 제도의 무의식적 주체성이 지닌 표현 가능성을 파괴하는 데 책임이 있다. 의사와 간호사, 의사와 환자 사이의 관계처럼 고정된 전이, 견고한 기제, 특정한 역할이나 상투형으로의 강제적이고 미리 규정된 '영토화된' 전이는 분석에 저항(의사의 주문에 다른 방식으로 반응하거나 또는 피하려는 반응)하는 것보다 더욱 나쁘다. 그것은 스스로의 궤적에 주술적이고 반동적인 집단환상들을 가져오고, 카스트 현상을 반복적 · 의고적 · 인위적으로 다시 출현시킴으로써 부르주아적 억압을 내면화하는 방식이다.[46]

이러한 인식에서 가타리는 제도적 '전이'라는 모호한 생각을 '집단에서의 횡단성'(transversalité dans le groupe)라는 새로운 개념으로 대체할 것을 제안한다. 횡단성은 수직성 및 수평성에 대립된다. 예컨대 피라미드 구조(지도자 · 보조자 등)의 기관 다이어그램 속에서 묘사되는 것으로서의 수직성과, 병원의 정신장애자 병동 또는 노인 병동에 존재하는 것으로서의 수평성[칸 나누기]에 대립되는 개념이다. 다른 말로 사물과 사람이 자신들을 발견하는 상황에서 할 수 있는 한 최선으로 어울리는 상태를 횡단성이라고 말할 수 있다.

가타리는 조정할 수 있는 눈가리개를 한 말들이 노니는 울타리 친 들판

46 "La transversalité"(1964), *PT*, p. 79.

을 예로 든다. 여기서는 말들의 눈가리개의 조정이 '횡단성계수'이다. 말들이 완전히 볼 수 없도록 조정되면 아마도 특정한 외상적 충돌 형태가 생길 것이다. 점차적으로 가리개가 열림에 따라 말들은 좀 더 쉽게 움직일 수 있다. 가타리는 쇼펜하우어의 유명한 고슴도치의 우화를 빌려와 다시 설명한다.

> 살을 에는 듯한 겨울 어느 날, 일단의 고슴도치들이 서로 몸을 껴안아 따듯하게 함으로써 추위를 견디고자 서로 무리를 이루었다. 그러나 자신들의 가시가 너무 아프게 서로를 찔러서 그들은 곧 다시 흩어졌다. 그러나 추위는 계속되었기 때문에 그들은 다시 한 번 가까이 모였고 또다시 찔려서 아프다는 것을 알았다. 그들이 두 악[흩어지는 것과 모이는 것]으로부터 자신들을 보호하기 위해서 아주 적당한 거리를 발견하기까지 이렇게 모이고 흩어지는 일이 계속되었다.[47]

병원에서 '횡단성계수'는 거기에 있는 사람들 각각의 맹목성(aveuglement)[눈가림]의 정도이다. 그러나 모든 눈가리개의 공식적 조정과 그것에서 결과하는 공공연한 소통은 의료감독자 · 간호책임자 · 재정관리자 등의 수준에서 일어나는 것에 거의 자동적으로 의존하고 있다. 그러므로 모든 운동은 위에서 아래로 향한다. 물론 '아래로부터의 압력'도 일정하게 있지만, 그것은 보통은 맹목성의 전체 구조에 어떤 변화도 가져오지 않는다. 어떤 수정도 각 사람의 역할에 대한 구조적 재규정과 전체 제도의 재정향을 통해서만 이루어진다. 사람들이 자신들 스스로에 고정되어 있는 한 그들은 결코 자신들 이외에는 어떤 것도 볼 수 없다.

47 "Parerga und Paralipomena", Part II, Schopenhauer, Gleichnisse und Parabeln, "La transversalité"(1964), *PT*, pp. 79~80에서 재인용.

실천적으로 볼 때, 횡단성은 순수한 수직성의 장애와 단순한 수평성의 장애를 극복하고자 하는 차원이다. 횡단성은 상이한 수준들 사이에서 그리고 무엇보다도 상이한 의미 속에서 최대한의 소통이 있을 때 이루어지는 경향이 있다. 주체집단은 바로 이것을 향해 작동한다. 가타리의 가설은 제도의 다양한 수준에서 다양한 무의식적 횡단성계수들을 변화시킬 수 있다는 것이다. 예를 들어 병원감독자들 및 가정의사들로 이루어진 서클 안에서 일어나는 공공연한 소통은 극도로 형식적인 수준에 머물지도 모르며, 그것의 횡단성계수는 매우 낮은 것으로 나타날지도 모른다. 다른 한편 병원의 부서 수준에 존재하는 잠재적이고 억압된 계수는 훨씬 높은 것으로 밝혀질지도 모른다. 간호사들은 그들 사이에서 더욱 진정한 관계를 가지며, 이러한 관계를 통해 환자들은 치료효과가 있는 전이들을 할 수 있다. 복수의 횡단성계수는 상이한 강렬도를 지니지만 작동방식에서는 동질적인 채로 남아 있다. 실질적인 힘(권력)을 행사하는 집단에 존재하는 횡단성 수준은 무의식적으로 다른 횡단성 수준들이 지닌 확장 가능성들을 조절하는 방법을 결정한다.[48]

집단에서의 횡단성은 피라미드적 위계화와 단조로운 메시지 전달 방식들을 만들어내는 구조들에 대립하면서도 보완하는 차원이다. 횡단성은 집단에서 행위의 무의식적 근원이며, 자신이 근거하고 있는 객관적 법칙을 넘어서며, 집단의 욕망을 지닌다. 이런 차원은 의도적으로든 아니든 자신들의 실천의 의미를 받아들이려고 하며, 자신들을 주체집단으로서 정립하여 스스로의 죽음을 가져올 수도 있는 특정 집단들에서 분명하게 확인된다. 반대로 예속집단은 외부로부터 수동적으로 규정되며, 자기보존 기제의 도움으로 외부적인 것으로 경험되는 부조리로부터 자신을 마

48 "La transversalité"(1964), *PT*, pp. 79~81.

술적으로 보호한다. 그렇게 함으로써 사실상 예속집단은 집단의 자율성에서 생겨나는 변증법적 풍부화의 모든 가능성을 거부하는 것이다.[49]

집단적인 결정화(cristallisation)의 수준에서의 욕망, 즉 주체성은 필연적으로 대중의 바로 곁에 계속 존재하는 것이며, 근본적인 역사적 목표들과 극도로 매개된 관계만을 가질 수 있는 것이다. 이것들의 목표는 그것들이 언표하는 시대 안에서는 필연적으로 망라적이고 추상적인 것일 터이다. 혁명적 기도(企圖)로서의 분석은, 서로 분리되어 있는 차원들 사이에 다리를 놓는데 기여하는 것이다. '살고 있는 것'과 '말해지고 있는 것' 사이에, 혹은 오히려 활동가 수뇌부의 내부에서 '살고 있지 않은 것'과 밀도 있는 언어의 차원에서 '말해지고 있지 않은 것' 사이에 다리를 놓는 것, 불행하게도 대중의 표현 가능성—이것은 혁신 · 자발성 · 욕망에 관한 대중의 치명적인 자기 억압능력과 대립된다—을 너무나 큰 범위에 걸쳐 조건짓고 있는 모든 것 사이에 다리를 놓는 것이다. 이와 같은 분석의 대상은, 고찰되는 다양한 사회적 장의 횡단성계수를 측정하고 해석하는 것이라고 한다.[50]

횡단성 개념을 통해 가타리는, 초자아적인 배치를 집단적으로 수용하는데 대한 일정한 개방과 폐쇄, 거세 콤플렉스가 지닌 통상적인 오이디푸스적 여건의 변화, 개인의 억제를 대가로 집단에 집단적 역능을 복권시키는 것, 곤봉으로 세게 얻어맞고 압살되는 것에 대한 공포감의 감소와 같은 것들을 설명한다. 그리고 이러한 것이 침범에 의해 발생하고, 무의식적인 기표연쇄 수준에서 기능하도록 하려는 것이다. 이와 같은 침범체계는 공간의 점유를 이미 포함하고 있는 부르주아적인 소유 개념, 체계적으

49 "La transversalité"(1964), *PT*, p. 84.

50 "La causalité, la subjectivité et l' histoire"(1966–67), *PT*, p. 195.

로 상하를 구분하는 부르주아적 인간 개념, 인습적인 인간관계, 소르본이라든가 CGT(프랑스노동총동맹) 등과 같은 대상에 대한 존경심 등을 표적으로 하기에까지 이른다.[51]

한 집단에 특유한 환상적 차원을 상실하게 되는 내적 관계를 심리화하여 묘사하는 속임수와 집단을 의도적으로 예속집단의 수준에 두려고 하는 부서화의 속임수 양자를 피한다면, 집단분석은 횡단성 구조를 재조직할 수 있다. 그 목표는 발언을 끌어내는 것 혹은 침범행위의 도발자라고 할 수 있는 집단, 어떤 시점에서 어떤 행동이나 도발 등의 구체적인 형태로 상황을 해석하는 '분석집단'을 만들어내는 것이다.[52]

3. 새로운 전략

이러한 탐색 속에서 가타리가 궁극적으로 추구하는 것은 '분석집단', 즉 주체집단의 성격을 지니면서 서로 연결될 수 있는 집단이다.

협동의 문제를 개인 간의 문제가 아니라, (UTB 같은) 기층 집단이나 인공적 가족 혹은 작은 공동체라는 것으로 제기하면, 무엇이 달라질 것인가? 개인은 지배적인 사회기계에 의해 조형되어 있는 한, 모든 종류의 암시작용—마약 · 공포 · 가족 등—에 무저항으로 몸을 드러내게 된다. 그에 대해 기층 집단에게는 최소한의 집단적 정체성을 회복하는 일을 기대할 수 있다. 먼저 사생활의 존중과 손을 끊어야만 한다. '분석집단', 즉 욕망하는 파괴적 단위는 이미 사생활을 갖지 않는다. 그것은 동시에 내부와

51 "Extraits de discussions: fin juin 1968"(1968), *PT*, p. 218.
52 "Extraits de discussions: fin juin 1968"(1968), *PT*, p. 225.

외부를 향해, 그 자신의 우연성과 유한성을 향해, 그리고 그 투쟁의 목표를 향해 기울어진다. 따라서 혁명운동은 이미 개인이나 부부, 가족에 의거하지 않는 새로운 형태의 주체성을 만들어내야 하며, 자본주의가 분비하고 지금까지 많은 이론가가 보증해온 추상적 모델의 전복이 대중을 혁명투쟁으로 재등장하게 하는 절대적인 전제조건이다.[53]

이것은 정치활동에서도 관철된다. 정치활동에서 혼돈을 이해하기 위해 가타리가 한 일종의 분석작업은, 전통적인 혁명적 활동가주의가 지닌 무의식적인 성벽(性癖)이나 작위적 수법을 가능한 한 찾아내어 분쇄하고 극복하는 것이었다. 1968년 운동에서 이스파노 집단[54]의 성공을 가능하게 한 것은, 그것이 활동가들 간의 관계들이 지닌 관습적 구조를 철저하게 타파하는 절단의 장이 된 점에 있다고 가타리는 생각한다. 이 집단은 누구 한 사람을 통해 이해할 수 없는 하나의 뼈와 같은 것이었다. 이것이 '분석집단'이라 부르는 것이다. 이것은 사물의 '정상적인' 질서를 비스듬히 가로지르는 (횡단하는) 집단이며, 젊은 노동자의 가슴 깊은 곳에 있는 욕망[55]을 넘쳐나게 표현하는 '무의식에 작용하는' 집단이다.

분석집단과 관련하여 가타리는 혁명조직의 문제는 다양한 사회구조들—특히 국가 구조—에 의존할 필요가 없음을 보증하는 이론과 실천을 자신의 판별적 특징으로 하는 제도적 기계를 설립하는 문제라고 제기한다. 제도적 전복을 위한 기계로서 혁명강령은 적절한 주체적 잠재력을 입증해야 하며, 각 투쟁단계에서 이 잠재력을 '구조화'하려는 그 어떤 시도에도

53 "Nous sommes tous des groupuscules"(1970), *PT*, pp. 279~285.

54 이 책 9장 참조.

55 여기서 욕망이란 형식주의나 교조주의나 관료주의적인 경향과 손을 끊고 싶다는 욕망이며 또 관료들의 자기만족적인 자랑의 무대가 될 뿐인 무료한 회의나 집회를 결단코 끝내고 싶다는 욕망이며, 또한 어떻게든 진짜—따라서 혁명적인 것—에 대해 말할 수 있도록 하고 싶다는, 그렇게 되면 관료들도 기분이 나빠지며 변화를 원하게 될 것이다……라는 욕망 등이다.

맞서 스스로를 강화해나가야 한다고 한다. 그러나 구조에 대한 기계의 효과를 항구적으로 파악하는 것은 하나의 '이론적 실천'에만 기초해서는 달성할 수 없다. 그것은 투쟁조직의 모든 수준에서 구체적인 분석적 실천의 전개를 전제한다고 한다.[56]

여기서 문제는 정신분석을 집단적 현상에 '적용하는' 것도 아니고 더구나 대중을 '치료하는' 일을 받아들이는 치료집단을 만드는 것도 아니라, 집단 안에 그 집단 자신 및 다른 집단들에 관한 욕망분석의 조건들을 만들어내는 것이다. 그리고 자본주의 사회 속에서 탈주선을 이루는 흐름에 따라, 사회적 결정론과 역사적 인과론의 한복판에 분기를 일으켜, 절단을 만들어내는 것이다. 그것은 또한 새로운 욕망의 언표를 형성하는 언표행위의 집합적 주체를 해방하는 것이다. 전위를 만들어내는 것이 아니라 사회적 과정에 인접한 위치에 신체를 두면서, 일상적으로는 결코 들어갈 리 없는 길 위를 전진해가는 일에 노력하는 집단을 만들어내는 것이다. 요컨대, 전통적인 분할질서를 횡단하기 때문에, 경제적 · 정치적 · 리비도적 등의 결정인자 중에서 어느 것이 최우선인가를 자문할 필요가 없는 집단적 주체성을 창출하는 일이다. 이 집단적 주체성의 질서는 인과연쇄 및 기표구조 속에 폭파기계를 도입하고 무너뜨리는 효과를 낳고, 그 연쇄나 구조의 숨겨진 잠재력을 될 수 있는 한 현실로 해방하기 위해서 그것들이 스스로를 개방하지 않을 수 없도록 압력을 가한다.

분석과 욕망이 마침내 같은 측면으로 이동하고, 결국 욕망이 분석을 이끄는 이러한 행위분석은 주체집단을 특징짓는 것이고, 그에 반해 예속집단은 닫힌 환경에서 단순한 정신분석의 '적용' 법칙에 지배된다. 이러한 리비도의 정치경제적인 담당자든 혹은 정치경제적인 장의 리비도적 · 성

---

56 "Machine et structure"(1969), *PT*, pp. 247~248.

적인 담당자든, 역사에서 표출된 모든 것은 열린 환경(제도)과 주체집단 속에서만 모습을 나타내기 때문이다.[57]

'우리는 모두 소집단(groupuscule)이다'라는 가타리의 명제는 새로운 주체성에 대한 탐구를 잘 보여준다. 이 집단적 주체성은 자아 혹은 초자아의 재구성을 성급하게 추구하여 하나의 전체성 속에 스스로를 가두는 것이 아니라, 분할증식이 가능하며 상통하고 또 항상 취소도 가능한 몇 개의 집단에 퍼져 있는 것이다. 하나의 집단이 올바른 집단인가 하는 판단 기준은, 그 집단이 '정말 다른 집단들에 열려 있기 때문에' 그 존재가 무의미 · 사멸 · 분열의 가능성에 끊임없이 직면하고 있는가 하는 것이다.[58]

소집단의 무한한 증식![59] 소집단의 증식을 통한 국제적 네트워크(Réseau),[60] 이것이 가타리의 정신의학적 대안이자 조직론적 대안이다.

---

57 "Préface de Gilles Deleuze"(1972), *PT*, p. viii.

58 "Préface de Gilles Deleuze"(1972), *PT*, p. i.

59 "Nous sommes tous des groupuscules"(1970), *PT*, p. 284.

60 이것의 예로는 가타리가 1975년부터 결성, 참여한 국제 대안정신의학 네트워크를 참고하라. "Alternative à la psychiatrie: le Réseau"(Bruxelles 1975), *RM*, pp. 147~151.

제4장

욕망과 혁명

아직도 혁명을 얘기할 수 있는가? 이념에 입각하여 대중을 지도하고 대중의 힘을 집중하여(그 형태는 봉기이다) (국가)권력을 장악하는 것을 혁명이라고 할 때, 여전히 그러한 혁명이 필요한가? 그리고 그러한 혁명은 지금 가능한가? 자본주의의 폐절을 주장하는 사람들은 과연 어떤 혁명의 상을 가지고 있을까? 소련이나 동구의 붕괴를 경험하고도 여전히 그러한 혁명을 주장할 수 있을까?

지금까지는 혁명을 권력장악이라는 관점에서 주로 파악해왔다. 이러한 관점에서는 역사를 부르주아혁명(상징은 1789년 프랑스대혁명)과 러시아혁명(1917년)을 분기점으로 하여 파악한다. 봉건귀족을 물리치고 부르주아지가 권력을 장악하는 과정과, 부르주아지를 물리치고 프롤레타리아트가 권력을 장악하는 과정을 강조한다. 그러나 이러한 생각 속에는 여전히 권력 중심부와 대중이라는 대당(대립)이 있으며, 권력 중심부의 이념적 성향이 사회의 성격을 결정하는 것으로 설정된다.

서구에서는 68혁명을 계기로 많은 사람들이 이와는 다른 다양한 실천과 사유를 수행해왔다. 특히 '마키아벨리－스피노자－마르크스－니체－

들뢰즈'라는 소수적(mineur) 또는 유물론적 사유 흐름 위에서,[1] 전위당 모델을 비판하고 분자적(moléculaire) 운동(노동 거부에 기초한 자기 가치 증식 운동, 여성 운동, 소수자 운동 등 '아우토노미아[자율] 운동')을 통해 사회를 변화시키려는 방향에 주목해왔다.

다수적인 사유를 대표하는 주체철학(데카르트)에 근거한 입장에서는, 이성적인 인간을, 구체적으로는 백인－남성－어른－이성애자－토박이－건강인－……이라는 표상을 준거로 하여 사회를 위계화해 나갔다. 더욱이 인문 · 사회과학은 구조(구조주의)와 객관성(객관적 사회관계)을 강조하면서 인간 주체의 문제를 없애버렸다. 마르크스주의조차 보편계급으로서의 노동자계급 상에만 매달려 사실은 새로운 주체에 대해 탐색하지 못하였다.

소수적이고 유물론적인 흐름에 서 있던 푸코, 들뢰즈, 가타리, 네그리 등은 근대적인 표준적 인간상을 파괴하고, 그 인간상으로부터 주변적이고 소수자적인 위치로 밀려난 개인들 및 집단들(유색인－여성－어린이－동성애자－이민자－환자－……)을 복권시키려고 하였다. 즉 새로운 주체에 대해 탐색해나갔다.

이러한 사유 속에서 이들은 전통적인 공산당의 틀 밖에서 대중의 다양한 경험을 접하면서 자율운동에 공감해왔다. 자율운동은 기존의 조직(당 · 노조 등)과 독립적으로 대중의 자율적인 구성과정 위에서 진행되어간다. 여기서 가장 중심적인 문제의식은 '운동의 진행과 조직화가 지배 장치화하지 않을 수 있는 방향은 어떤 것인가' 하는 것이다.

1 네그리, 윤수종 옮김, 「역자 서문」, 『야만적 별종』, 푸른숲, 1997.

1. 마르크스주의의 확장

이러한 문제의식 위에서 이루어진 이론적 작업은 현실에 접근하려는 노력의 일환이면서 마르크스주의를 넘어서 마르크스주의를 확장해나가려는, 즉 마르크스주의의 위기를 극복하면서 새로운 실천 방향을 탐색하려는 것이다. 점차 기존의 마르크스주의가 객관적 분석과 필연성 논리에 사로잡혀 결국은 산노동(노동자계급)을 억누르는 위치로 전락한 것에 대한 반성으로 이어지면서, 대표제 모델(레닌식 민주집중제)에 대한 비판과 역능에 기초한 사회구성과 아우토노미아적 조직화의 방향을 모색할 수 있게 된다. 여기서 기존의 마르크스주의를 비판적으로 계승하고 확장하는 방식을 두 사람을 통해 살펴볼 수 있다.[2]

하나는 네그리(A. Negri)가 전개한 방식으로서 마르크스주의의 전통적 개념들의 내용을 현실에 맞춰 재해석해내면서 노동자계급(산노동) 속에서 전복의 새로운 가능성들을 찾고, 나아가 다양한 노동 범주들을 탐색해나가는 것이다. 자본의 정치경제학을 노동의 정치경제학으로 전환시키면서 전복의 정치학을 구성해내는 방식이다.[3] 네그리는 노동자계급 속에서 주변적 특징들을 강조하고 그러한 특징들의 변화 속에서 노동의 질적 변화(비물질적 노동으로의 변화)를 추적한다.[4] 보편적 노동자계급이 아니라 구체적인 다양한 노동자계급 내부의 층들이 존재한다고 보며, 공장을 넘어선 사회적 공장이라는 인식으로 넘어간다. 이제 노동은 공장에 갇힌 것이 아니라 사회 구석구석에서 이루어지는 것들로 인식되고, 공장의 '생산적

---

2 윤수종, 「마르크스주의의 확장과 소수자운동의 의의」, 『진보평론』 창간호, 1999, pp. 104~108.

3 윤수종, 「안토니오 네그리의 정치경제학 비판」, 『비판』 창간호, 1997.

4 Negri, A., M. Lazzarato & A. Corsani, *Le Bassin de Travail Immateriel(BTI) dans La Metropole Parisienne*, L'Harmattan, 1996.

노동자'만이 아니라 집안의 가사노동자에서 단란주점의 매춘부까지 다양한 노동자층들을 포괄하는 노동자 개념(사회적 노동자)으로 나아간다. 디오니소스 노동으로 나아가는 방향을 제시하는 이러한 노동 내부의 다양성과 자율성(주변성)에 대한 탐색은 사회구성에서 다양한 사회층들을 포괄하는 논리로 나아가게 된다(여기서 대표적인 구호는 '우리는 모두 대표'이다).

이러한 노동의 다양화와 자율화에 비해 국가는 노동의 구성장치로서 성립된다. 국가는 다양한 사회층의 노동을 구성해내는 법적 장치를 주요한 도구로 갖는다고 한다. 네그리는 국가와 자본이라는 관계 설정에서 노동과 자본의 대립이라는 존재조건을 갖는 국가라는 문제 설정으로 넘어간다. 노동의 공격에 대한 자본의 대응 속에 있는 위기 국가라는 국가에 대한 문제 설정은, 관리자 · 경영자 · 거시경제 조절자로서 국가에 대한 상을 공격한다. 또한 공공 지출 등에 대한 노동자계급의 재생산적 전유라는 관점과 복지국가적 시설을 노동자계급의 공적 영역의 확보 과정으로 파악하는 지점에까지 이르게 된다. 더욱이 국가는 제국화의 경향 속에서 노동의 훈육 장치로서 유지되지만 자본의 제국화 앞에서는 힘을 쓰지 못하게 된다고 한다. 이러한 발상들은 기존의 경직화된 공산주의에 대한 상을 새롭게 하고 대중의 역능에 근거하여 아래로부터 이루어지는 구성권력에 대한 전망으로 나아간다.[5]

다른 하나는 마르크스주의의 전통적 개념을 사용하기보다는 프로이트주의에 상당히 근거하면서 주체 문제를 탐색해나가려는 가타리의 방식이다. 68혁명 이후 현실에 적극적으로 개입하면서 정신분석과 철학을 새롭게 전개해온 사람이 가타리이다. 그는 기존의 정신분석의 한계를 비판하면서 새로운 정신요법(제도분석, 그리고 점차 나중에는 분열분석)을 전개하였

---

5 Negri, A., *Le Pouvoir Constituant*, Presses Universitaires de France, 1997.

고, 들뢰즈와 철학적 공동 작업을 통해 전통적 사유를 해체하고 욕망에 기초한 유동적(유목민적) 사유양식을 추구하였다. 이는 지금까지 인간의 인식을 억압해(틀 지어)왔던 변증법에 대한 거부이자 대안을 제시하려는 노력으로 볼 수 있다.

더욱이 가타리는 라이히(W. Reich)가 제시했던 정신분석(주체)과 마르크스주의(정치)의 결합을 전진적으로 시도한다. 가타리는 기존의 (교조적인) 마르크스주의자들이 해왔던 구조 분석에 매달리지 않고 오히려 기계적 작동을 외치면서 새로운 집단적 주체성의 구성에 관심을 갖는다. 그는 정신분석적 실천을 사회 전체와, 정신 치료를 둘러싼 사회적 장과 연결시켜 나가면서 사회비판으로까지 확장시켜나갔다. 또한 정신의학 안에서의 실천 자체를 곧바로 현실사회의 다양한 영역에서의 실천과 연결시켜나갔으며, 이렇게 다양한 부문(secteur)들과의 접속을 통해 새로운 집합체를 만들어나가려고 하였다. 그 과정에서 가타리는 마르크스주의가 경시해온 미시적 작동에 주목하고 욕망의 흐름 위에서 전개되는 미시적 작동의 해방적 전개 및 축적 위에서만 거대한 작동의 해방이 이루어질 수 있다는 분자혁명이란 상에 이른다.[6] 끊임없이 제도를 자신의 틀(장치) 속에 포획함으로써 다수 대중의 무한한 욕망을 통제하려는 권력의 작동에 대항하여 욕망의 탈주선을 실험하려는 것이다. 가타리는 푸코의 '권력의 미시물리학'에 대해서 '욕망의 미시정치학'을 작동시킨다(이때 주요 구호는 '우리는 모두 소수자'이다).

인간의 사유와 실천을 틀에 가두는 방식들에 대해서 '횡단'을 외치면서 그 폭을 넓히려는 가타리의 생각은, 국가에 대항하면서도 스스로 내부에 국가조직과 같은 사회상을 만들어가는 반대운동으로서 전복운동이 아

6 가타리, 윤수종 옮김, 『분자혁명』, 푸른숲, 1998.

니라, 대중의 무한한 역능(puissance)에 기초한 끊임없는 생성적 움직임을 통해서만 기존의 국가 틀을 바꾸고 새로운 사회를 구성해갈 수 있다는 네그리의 구성권력론과 통하게 된다.

네그리와 가타리는 체제 내화되지 않는 다양한 사회운동들을 적극적으로 평가하고 이러한 다양한 흐름들이 결집되어 전체 지배구조를 변형시켜나갈 수 있는 가능성을 탐색한다.

여기서는 가타리의 분자혁명론을 중심으로 '욕망과 혁명'의 문제를 살펴봄으로써, 아우토노미아(자율)적인 새로운 사회의 상을 살펴보기로 하겠다.

2. 분자혁명론

가타리는 기존의 계급투쟁이 권력 장악에 집착하고 국가주의적 도식에 사로잡혀 있는 점을 비판적으로 성찰하면서 분자혁명의 상을 제시해나간다. 사회경제적 분석을 보완할 리비도경제 분석을 촉구하면서 욕망이론을 끌어들인다. 여기서 계급전선의 투쟁과 욕망전선의 투쟁이라는 이분법을 제기하지만, 가타리는 그 이분법을 넘어서 주체성의 변화를 찾아낼 수 있는 욕망의 정치를 강조한다.

또한 가타리는 대중분석에서 욕망의 거시정치와 미시정치를 구분하고, 지배분석에서도 미시 파시즘과 거시 파시즘을 구분해나간다. 마르크스주의와 프로이트주의를 결합하려 했던 라이히는 파시즘의 심리를 대중의 심적 구조에서 찾음으로써,[7] 권력과 지배의 문제를 저 멀리 위에 있는

7 라이히, 황선길 옮김, 『파시즘의 대중심리』, 그린비, 2006.

'나쁜 사람들'의 '포악한 지배 권력'을 장악하고 파괴하는 것으로서가 아니라, 파시즘으로 향하고 파시즘에 동조하고 파시즘을 만들어가는 개인 대중의 심적 과정을 어떻게 재구조화할 것인가 하는 문제로 바꾸어나갈 수 있었다. 이러한 상 위에서 가타리는 기존에 주로 집중되었던 거시정치에 대하여 미시정치를 강조한다. 또한 조직 방향과 관련해서는 중앙집권적 당으로 모아가는 방식이 아니라, 다양한 혁명기계를 만들어냄으로써 '권력을 만들어내는 일상적 과정들 자체'를 바꾸어나가는 방식을 제시한다.

그 일환으로 가타리는 일상적 파시즘의 문제를 제기한다. 예를 들면 마오주의자들이 주장하는 인민재판은 '좋은' 우리 편과 '나쁜' 적이라는 도식 속에서 욕망의 문제를 완전히 무시한 채 또 다른 파시즘적 과정을 산출해낸다고 비판한다. 더욱이 인간은 어떤 대상에 대한 집단적 증오를 만들어냄으로써 미시 파시즘적인 합의를 만들어내고 다양한 희생양들을 만들어낸다고 본다. 자신과 자신의 이웃이 항상 이러한 희생양이 될 수 있는데도 말이다. '표준적인' 인간상을 만들어가는 과정과 그것을 수행하는 방식(예를 들어 정신이상자에 대한 자의적인 관리 및 처리, 성도착자에 대한 판정 방식과 처벌 방식, 현행범의 처리)은 일상생활과 욕망의 문제를 고려하지 않을 수 없게 한다. 그러한 방식은 모든 사람들이 걸려든 문제를 그렇지 않은 척하면서 특정한 사람에게 특정한 절차로 고정시킨다는 것이다. 이러한 것이 결국은 권력을, 파시즘을 만들어낸다고 가타리는 생각한다.

1) 욕망투쟁

마르크스와 프로이트를 단순히 결합하려는 것이 아니라 넘어서려는 가타리는 마르크스주의와 프로이트주의가 노동자 운동과 정신분석 운동을 통해 기성 질서의 보증자가 되었다고 비판한다. 마르크스주의는 욕망 문제를 도외시하고 관료주의와 인간주의로 경도됨으로써 그 본질을 잃어버린 반면, 프로이트주의는 처음부터 계급투쟁에 무관심하였을 뿐만 아니라 더 나아가 무의식적 욕망을 지배 질서의 가족적이고 사회적인 규범에 속박함으로써 지속적으로 무의식적 욕망과 관련된 초기의 발견들을 왜곡했다는 것이다.

가타리는 프로이트주의와 마르크스주의로 대변되는, 욕망의 사적 추구와 이해투쟁의 공적 영역을 분리하는 이론적 관념을 문제 삼는다. 이러한 관념은 암묵적으로 자본주의적 통합에 기여한다고 한다. 모든 생산이 이윤 법칙에 따라 초코드화되는 사회는 '욕망(하는) 생산'[8]과 사회적 생산을 확정적으로 분리하려는 경향이 있다. 즉 욕망을 사적인 측면에 한정하고, 반면에 사회적인 것을 노동 측면에 국한시킨다는 것이다. 다시 말해서 가족주의적 거세를 통해서 사적 욕망을 차단하고(프로이트주의) 노동에서 욕망을 절단하는(마르크스주의) 것은 자본의 가장 중요한 필요 요건이라는 것이다.

이러한 분리에 대해 가타리는 횡단을 통해 욕망의 연접을 밝히고 '욕망하는 기계'[9]라는 발상을 통해 이해하려고 한다. 그리고 어떠한 욕망의 소외도 외적이고 사회적인 억압과 근본적으로 그리고 확정적으로 분리할 수 없다고 한다.

---

8 '욕망하는 생산' 이란 개념을 통해 가타리는 마르크스주의의 생산개념을 확장하였다. 즉 실체의 생산만이 아니라 다양한 기호 및 작동방식의 생산도 포괄하는 생산개념을 제시한다. 이에 반해 욕망하는 생산을 억압하는, 모든 생성을 가로막고 초코드화하려는 전략을 취하는 국가를 '반생산' 으로 규정한다.

9 이러한 발상은 흐름과 이 흐름을 막는 제도라는 틀로 사회를 이해하려는 것이다. 여기서 욕망은 틀지어진 제도 속에서 다양한 출구를 찾아나서는 선들로 작동되며 이러한 것을 지칭하기 위해서 '욕망하는 기계' 라는 개념을 사용한다.

(1) 분열분석

욕망분석의 방법으로서 가타리는 분열분석을 제기한다. 분열분석은 욕망하는 생산의 '모든 전선'에서의 정치 투쟁을 모색하는 방법이다. 단일한 영역에 초점을 맞추지 않고, 한 '전선'에서 다른 '전선'으로 지속적으로 움직여 가는 것(횡단성, 유목주의)을 지향한다.

분열분석에서 가장 중요하게 여기는 것은 욕망의 흐름이다. 욕망은 항상 영토를 벗어나며, 탈영토화되고, 탈영토화하며, 모든 장벽의 아래위로 빠져나간다. 그런데 이러한 흐름을 무시하고 사회적 생산과 욕망하는 생산을 구분하는 것(이분법)은 욕망의 흐름을 표준적 표상에 가두는 것이다. 전통적인 정신분석가들은 자아 · 아버지 · 어머니를 동일한 극으로 다루어야 한다고 생각하고, 항상 동일한 아버지와 동일한 어머니, 동일한 삼각형을 찾는다. 아버지는 은행에서 일하든, 공장에 다니든, 이민 노동자이든, 실업자이든, 알코올 중독자이든 동일하다고 파악한다는 것이다.

분열분석은 이러한 동일시, 동일자의 보편적 상을 거부하고, 분화의 길들, 새로운 강렬도(intensité)[10]의 증식, 리좀에서의 새로운 가지의 전개를 추적하려 한다. 즉 항상 다른 것과의 접속, 다른 것으로 되기를 추적한다. 그렇다고 분열분석은 사회경제적 분석과 리비도 경제적 분석을 변증법적으로 종합하려고 하기보다는, 무엇보다도 사태들을 논리적인 골격으로 환원하지 않고 풍부화하고, 그 연쇄들 · 현실적인 자취들 · 사회적 함의들을 추적하려고 한다. 표상과 구조로 환원시키지 않고 기계적 작동을 통해 다양한 접속회로를 만들어가는 방법을 추구하는 것이다.

---

10 모든 현상은 고정된 것이 아니라 자체가 지닌 힘에 의해 다양한 방향으로 나아갈 수 있으며, 따라서 지금 있는 '어떤 것'은 항상 여러 방향으로 움직일 수 있는 내재적 리듬을 가지고 있다. 이러한 리듬은 다른 것과 접속하면서 새로운 것을 만들어갈 수 있는 근거가 되는데, 이 리듬을 강렬도라고 한다.

결국 분열분석은 교조적인 유물 변증법을 비롯한 인식론에 기울어진 변증법 전체를 공격하는 것이며 또한 구조주의에 대한 비판이기도 하다. 이러한 분열분석에서 핵심은 기계라는 발상이다. 또한 몰적/분자적이라는 개념대당의 설정이다.[11] 나아가 가타리는 자본주의는 기호적 예속 및 제어를 통해서 욕망을 초코드화하면서 지배해나간다고 한다.[12] 이에 대한 공격을 위해서는 바로 욕망의 탈주선들을 탐색해나가야 하며 그 선들을 파악하기 위해서 가타리는 언어분석을 넘어서서 다양한 기호들을 통해 이루어지는 관계망을 파악하려고 한다.[13]

(2) 욕망투쟁

가타리는 기존의 혁명운동이 직면하고 있는 문제는 계급투쟁 수준에서의 드러난(분명한) 세력관계(예를 들어 자본-노동 관계)와 대중의 현실적인 욕망투여(investissement) 간의 차이라고 본다. 자본주의는 노동자계급의 노동력을 착취하고 생산관계를 자신에게 유리하게 조종하는 동시에, 피착

11 가타리는 사회분석에서 몰(mole)적/분자적(moléculaire)이라는 개념 쌍을 사용한다. 그러나 이 개념 쌍은 변증법적인 것이라기보다는 움직임의 방향과 방식을 지칭하는 것이다. '몰(적)'이라는 것은 어떤 하나의 모델이나 특정 대상을 중심으로 모든 것을 집중해가거나 모아가는 것을 말하며 자본이 모든 움직임을 이윤메커니즘에 맞추어 초코드화하는 것을 몰적이라고 할 수 있을 것이다. 운동에 있어서는 모든 움직임을 노동운동이라는 단일전선에 편제하여 다른 흐름들을 통제하는 것을 말하기도 한다. 따라서 몰적인 방향을 무조건 나쁜 것으로 생각하는 것이 아니다. 단지 몰적인 방향은 생성을 가져오는 것은 아니며 기존에 생성된 것을 특정하게 코드화할 뿐인 것이다. 이에 반해 '분자적'이라는 개념은 미세한 흐름을 통해 다른 것으로 되는 움직임(생성)을 지칭하는 것이다. 그러나 이러한 미세한 흐름은 반드시 작은 제도나 장치를 통해서만 이루어지는 것은 아니며 사회 전반적인 분자적 움직임도 가능하다. 따라서 미시구조나 미시적 흐름에만 집착하는 것이 아니라 다양한 크기의 구조 및 제도 속에서 흐르는 미시적 흐름을 중요시한다. 이러한 개념을 제시하면서 가타리가 의도하는 것은 욕망의 흐름을 파악하려는 것이다.

12 가타리, 윤수종 옮김, 『기계적 무의식』, 푸른숲, 2003.

13 Félix Guattari, *Cartographies Schizoanalytiques*, Editions Galilée, 1989.

취자들의 욕망경제(economie desirant)[14] 속으로 스며들어간다는 것이다.

여기서 가타리는 혁명투쟁을 계급대립이라는 세력관계 수준에 한정하지 말고, 자본주의에 오염된 욕망경제의 모든 수준(개인, 부부, 가족, 학교, 활동가 집단, 광기, 감옥, 동성애 등)으로 확장해야 한다고 강조한다.

'빵 · 평화 · 자유' 등과 같은 목표는 계급투쟁 전선에서 세력들을 결집하여 억압 세력들에 대항할 수 있는 정치조직(예를 들어, 당)을 필요로 한다. 이러한 조직은 '대표성'을 지니고 일정 정도의 중앙 집중제적 성격을 지니면서 투쟁의 전략과 전술을 제시해야 한다. 이에 반해 욕망전선에서의 투쟁은 끊임없이 분석을 행하면서 모든 수준에서 모든 권력의 전복을 수행하는 집합적 배치를 필요로 한다. 즉 욕망하는 기계들 한가운데에 위치하고 있는 파시즘, 즉 '미시' 파시즘에 대항한 투쟁은 '위임체'나 '대표체' 혹은 당에 의해 수행될 수 없다. 욕망의 흐름은 누가 대표(대신)할 수 없기 때문이다.

물론 가타리는 계급전선의 투쟁과 욕망전선의 투쟁은 배타적일 수 없다고 본다. 기존의 사유방식은 이해투쟁에, 객관적 외관에 초점을 맞추었다. '적'은 '나쁜 자본가'로 고정되어 있었다. 그러나 가타리에 따르면 '적'은 끊임없이 모습을 바꾼다. 즉 동맹자 · 동지 · 상관 혹은 심지어 자기 자신조차도 적이 될 수 있다. 관료주의적 정치나 특권, 편집증적 해석, 기성 권력과의 무의식적 결탁, 억압의 내재화 쪽에 그 누구라도 언제 어느 때 빠지게 될지 알 수 없다. 욕망의 흐름, 욕망의 기계적 작동은 그렇게 가시적인 것으로만 파악할 수 없는 것이다.

흔히 현대의 산업이 집중화되어 있고 국가권력도 이른바 경제의 집중

14 욕망의 작동은 프로이트가 정신의 역동성을 말하듯이 역동적으로 움직인다. 실물생산과 관련하여 움직이는 현실의 역관계를 정치경제라고 한다면, 리비도적 욕망의 움직임을 지칭하기 위해 욕망경제라는 개념을 사용한다.

으로서 형성되어 있기 때문에 이를 무찌르기 위해서는 집중화된 형태(예를 들어, 당)가 필요하다고 한다. 가타리는 이에 대해서 현재의 산업사회와 거대한 생산기계들은 중앙집중제가 없더라도 충분히 기능할 수 있다고 주장한다. 중앙집중제의 기반은 경제적인 것이 아니라 정치적인 것이라고 본다. 그리고 그 거대기계는 흔히 생각하는 것처럼 거대한 장치들에 의해 움직이는 것이 아니라는 것이다. 오히려 작은 기계들의 작동과 조립 속에서만 움직이는 것이며 따라서 거대한 장치와 기계들, 그리고 기계적 작동이 어우러진 배치가 문제가 된다는 것이다. 여기서 변혁과 관련하여 핵심적인 것은 기계적 작동을 다른 방식으로 움직이게 하는 것이며 욕망에 대한 탐색(투쟁)은 바로 이 색다른 작동 방식을 찾아내려는 것이다.

따라서 가장 효과적이고 폭넓은 투쟁은 관료제의 참모 본부 밖에서 다른 작동 방식을 구사하도록 조정되어야 한다고 한다. 또한 욕망전선의 투쟁을 부분적으로 수행해온 대안적인 주변적 운동들 및 공동체들은 거대한 현대산업의 폐해에 놀라 과학기술 이전의 시대나 자연으로 회귀하자는 식의 신화에 빠지는데, 이 또한 잘못된 거시/미시 구분에 입각해 있는 것이다. 이러한 관점에서 가타리는 대안운동들은 현실 사회에, 성적 · 가족적 · 현실적 관계들에 대처해야 하며, 다른 한편 노동운동은 자신의 작동방식이 부르주아 권력에 얼마나 감염되었고, 자신의 내부가 얼마나 경직되어왔는지를 반성해야 한다고 지적한다. 여기서 가타리는 조직 방향과 관련하여 제기되고 있는 '민주'집중제냐 아니면 무정부주의(자생주의)냐 하는 양자택일의 문제를 넘어설 수 있다고 강조한다.

가타리는 욕망투쟁의 분출을 68년 혁명과 그 이후의 분자적 운동의 전개에서 확인한다. 특히 욕망경제라는 문제를 놓고 보면, 프랑스의 1968년 5월 혁명에서는 거대한 파열이 발생했다기보다는 욕망의 작은 탈주들이, 대표제적인 조직에서 지배적이던 전제적 체계에 작은 균열들이 발생했다고 볼 수 있다. 물론 그 파열은 수주일 후에 체계 속으로 회수되어버리고 말았지만, 그 효과는 분자적인 방식으로 모든 운동에서 상이한 수준으로 감지되었다. 특히 활동 문제에 대한 새로운 전망과 접근법이 나타났다. 예컨대 1968년 이전에는 일반범 수감자를 지원하는 것이 어떤 정치적 의미를 지닌다고 생각할 수 없었다. 또한 동성애자들이 길거리에서 시위를 하면서 자신들이 지닌 욕망의 특수한 위상을 지킬 수 있다고 상상조차 할 수 없었다. 여성해방운동, 정신의학적인 억압에 대항하는 싸움, 그리고 그 외의 색다른 운동들은 완전히 새로운 의미와 방법을 지니게 되었다. 새로운 욕망이 분출된 것이다.

그러나 활동가들은 변함없이 여러 부르주아 도덕률의 편견에 빠져 여전히 욕망에 대하여 억압적인 자세를 견지하고 있었다. 가타리는 조직의 관료주의라든가 아내와 자식들에 대한 활동가들의 억압적 태도, 또한 피로 · 노이로제 · 망상에 대한 그들의 무지—'좌절'한 사람의 말을 들으려 하지 않고 오히려 그러한 인간을 조롱하든지 '끝장난' 존재라고 생각하여 적극적인 위험분자는 아니더라도 조직에 무용하다고 간주하는 일이 언제나 일어나고 있다—등과 같은 문제에 대해 새로운 접근법이 생길 때만 실질적인 파열이 일어날 것이라고 한다. 그러한 문제들을 정치적 관심사의 핵심이라고는 하지 않더라도, 적어도 어떠한 조직 활동의 임무와 마찬가지로 부르주아 권력, 경영자, 경찰 등에 대항하는 것으로 다룰 때, 실질적인 파열이 일어날 것이라고 본다.

이처럼 사적 생활과 공적 생활 간의 구분선을 횡단하여 욕망의 정치를 제시하면서, 혁명의 정치학은 바로 이것에 근거해야 한다고 한다. 욕망의 정치에 입각해보면, 투쟁을 단일전선에, 즉 자본주의(자본가계급)와 노동자계급 간의 유일한 대결에 한정할 수는 없다. 가타리는 노동자의 객관적 이해와 욕망을 구분해 본다. 예를 들어 흑인을 억압하는 미국 노동자계급의 이해는 욕망의 정치학의 관점에서는 객관적으로 파시스트적일 수 있다. 노동자들의 이해를 옹호하는 노조투쟁은 아주 정당하다고 하더라도 일련의 다른 사회집단, 인종적 성적 소수자들의 욕망과 관련하여 전적으로 억압적일 수도 있다고 한다.

여기서 가타리는 이해투쟁에만 집중되어 있던 기존의 투쟁방식을 비판하고, 욕망투쟁의 집적에 근거한 이해투쟁을 주장한다. 기존의 투쟁방식은 이해의 대립에 집착하여 그 대립 구도 안에서 움직이는 욕망 흐름을 파악하지 못하고 대립구도의 종합에 매달려버렸다. 따라서 욕망 문제의 제기는 변증법적인 양극 대립과 지양을 통한 종합이 아니라, 분자적인 흐름을 증식시켜감으로써 욕망을 해방하고 그러한 해방의 집적을 통해서 거시적 대립구도를 바꾸어갈 수 있는 방향으로 나아가자는 것이다.

적극적으로 말하면 혁명은 대중의 욕망에 대한 분석을 필요로 한다. 혁명은 욕망을 적응시키고, 사회화하고, 훈육하는 문제가 아니다. 중요한 것은 권위주의적 통일로 나가는 것이 아니라, 학교에서, 공장에서, 이웃에서, 탁아소에서, 감옥에서, 모든 곳에서 욕망 기계들을 무한히 꿈틀거리게 하는 것이다. 이 모든 다양한 부분적 운동들을 질서화(정리)하거나 총체화하는 문제가 아니라, 접속시키는 문제인 것이다.

국가 단위에서는 활동가 기층은 활동이 미약해지고 있는 반면, 지도부는 강고해져 관료화된다. 이런 상황에서 대중은 더욱더 첨예하게 분화되는 경향이 있고 정치 및 노동조합의 관료가 통제하기 점점 더 어려워지는 다양한 투쟁들을 생산하고 있다. 세계적 규모에서도 중심으로의 권력 집중과 예속 세력들의 '분자화'라는 경향이 나타나고 있다. 대중은 물질적 욕구뿐만 아니라 자신의 욕망이 지닌 특유한 조건들을 인식하게 해줄 새로운 '정체성들'을 찾고 있다. 이렇게 볼 때, 아마도 자본주의의 '가장 약한 고리'를 정치경제의 영역보다는 욕망의 집합적 배치들의 영역에서 찾을 수 있을 것이라고 가타리는 기대한다.

더욱이 점차 대중 사이에서 발전하는 새로운 감수성, 삶의 질과 관련되는 새로운 종류의 투쟁(생태투쟁)의 출현, 그리고 '욕망에 대한 권리'라고 부를 수 있는 것과 관련되는 새로운 유형의 요구에서 위기가 발생하고 있다. 이러한 욕망투쟁은 노동자계급이라는 단일한 계급 범주가 아니라 다양한 사회적 범주들에서 일상적인 투쟁들을 통해 전개되고 있다.

(3) 욕망의 미시정치

가타리는 욕망의 미시정치와 거시정치를 구별한다. 이렇게 구별하는 것은, 정신분석은 가족과 개인이라는 작은 세계에서 일어나고 있는 일들에 관련된 반면, 정치는 사회 전체에 관련된 것이라는 인식(이러한 인식은 결국 대표제 모델로, 권력구성체로 되돌아간다)을 비판하기 위해서이다.

마르크스주의도 스스로를 대중의 욕망을 대표하는 집단적 체계로 설정한다. 그러나 대중의 욕망을 표준화된 정식들로 환원하며, 이 정식들을 노동자계급의 단결과 노동자계급당의 통일의 이름으로 정당화한다. 이렇게 되어 마르크스주의는 욕망의 미시정치에 접근하지 못하였고, 욕망을 표상에 대표에 양도하여 결국은 욕망을 가두게 되었던 것이다.

그렇다고 해서 욕망은 작은 것에만 관여한다는 것은 아니다. 가타리는 더 넓은 사회적 장(場) 속에 드러나는 욕망을 다루는 '욕망의 거시정치'와 개인의 욕망을 다루는 '욕망의 미시정치'를 제시한다. 부부나 가족관계에서 자주 지배적인 것으로 나타나는 전제정치는 사회적 장에 존재하는 전제정치와 동일한 형태의 리비도 배치에서 생겨난다고 한다. 반대로 대규모 사회문제—예를 들어 관료제나 파시즘 같은—를 라이히가 했던 것처럼 욕망의 미시정치(대중의 심적 구조 분석)를 통해 접근할 수 있다고 본다.

욕망의 미시정치는 거대한 사회적 전체(ensemble)와 개인 · 가족 · 학교 · 직장 등의 문제들 사이의 단절을 거부해야 한다. 따라서 더 이상 대중을 대표하고 그들의 투쟁을 해석할 것을 제안하지 않는다. 당의 모든 행동 그리고 노선이나 강령 또는 심지어 중앙집중제 자체를 선험적으로 거부해야 한다는 이야기는 아니다. 그러나 억압적 행동들, 관료주의, 현재의 혁명운동들을 감염시키는 도덕적 이원론 등에 점차 대립하는 자기분석적 실천의 기능을 통해 자신의 행동을 설정하고 상대화하려고 노력해야 한다. 그렇게 할 때, 어떠한 초월적 대상도 필요로 하지 않고, 국가권력이나 그 반대상(대중의 편에 서서 국가권력을 쟁취할 수 있는 대표)으로서의 당의 구성과 같은 단일한 지점으로 집중하지 않을 것이다. 따라서 욕망의 미시정치는, 중앙에 의해 결정되고 계열화된 개인들을 움직이는 대중운동에 대한 철저한 문제제기를 뜻한다.

욕망의 미시정치는 극도로 다양한 사회집단들 내부의 상호작용 범위 안에서 복수의 목표들을 수립하려고 한다. 대규모의 집단적 투쟁은 오직 부분적 투쟁들의 축적에 기초해서만 진행될 수 있을 것이다. 더욱이 파시즘의 억압 과정이 소형화되고 분자화됨에 따라서 욕망의 미시정치는 분석 대상을 분자화하는 것이 필요해진다. 이제 본질적인 것은 무수히 다양한 분자적 욕망들의 접속이며, 이것은 눈덩이 효과를 지니며 대규모 힘 대결로 나아간다. 여기서 대중투쟁의 통일의 기초가 되는 것은 바로 대중의 욕망의 단성성—명확한 특질—이지, 그 욕망을 표준화된 목표로 바꾸는 것이 아니다.

나아가 주체와 관련하여 욕망의 입장에 선 운동은 '주체 바깥으로' 벗어나려는 움직임과 연결되어야 한다. 가정에서 어린아이들은 '주체 바깥으로' 벗어나게 되면 꾸지람을 듣는다. 학교에서도, 군대에서도, 공장에서도, 노동조합에서도, 당 지부에서도 마찬가지다. 사람들은 항상 '주체 안에', '선 안에' 있어야 한다고 듣는다. 그 선을 벗어나기 위해서는, 이미

성립되어 있는 주체나 이미 코드화되어 있는 의미작용에 일치시키지 않은 채, 욕망에 관해 말할 수 있도록, 기호적 흐름, 물질적 흐름, 사회적 흐름을 훨씬 더 밀접하게 연결시키는 집합적 언표행위배치[15]를 만들어내야 한다.

이러한 가타리의 주장에서 핵심적인 문제는 별개의 영역들을 연결시키는 것이 아니라, 이전의 욕망의 지층화를 일소할 수 있고 욕망의 새로운 실행 조건들을 정립할 수 있는 새로운 이론적 실천적 기계들을 설립하는 것이다. 동시에 가타리는 지배권력(구조)이 작동시키는 모든 기계—부르주아 국가권력, 모든 종류의 관료제권력, 학교권력, 가족권력, 부부 안에서 남근권력, 심지어 개인에 대한 초자아의 억압권력—에 대항해서 적극적으로 개입해 들어갈 것을 강조한다. 기존의 운동방식이 구조와 장치를 파괴하는 것이었다면, 가타리는 구조와 장치는 기계들을 통해서만 움직인다고 보고 기계작동의 방향을 바꾸어나갈 것을 제시한다. 어떤 권력의 명령이나 본능에 의해서가 아니라 욕망의 흐름에 의해 작동하는 새로운 기계들을 설립할 것을 제시한다.

예를 들어 자본주의 사회의 법률기계는 국회의 입법에 의해서 이루어지는 것이 아니라, 그 법과 함께 움직이는 다양한 기계들, 즉 판사, 검사, 경찰, 원고, 피의자, 재판정, 법률 서기, 고발장 쓰기 등의 작동에 의해서이다. 이러한 기계들의 작동방식을 미시적으로 바꾸어나가지 않고는 추상적인 법률기계의 작동을 막을 수는 없다.

또한 큰 것을 바꾸면 작은 것은 해결된다고 하는 것도 아니고, 그렇다

15 어떤 진술에 영향을 끼치고 그것을 생산하는 수많은 요인의 결집을 말한다. 특히 단순히 기호적이거나 사고나 정신의 영역에서 특정한 틀을 말하는 것이 아니라 사회집단적인 특징뿐 아니라 기술적 대상, 물질적이고 에너지적인 흐름, 주체적인 무형적 대상, 수학적 아이디어, 예술 등 다양한 것과의 관련을 함의한다.

고 작은 것만을 바꾸자는 것도 아니다. 큰 것, 작은 것이 다 연결되어 있는 작동하는 방식을 바꾸자는 것이다.

2) 일상 투쟁

파시즘의 소형화와 분자화를 통해 권력은 거대 국가장치만이 아니라 오히려 작은 다양한 기계들을 통해 작동한다. 따라서 혁명투쟁은 거대한 장치를 장악하는 투쟁으로서만 이루어질 수는 없다. 오히려 궁극적으로 혁명의 성공은 장치에 붙어 움직이는 기계들의 작동을 바꾸어나감으로써만 가능하다.[16] 중요한 것은 집중화된 거대 군대로 조직화되는 경향이 있는 프롤레타리아트의 조직형식들의 진전이 아니라, 무한자로 옮겨가는 욕망하는 복수성(대중)이다.[17] 즉 모든 것을 하나의 코드로 모아가는 것이 아니라, 모든 것을 물들이는 기계적 주체화가 필요하다. 전체 인민의 주체화를 보여준 베트콩처럼 말이다.[18]

그러나 기존의 기계들의 작동은 빈 공간에서 일어나지 않는다. 즉 기계들은 학교 · 공장 · 거주지 · 탁아소 등 시설들 속에서 작동한다. 그러한 훈육기계들을 파괴하는 혁명적 전쟁기계[19]는 욕망의 복수성을 통괄하거나 총체화하지 않는다. 다소 자생적인 다중심적인 욕망하는 혁명기계들

16 이러한 문제의식의 발단은 라이히에게서도 나타난다(라이히, 윤수종 옮김, 『성혁명』, 새길, 2000).

17 절대자나 보편자가 아닌 무한자. 이러한 방향은 스피노자 철학의 핵심이라고 할 수 있다. 여기서 가타리가 제기하는 욕망하는 복수성(multiplicité)은 특이성(singularité)[개별자]이 하나의 보편자나 절대자로 환원되지 않고, 강렬도를 지닌 채 다양한 방향으로 나아감으로써 만들어낼 수 있는 다양성을 의미한다.

18 가타리, 윤수종 옮김, 『정신분석과 횡단성』, 울력, 2004, pp. 353~358.

19 가타리가 국가장치의 포획기능과 대립적으로 사용하는 개념이다. 그렇다고 반드시 전쟁을 필연적으로 내재한 작동방식으로서 기계가 아니라 국가장치와 다른 방향으로 작동하면서 국가와 대결할 때는 구체적인 전쟁을 가져올 수도 있는 것으로 이해한다.

이 있고 그 옆에 (위가 아니라) 중심주의적 기계, 권력에 대항하는 전쟁기계가 있는 것이다. 이 다양한 혁명기계들을 움직이려면 그 기계들이 접촉하고 있는 대중의 신체에, 삶(생활)에 접촉해야 한다. 즉 일상적인 투쟁들을 통해 욕망하는 혁명기계들을 작동시키면서 생활 자체를 바꾸어가는 것이 중요하다. 특히 이 일상투쟁은 생성을 막는 반(反)생산으로서의 국가와 대결하면서 대중의 욕망을 담아낸다는 데 그 중요성이 있다.

더욱이 일상 투쟁이 중요한 것은, 권력의 기계들이 광범한 억압적 합의를 만들어내면서 일상생활을 하나의 방향으로 몰고 가려고 하기 때문이다. 가타리는 이것을 일상적 파시즘이라고 규정한다. 인민재판과 같이 집단적 합의에 의해, 만장일치제의 심판에 의해, 집단 히스테리를 만들어낸다. 어떤 불미스런 사건이 났을 때 우리들 사이에 배반자가 있었다는 것을 시작으로 그 사건 당사자를 희생양으로 만든다. 그런데 실은 이런 작동을 통해, 권력은 현재 반(反)청년 · 반아랍 · 반유태인 · 반여성 · 반동성애자 · 반(反)무엇이라는 차별주의에 현실적으로 따라가는 모든 미시파시즘 형태를 장악하여 활용하는 것이다. 이러한 조작 전체를 통해 정당화하는 것은 사법권력 · 행정권력이며, 요컨대 질서유지의 권력 총체이다.

이러한 권력이 작동하는 일상적인 관계에서는, 아내를 구타하는 남편의 폭력, 길거리에서 정숙하지 않은 여성을 매도하는 남성의 폭력, 어린이에 대한 폭력, 또 반대로 부모나 교사 등에 대한 어린이의 폭력, 정신병원의 폭력, 또 동시에 '정신병자'가 가정에서 휘두르는 폭력, 위계서열 관계 · 관료적 관계에 내재한 폭력, 이들 모든 폭력은 서로 관계를 가지면서 동시에 진행한다. 이처럼 폭력은 부부 · 어린이 · 학교 · 감옥 · 병원 · 노동장소 등 도처에 존재한다. 이러한 문제를 해결하려는 새로운 사회적 배치(새로운 기계적 작동방식)를 설치하지 않는 한, 폭력은 국가권력이 지닌 중앙기계의 제도나 대표의 손 안에 들어갈 수밖에 없다. 그리고 그런 제도나 대표는, 일종의 사디즘적인 쾌락에 빠져서 사태를 간단하게 처리해버린다(판결 시 판사의 음란한 쾌락!). 사람들이 이 문제에 관심을 보이고 행동을 하지 않는 한, 또 현실적으로 대신할 수 있는 대체체계를 세우려고 하지 않는 한, 권력의 위임은 사실상 계속 존재할 것이다. 최후로는 각종 시설 · 제도, 즉 경찰 · 사법제도 · 감옥 · 정신병원 등에 맡겨버린다.

여기서 일상 투쟁에 대한 강조는 다양한 투쟁들의 (통일이 아니라) 연합을 강조하는 데로 나아간다. 일상 투쟁이라고 해서 국가권력을 인정하고 부분적 요구 투쟁만을 하자는 것이 아니다. 요구 투쟁을 통해 민중의 일반 민주주의적 움직임을 모아가면서 국가권력을 장악하는 것에까지 나가자는 피디(PD, 민중민주주의)적 발상도 여전히 국가 권력의 중심성을 상정한다. 가타리는 푸코의 생각을 이어받아 권력은 관계망 속에서 모세관처럼 퍼져 있으며 신체에까지 변형을 가하면서 삶을 관리해나간다는 점을 받아들인다. 따라서 중심(국가권력, 즉 국가장치)을 장악한다는 발상이 아니라, 관계망(배치)의 움직이는 방식을 다르게 만들어갈 것을 주장한다.

바로 지금 현존하는 사법제도, 학교, 군대, 공장, 남녀의 소외관계 등이야말로 즉각 통째로 변혁하지 않으면 안 되는 대상이다! 그것은 총체(ensemble)적인 문제이며 그 총체 속에서만 국지적 해결책을 찾을 수 있다. 가정 · 학교 · 감옥 등의 수준으로 각각 사물을 분리하여 생각해서는 어떤 쟁점도 찾을 수 없다. 사형이나 강간 등의 문제는 사형수나 강간범에 대한 도덕적 판단과 여론몰이 방식으로는 절대 해결해나갈 수 없다. 일상생활에서 투쟁해나가는 과정과 결합하지 않는 한 믿을 만한 답을 끌어낼 수 없다.

더욱이 이러한 소외관계들은 격리차별에 의해 진행된다. 현행범의 소송과정은 그 모습을 잘 드러내준다. '현행범'의 소송절차는, 죄는 법적 절차에 의존하기 이전에 먼저 자본주의 사회의 무의식적 리비도에 근거해 있다는 것을 보여준다. 거기에서는 사실 인정이라든가 죄상 규정에서의 법률의 역할 등은 부차적이다. 분명한 것은 이런 법정에 끌려나온 사람들은 '우리들과는 종류가 다른 인간'이라는 것이다. 중요한 것은 주변적인 것을 모두 기록하고, 감시하고, 틀 짓는다는 것이다. '주변'으로 통하는 다양한 회로를 단죄하면서 하나의 평균적인 사회규범을 결정하는 기능을 한다. 유죄인가의 여부는 피의 사실보다도 당사자의 존재방식에 의거하고 있다. 일정한 주소도 없고, 이민자이고, 표준어를 사용하여 명확하게 말할 수 없다는 것만으로 죄를 범할 경향성이 있다(이미 죄인이다)는 것이다.

사회적인 문제를 처리하는 이러한 절차는 개인에게 책임을 묻고 전문가 집난이나 특수시설에 그 해결이나 저리를 위임하는 방식으로 이루어진다. 이것이 바로 권력을 만들어내는 과정이다. 여기서 가타리는 일상 투쟁을 통해, 개인을 책임 주체로 하는 것 혹은 의료집단이나 전문가 단체가 배타적으로 관리하는 것과는 다른 별개의 사회조직 양식에 근거한 집단적 책임으로 나가야 한다고 강조한다. 일상생활과 욕망의 문제를 당사자들이 직접 집합적으로 책임지는 것으로 나아가자는 것이다(아우토노미아).

또한 이러한 격리차별이 가장 혹독하게 실행되는 것은 주변자들에 대해서이다. 가타리는 광인을 격리수용하는 것은 광인에 대한 공포를 의미하며 더욱이 그러한 분위기를 대중매체가 사람들의 암묵적인 양해를 얻어 주기적으로 양성하고 있다고 본다. 그런데 '정신이상자'에 대한 차별적인 법률 배후에는 동성애자에 대한 법률, 유태인이나 혼혈인에 대한 법률 등이 감춰져 있다고 한다. 즉 사회적 차별 기제들은 서로 연결되어 있고 겹쳐져 있다는 것이다. 따라서 표적으로 삼아야 할 것은 하나의 차별 관행이 아니라 이러한 사회적 차별 전체여야 한다.

이에 대해서 가타리는 세상에 열릴 수 있는 욕망은 파괴적이기를 그치고 그 자체가 창조적으로 될 수 있으며, 일상생활과 욕망의 새로운 지대를 그려주고 새로운 표현 형태를 가져온다고 한다. 오히려 사회적 욕망의 새로운 표현을 억누르면, 사람들은 절대적인 반란, 절망적 반응으로 기울고 집단적 자살 형태를 보일 것이라고 한다.[20]

그런데 가족주의적 입장에 서 있는 가족요법들은 현실에 하나의 형식, 구조, 혹은 체계를 투여한다는 구실로 이질적인(돌연변이적인) 성분의 침입을 금지하려고 한다. 그러면서도 실은 주변인들에 대해서는 보호나 구조라는 명목으로 개입하여 지배를 강화하고 있다. 일상 투쟁의 문제로서 마약문제를 다루면서 가타리는 경성마약과 연성마약을 구분한다. 월드컵이나 박세리 골프, 박찬호 야구 등과 같은 연성마약과 스탈린주의 같은 집단적인 경성 마약이라는 상을 그리면서 마약문제를 생체의학적인 문제에서 주체성의 문제로까지 끌고 간다. 더 나아가 (주로 마약중독자를 중심으로 한) 마약문제를 경찰이 개입한다든가 해서는 결코 해결할 수 없다고 본다. 굉장한 경제기계가 작동하도록 돕고 있는 경찰의 마약금지에 대해서 마약의 무료 배급을 통해 그 경제기계를 깨고, 나아가 몸을 망치는 마약이 아닌 다른 대체물들로 바꾸어나갈 것을 권장한다. 물론 당사자들의 자율성을 근거로 해서 말이다.

이처럼 가타리는 일상적인 욕망을 억압하지 않고 발산함으로써 새로운 욕망 형태와 새로운 관계들(배치)을 만들어갈 수 있다고 본다. 그리고 이러한 새로운 욕망 형태를 집단적으로 자율적으로 실천하는 것은 권력으로부터 탈주하는 것이고 새로운 되기(생성)로 나아가는 것이라고 본다.

---

20 1930년대의 파시즘에서처럼.

3. 분자혁명의 방향

1) 투쟁 방향: 탈주와 되기(생성)

이상과 같은 '분자혁명'이란 제안은 역능의 구성으로서 새로운 구성권력을 만들어가려는 시도이다. 지배장치화하지 않는 결집방식, 지배장치에 물들지 않는 주체성의 생산, 이를 위한 새로운 기계의 설립. 이러한 것은 곧바로 국가권력과 충돌한다. 큰 움직임만이 국가권력과 충돌하는 것이 아니라 국가권력의 작동방식을 바꾸는 움직임이면 크거나 작거나 국가권력과 격렬하게 충돌한다.

가타리는 자신의 경험과 연관하여 정신병원에서의 탈주의 실험들을 소개한다. 가타리가 예로 들고 있는 탈주의 시도들은 작은 집단들 속에서 자율성을 실행하는 것으로 나타난다. 사회에서 가장 주변적인 사람들 속에서 나타나는 다양한 자율적 실험은 그 자체로 국가권력으로부터의 탈주인 것이다. 거창하게 국가와 싸우는 것이 아니라 내부의 욕망지대에 일상 속에서 자율적으로 자신들이 원하는 것(다른 것)을 만들어가는 것일 뿐이다. 그러나 이것은 기존의 권력구성 방식(선거를 통한 대표제 만들기와 장치에 의해 지배하기)에 대립되는 것이며 그렇기 때문에 기성 권력으로부터 엄청난 탄압을 받는 것이다.

그런데 이러한 탈주에서 중요한 것은 특정 모델로 환원하거나 특정한 틀에 막혀버리지 않는 것이며, 새로운 것을 실험하고 새로운 관계를 만들어나가는 것이다. 즉 되기, 생성을 향해서 나아가는 것이다.

오늘날 많은 세력이 민중 에너지의 해방, 모든 종류의 억압된 소수자들의 소수자적 욕망의 해방을 향해 나아가는 경향이 있고, 그에 저항하기 위해 기존 권력은 억압 구조들을 강화해간다. 그러나 권력은 반드시 대규모의, 또는 눈에 드러나는 억압형태를 행사할 수는 없다. 그렇다고 억압이 완화된 것은 아니다. 오늘날 너무 분명한 억압 형태는 받아들여지기 어렵기 때문에, 권력은 외적인 강압보다는 내재화할 수 있는 더욱 철저한 방식을 적용한다. 즉 일종의 파시즘의 소형화를 추구한다. 이와 관련하여 학교 · 감옥 · 법정 등과 같은 시설, 또 가족이나 조합 등과 같은 제도들은 그런 소형화된 억압 형태를 주입하는 중요한 시설들이 된다.

그렇다고 국가권력을 장악하여 이런 시설들을 파괴하고 '옳은' 방향으로 다시 건설하면 될까? 가타리는 이런 전통적인 방식을 비판한다. 그런 시설이나 제도 등을 파괴한다고 해서 억압을 없앨 수는 없다고 생각한다. 그런 시설들이나 제도들과 함께 움직이는 욕망대사 운동을 사회적인 장에서 드러내도록 하는 것이 필요하며, 이것은 행동이나 시설이나 제도의 수준에서 이루어지는 것이 아니라, 해방[자유화]을 향해 나아가는 인간과 기능과 경제적 사회적 관계의 배치(새로운 삶의 방식)에 의해서 가능하다고 주장한다.

이런 관점에서 봤을 때, 혁명이란 모든 소외—노동자의 소외, 여성이나 어린이나 성적 소수자 등의 소외, 색다른 형태의 감성 혹은 소리나 색채나 사상의 기호(嗜好)의 소외 등—관계를 폐절하는 문제이다. 그 위에서 관련 당사자들의 직접적이고 집단적인 책임을 기반으로 한 새로운 관계들을 만들어가는 것이다. 새로운 흐름, 새로운 기계들을 통해 혁명은 그 어떤 영역에서도 먼저 욕망의 에너지를 해방시켜야 가능하게 된다. 그래야 기존의 지층화를 관통하는 연쇄반응을 일으켜, 현재의 사회를 유지하고 있는 권력구성체를 변혁하는 불가역적인 과정을 촉진할 수 있다는 것이다. 이제 가타리의 논의는 제도들 속에서 형성되는 주체성을 다르게 만들기, 즉 되기(생성)를 향해서 나아간다.

2) 투쟁수단

가타리는 1970년대 말 이탈리아 사회운동에 적극적으로 개입하고 많은 관심을 가졌다. 국가폭력과 테러리즘의 동반상승 속에서 가타리는 이탈리아 국가권력의 탄압에 저항하는 운동을 벌인다. 특히 그 과정에서도 가타리는 1977년 볼로냐회의 이후 새로운 정치로 방향전환이 진행되고 있음을 강조한다. 이탈리아공산당이 제시하는 대(大)정치가 아니라 다양한 주변인, 소수자들을 포괄하는 대중이 전개해나가는 '분자혁명'을 강조한다.

특히 당시에 성행하던 테러리즘에 대해 비판하면서, 또한 권력의 탄압에 대해서 분석하면서 강경한 탄압과 부드러운 억압을 구분한다. 물론 가타리는 양자는 상보적인 관계에 있고 그 목표는 대중을 틀 짓고 또 대중이 그 틀에 최대한 참여하도록 정비하는 것이라고 강조한다. 이러한 상황에서 혁명은, 주체성에 개입하는 즉 어떤 모델을 주입하고 인민대중을 불구화시키고 행동 구석구석까지 감시하려는 부드러운 억압을 철저하게 변형시키는 주체성 혁명이 없이는 가능하지 않다고 한다.

그리고 국가폭력에 대항하는 테러리즘이 결코 분자혁명을 촉발시키는 것이 아니라 억제한다는 것을 가타리는 누누이 밝히고 있다. 물론 1970년대 이탈리아나 독일 등에서의 좌파 테러리즘에 대해 인민대중의 지지여부에 따라 단선적으로 정당성 여부를 따질 수는 없다고 본다. 가타리는 국가폭력과 닮아가는 테러리즘을 비판하면서 색다른 방식을 모색해야 한다고 주장한다. 국가권력의 지배는 소형화 · 분자화해나가고 있으므로 그에 대항하는 다양한 투쟁방식을 개발해야 한다는 것이다. 폭력을 도덕적으로 비난하거나 인민대중의 지지를 받지 못한다고 부정하는 것이 아니라, 전체 운동, 전체 변혁과 어떻게 연결시켜갈 것인가를 고민해야 한다고 지적한다.

나아가 주체 문제와 관련하여 가타리는 선진국 내부의 제3세계화를 지적하면서 광범한 주변층들의 출현에 주목하였다. 이러한 전형적인 '현대의 빈곤' 상황은 사회 전체의 커다란 변화 없이는 나아지지 않을 것이라고 판단한다. 그리하여 가타리는 표준적 사회관계에서 배제된 주변층들을 포괄하는 혁명으로서 분자혁명의 필요성을 제기하는 것이다.

또한 아우토노미아 운동으로서 제시되었고 자신도 열심히 참여했던 민중적 자유라디오에 대한 분석에서, 가타리는 국가기구나 독점체들이 지배하는 초집중적 방향으로 나가는 거대 매체가 여론을 형성하고 대중의 태도나 무의식적인 가치도식을 지배규범에 적응하도록 강화하고 있는 것과는 반대로, 매체의 집단소유로 나아갈 수 있는 소형화 방향으로서 소형매체는 광범한 대중뿐만 아니라 소수자, 주변인, 모든 종류의 일탈자들에도 적합한 소통수단을 제공한다고 지적한다. 이러한 민중적 자유라디오에 의한 소형매체의 색다른 사용은 자율운동의 실질적인 투쟁수단이 된다고 본다.

가타리는 또한 기존의 자본주의 분석에 기호화 양식을 통한 자본의 자기실현과 지배라는 문제를 부가하고 있다.[21] 노동시간 단위로 착취를 설정한 마르크스를 비판하면서, 자본가는 시간이 아니라 복잡한 질적 과정을 강탈한다고 본다. 기계노동이 인간노동을 점점 더 대체해가면서 자본주의는 달라진다. '자본주의적 착취는 인간을 기계로 다루며, 계량주의적인 양식에 기초하여 인간을 기계로 보고 임금을 지불하게 된다. 그러나 착취는 거기에만 머무르는 것은 아니다! 자본가는 자본의 저울로 달 수 있는 다른 많은 잉여가치나 이윤을 추출하기도 한다. 자본주의는 피착취자에게 뒤떨어지지 않게 "사회적인 것"에 관심의 눈을 돌린다.'[22] 이러한

21 가타리, 윤수종 옮김, 『욕망과 혁명』, 문화과학사, 2004.

22 가타리, 윤수종 옮김, 『욕망과 혁명』, 문화과학사, 2004, p. 295.

가타리의 분석은 네그리의 분석과 일맥상통한다.

'자본은 전에는 마르크스가 "한 국가의 사회적 자본"이라고 부른 것을 기점으로 해서 움직였지만, 지금은 세계적으로 통합된 자본을 기점으로 해서 움직인다'는 인식 위에서 가타리는 통합된 세계자본주의라는 상을 제시한다. '자본은 항상 경제 · 과학 · 기술 · 풍속 등 모든 영역의 탈영토화 움직임에서 구성되어왔다. 기호적 존재로서 자본은 전반적인 기술적 · 사회적 변화에 체계적으로 접목되어, 그것을 도표화하여 권력구성체 안에 재영토화한다. 그리고 자본주의는 임금노동자를 그 노동시간뿐 아니라 "여가"시간도 착취하는 데 그치지 않고, 임금노동자가 자신의 행동반경에 집어넣는 사람들—임노동자에 딸려 있는 비임금 노동자 혹은 친지, 아내, 어린이, 노인 등 여러 가지 보조를 받고 있는 사람들—을 착취하기 위해 그 대리자로서 임금노동자를 이용하기도 한다.'[23] 이러한 자본의 변화는 산노동과 생산수단이란 기본조건만으로는 설명하기가 어렵게 되었다. 가타리는 자본의 기술적 구성을 생각할 때, 산노동(노동력)과 생산수단에, 자본주의적 권력구성체와 국가적 · 준국가적 기구 및 시설의 네트워크와 미디어를 중요한 구성요소로서 추가한다.

이러한 분석에 입각하여 가타리는 자본이 전과는 다르게 주체들을 소외시키고, 특히 소형화 기술을 통해 인간을 내부에서부터 지배해나간다고 본다. 자본은 기계를 통해 사회구성원들을 다양하게 분화시키고, 자신의 권력적 공리계 및 기술적 요청에 기초하지 않는 모든 범주를, 폐지하지 않을 정도로까지 소거하여 무력화시킨다는 것이다. 자본은 그 연쇄체계의 끝에서 남자 · 여자 · 어린이 · 노인 · 연금생활자 · 빈민 · 육체노동자 · 지식인 등을 '재발견'하면 자기 자신의 지표에 따라 그들을 재정의

23 가타리, 윤수종 옮김, 『욕망과 혁명』, 문화과학사, 2004, p. 296.

하며, 스스로 그들을 재창조하려고 한다. 여기서 가타리는 혁명은 분명한(드러난) 정치적 수준에서 파악될 뿐만 아니라 욕망의 변화, 과학기술이나 예술 등의 변화라는 훨씬 분자적인 차원에서 일어나기도 한다는 것을 지적한다.

지배국들에서는 보장노동자와 비보장노동자로 계급적대가 재편되며, 국제적 노동분업도 재편된다. 국제적인 하위분할이 진행되면서 미디어를 축으로 한 기호화 양식에 의한 소형화된 억압이라는 새로운 형태의 파시즘이 세계적으로 확산될 것으로 판단한다.

가타리는 이러한 자본주의의 변화를, 통합된 세계자본주의(네그리는 제국이라고 한다)가 안정화되고 공고화될 가능성과 특이한 욕망을 꽃피우는 주변집단 · 소수집단 · 자율운동의 가능성이라는 양자를 대립시켜 분석한다. 그리하여 자본의 전지구화 경향에 대한 반대 움직임으로써 주변집단들의 증식을 통한 변혁 가능성에 주목한다.

이러한 그림 속에서 가타리는 사회혁명이자 욕망혁명인 분자혁명이 계급투쟁의 발전 위에서 더욱 전진해나갈 것이라고 주장한다.

제5장

분자혁명론

2008년초 모 좌파정치그룹에서 당을 만들기 위한 예비모임을 했는데 성원들의 참여 부족으로 모임 자체가 성립되지 않았다는 이야기를 들었다. 이러한 상황은 혁명운동의 조직모형과 관련하여 제기되어왔던 레닌주의(집중제)와 무정부주의 라는 두 극단적인 모형이 붕괴했다는 가타리(와 네그리)의 주장을 생각나게 한다. 하지만 현실사회주의가 붕괴한 이후 최근 들어 남미에서는 좌파정권이 들어서고 있다. 이들은 정당 형태로 권력을 장악해갔는가? 아니면 색다른 실험을 하고 있는가? 레닌주의적이고 대표제적인 모형이 여전히 유효한가?

집중제 속에서 언제나 국가주의 모형의 복제품을 발견하면서, 대의제적 양도라는 헌법(구성)적 모형들을 되풀이하는 모든 것을, 그리고 정치적 의지가 형성되는 수준들과 그것이 집행되고 운영되는 수준들 사이의 단절을 되풀이하는 모든 것을 거부하자는 가타리(와 네그리)의 선언적 제안은 너무 앞서가는 것인가?[1]

1 가타리 · 네그리, 조정환 옮김, 『자유의 새로운 공간』, 갈무리, 2007, pp. 127~128.

이와 관련하여 가타리는 집중제를 일방적으로 폐기처분하기보다는, 이해관계에 근거한 기존의 계급투쟁(몰적 투쟁)을 다양한 사회투쟁(분자적 투쟁)과 결합해가면서 장기적이고 복합적이며 누적적 혁명과정(분자혁명)을 이루어나가자는 새로운 제안을 한다. 앞 장에서 설명했지만, 여기에서 그의 분자혁명론을 지배체제의 변화와 그에 대한 대응이란 측면에서 다시 제시해보겠다.[2]

1. 통합된 세계자본주의와 지배방식의 변화

1) 통합된 세계자본주의

가타리는 최근 네그리와 하트가 제시한 제국 개념[3]에 앞서 거의 내용이 비슷한 '통합된 세계자본주의'라는 개념을 현실사회주의가 실존하던 1970년대 말부터 제시하였다.

가타리에 따르면 정치와 경제, 자본과 국가는 이제 완전히 통합되었다. 노동의 공격에 대응한 자본주의적 재구조화는 한편으로는, 국민경제들의 국제적 통합이 점차 세계적 규모에서 이루어지고 그것들을 다중심적이고 계획된 통제 기획 안에 종속시키는 방향으로 전개되었다. 세계시장의 통일성을 조정하면서도 그것을 의사(疑似)국가주의적인 성격을 지닌 생산적 계획, 금융적 통제, 정치적 영향 등의 수단들에 종속시키는 이러한 지배 모습을 통합된 세계자본주의(capitalisme mondial intégré)라고 한다. 또한

---

2 필자는 이미 분자혁명론에 대해서 「분자혁명과 투쟁방향」, 『비판』 3호, 1998과 「욕망과 혁명」, 『마르크스주의 연구』 6호, 2006에서 제시한 바 있다(이 책의 4장). 여기서는 1980년대 초반 가타리의 대담들에서 한 주장을 중심으로 재구성해보았다.

3 네그리 · 하트, 윤수종 옮김, 『제국』, 이학사, 2002.

자본주의적 재구조화는 다른 한편으로는 생산양식을 그리고 그 생산양식과 연관된 집단적 노동력을 구성하는 것을 목표로 한다. 이러한 탈영토화와 통합(집단적 노동력 구성)은 사회적인 것을 자료 형태로 바꿈으로써, 즉 사회의 철저한 컴퓨터화[정보화]의 기반 위에서 촉진된다. 이리하여 착취는 이윤창출기제들에 대한 통제를 확대하면서 사회의 전영역에 걸쳐 확장되어나갈 수 있게 되었다.

통합된 세계자본주의의 하위분절들인 국가권력은 스스로에 고유한 수단에 의해서 강화될 뿐만 아니라, 조합이나 좌익정당들, 혹은 사회보장제도나 집단적 시설, 대중매체 등을 스스로의 권력지대 속에 끌어들임으로써도 강화된다. 이렇게 하여 국가권력은 전체주의 체계에 가까워지고 있다. 국가에 의해서 텔레비전이나 라디오, 대중매체의 믿기 어려울 정도의 식민화가 진행되고 있다.

'통합된 세계자본주의' 형태 아래에서 자본주의는 더 이상 단순히 임금제도를 통해서 경제적 가치나 잉여가치를 추출하는 방식이 아니다. 자본주의는 본질적으로 어떤 유형의 사회적 분할이나 사회적 차별을 강화하기 위하여 권력을 추출하려는 체계이다. 임금제도라는 경제적 수단은 자본주의의 개입 수단의 하나에 불과하며, 그 이외에 성차별, 인종차별, 연령차별, 지식이나 교양을 지닌 사람과 그렇지 않은 사람의 차별을 작동시키는 다른 많은 요소가 있다. 오늘날 자본주의는 자동차 생산이나 대규모 공업을 통한 잉여가치만이 아니라 대중매체에 의한 생산, 리비도의 조형이나 사회적 '틀짜기'를 위한 시설에 의한 생산에 관심을 기울인다. 다시 말해서 대중매체를 시작으로 하는 문화에 관한 모든 것(주체성생산)에 관심을 보이고 있다.

자본주의의 문제는 이제는 보다 많은 노동력을 추출하여 착취하는 것이 아니다. 그러한 점에서는 문제는 해결되었다. 이제 문제는 권력구성체에 의한 통제의 강화를 보증하는 것이다. 오늘날 모순은 임금문제라든가 노동시간 문제 혹은 잉여가치론에서 말하는 노동력 착취라는 문제를 넘어서고 있다. 일본이나 독일이나 EU(유럽연합)에서는 임금을 두 배로 올리고 노동시간을 절반으로 하는 것이 상상 가능한데, 그렇다고 해서 자본주의가 사멸하지는 않는다.

2) 강경한 탄압과 부드러운 억압

통합된 세계자본주의의 이러한 지배에 대항하려는 관점에서는, 통합된 세계자본주의가 이용하는 통제형식(테러와 굶주림)들의 새로움을 주목해볼 필요가 있다. 테러와 억압의 전략들은 더욱더 횡단적이고 치밀하며 돌발적으로 되는 경향이 있다. 또한 통합된 세계자본주의는 분자적 억압과 함께 노동자를 보장노동자와 비보장노동자로 분리하여 공포를 소통시켜 지배한다.[4]

1970년대 말 유럽에서 반동적인 흐름이 나타났다. 특히 이탈리아에서는 경찰력을 구사한 가혹한 탄압이 등장하였다. 이러한 현상은 세계 곳곳에서 반복되고 있다. 그러나 현실에서는 부드러운 사회적 통제체계와 기존의 민주주의적 체제—개인의 인권을 보장하는 일정한 법적 수속에 근거한 사법의 독립체계—를 일소해버리는 강경한 탄압체계가 공존한다. 이것은 통합된 세계자본주의의 진전에 동반하는 일반적 현상이다.

그러면 국가(제국 · 정부)는 왜 군대 · 경찰력 등을 사용한 강경한 탄압기술을 사용해야 하는가? 자본주의의 노동자계급 착취라는 문제를 넘어서서 이제 진정한 문제는 몇 천만 명의 인간이 굶어죽으며, 수십(수백)만 명이 몰살당하며, 여성이 억압적인 상황에 놓여 있으며, 젊은이가 미래에

4 가타리 · 네그리, 조정환 옮김, 『자유의 새로운 공간』, 갈무리, 2007, p. 87, 88, 95.

대한 희망을 가지지 못하며, 이 체계가 부조리하다는 것이다. 통합된 세계자본주의의 권력이 작용하는 것은 바로 이러한 부분에까지 걸쳐 있다.[5] 체계에 순응하는 사람들은 부드러운 억압으로 진정시키고 체계에서 벗어나려는 사람들은 절멸시키는 방식이 성행하게 된다.

따라서 '강경한 탄압(혁명적 극좌파의 변호사나 구금자 등을 육체적 · 정신적으로 파괴하는 식의 탄압, 국가테러, 전쟁)과 부드러운 억압(주민을 대중매체를 사용하여 정신적으로 마비시키는 혹은 지구별 정신의료기술, 가족생활의 심리학화, 학교에서의 교육적 통제방법의 개발, 여가나 상업스포츠에 관한 일정한 관념 등에 의해서 주민을 통제하고 틀 짓는 억압)'을 분리할 수 없다.[6]

게다가 '억압은 부드러워지고 더욱 분산되며 더욱 일반화되지만 동시에 훨씬 더 폭력적이다. 굴종하고 적응하며 조종할 수 있는 모든 이들에 대해서는 경찰의 개입이 줄어들 것이다. 경찰청에는 더 많은 심리학자들이, 심지어 정신분석가들조차 있을 것이다. 더 많은 공동체요법이 사용될 것이다. 개인적인 문제나 부부간의 문제는 어디서든 이야기될 것이다. 억압은 더욱 심리학적으로 이해될 것이다. 매춘행위가 인정되어야 할 것이며 라디오에서는 약물상담자가 등장할 것이다. 간단히 말하면 용인하고 이해하는 전반적인 분위기가 있을 것이다. 그러나 이런 포용을 벗어나는 범주들과 개인들이 존재한다면, 인민들이 일반적인 감금체계를 의문시하려 한다면, 그들은 절멸당하거나 그들의 인성은 절멸당할 것이다. 스키너식의 조건화가 어디에서나 사용될 것이다.'[7]

이제는 눈에 보이는 명백한 탄압방식(가끔 필요할 때 절멸이 사용된다)보다는 부드러운 억압이 주요한 지배방식이 되고 있다.

---

5 가타리, 「분자적 무의식과 혁명」, 윤수종 편역, 『가타리와의 대화』(미출간), 2007, pp. 2~5.
6 가타리, 윤수종 편역, 『욕망과 혁명』, 문화과학사, 2004, p. 206.
7 가타리, 윤수종 편역, 『욕망과 혁명』, 문화과학사, 2004, pp. 213~214.

3) 기호적 예속

부드러운 분자적 억압은 기호적 예속과 기호적(자동기계적 · 분자적) 제어를 통해 작동한다. 통합된 세계자본주의 아래에서 '예속화는 쉽게 조작할 수 있는 전지구적 개인들, 주체적 표상들을 끌어들이는 데 반해서, 자동기계적 제어는 층화된 사회적 관계들 속에 고정하기 매우 어려운 욕망의 분자적 경계에 따라 개인 내부적, 사회 내부적인 요소들을 배치한다. 이처럼 지각적 기능, 정서, 무의식행동 등을 직접 작동시킴으로써 자본주의는 사회학적인 의미에서 노동자계급의 노동력 및 욕망의 힘을 훨씬 능가하는 힘을 점유한다.'[8]

'새로운 전체주의적 질서의 행동수단은 단지 권력의 도구로서만 작동하는 것이 아니라, 오히려 노동력의 양성, 각 개인의 모델화, 특정한 생활양식의 부과에 기여하는 모든 요소를 통해 작동한다. 즉 학교, 상업적 스포츠, 매체, 광고, 모든 종류의 서비스기술(사회서비스, 대규모 정신분석, 문화프로그램 등)에서 작동하는 복수의 기호적 예속체계를 통해 작동한다.'[9]

'자본주의가 기호적 예속을 확보하는 가장 좋은 방법은 욕망을 선형적인 방식으로 코드화하는 것이다.' '권력은 모든 개인적 기호화양식에 침투하고 개입한다. 오늘날 그 침투와 개입은 경찰이나 물리적 억압의 명시적 사용에 의한 직접적 예속을 통해서보다는 기호적 예속을 통해서 더욱 진전한다. 자본주의 권력은 개인의 모든 태도에, 인식 · 신체 · 어린이 · 성 파트너 등과의 개인적 관계에 미시파시즘을 주입한다.'[10]

이러한 구도 속에서 자본주의적 주체성을 생산하려는 통합된 세계자본주의의 시도에 맞서서 색다른 주체성을 생산하려는 분자적 움직임이라는

---

8 가타리, 윤수종 편역, 『욕망과 혁명』, 문화과학사, 2004, p. 220.
9 가타리, 윤수종 편역, 『욕망과 혁명』, 문화과학사, 2004, p. 333.
10 가타리, 윤수종 편역, 『욕망과 혁명』, 문화과학사, 2004, p. 262, 265.

운동의 방향을 제시할 수 있다. 자본주의 체계에 대항하는 투쟁을 이끌 수 있으려면, 자본이 근거하고 있는 모든 기호적 침투에 대해 철저히 이해한 채 부르주아권력에 대항하여, 부르주아 착취체계 및 제도에 대항하여 가시적인 투쟁을 결합해냄으로써만 가능하다.

특히 기호의 분자적 작용을 파악해내야 한다.[11] 가타리는 분자적 과정을 몰적 과정과 대비시켜 설명한다. 이 과정을 주체적 움직임으로 이해하기 위해서 가타리는 복수성 개념을 들고 나온다.

그에 따르면 '복수성'(multiplicité) 개념은 '분자적 복수성'과 '몰적 복수성'이라는 두 가지 의미(방향)로 나눌 수 있다. 복수성 개념을 사용하는 것은 주체/객체라는 개념 쌍에서 벗어나려는 것이다. 주체/객체라는 개념 쌍은 복수성 개념과 달라붙어 있지만 복수성은 주체도 객체도 아니다. 주체와 객체의 분할 이전에 무엇인가가 존재하며, 중요한 것은 주체화의 위치, 현실의 주체화가 어떻게 확립되는가를 이해하는 것이다. 또 사회적인 배치, 인간적인 배치는 어떠한 방식으로 현실과 접속하는가를 이해하는 것이다.

그러면 복수성의 몰적 과정을 살펴보자. 도식적으로 말하면 모든 소통장치를 통하여 표상체계, 기표도식, 우회체계가 만들어지면, 이 표상의 지시 대상의 위치가 결정되고, 주체가 등장하고, 정보나 표상을 자본화(축적)하고 기억하게 된다. 주체는 더욱이 이 자본화에 따라서 스스로의 관계들을, 스스로의 세계를 조직해간다. 그것은 말하자면 전제군주나 예수그리스도 혹은 대표자의 화신이기도 하다. 그러나 당연히 거기에 계속 멈추면 난국에 빠진다. 왜냐하면 전제군주는 아주 무력해지고 표상은 아이콘처럼 무언가 관조의 대상에 지나지 않는 것으로 되어 현실과의 접점

11 가타리, 윤수종 옮김, 『기계적 무의식』, 푸른숲, 2003.

을 상실하기 때문이다.

이것과는 다른 유형의 과정, 복수성의 분자적 과정이 등장할 때, 비로소 무언가의 작용, 현실과의 접속, 변화가 생긴다. 표상과 대비되는 개념으로서 분자적 과정을 설명하기 위해서는 도표적 표현을 제시할 수 있다. 사이버네틱스적인 자동제어의 간단한 예를 들어보자. 보통 당신은 차를 운전하면서 차의 기능에 사이버네틱스적으로 종속되어 있다. 즉 당신은 반사신경 · 지각 · 도로로부터 받아들이는 신호 하나하나가 무엇인가를 생각하지 않은 채 운전한다. 당신은 당신이 어떻게 해야 할까를 마음속에 생각하지 않는다. 물론 생각나지 않는 신호가 당신을 각성시키기도 한다. 그리고 그 경우에는 피드백 체계, 기호적 제어체계를 바꾸기 위해 표상이 개입하기도 할 것이다. 그러나 통상적으로 기능하는 경우에 그것은 복수성의 분자적 과정의 차원에 속한다. '창근 씨, 자, 손을 변속장치 위에 놓으세요'라고 하는 주체는 존재하지 않는다. 그것은 당신이 아직 운전을 알지 못할 때 강사가 '발은 이쪽에 두고, 이것을 하고 저것을 하고'라고 하는 이야기와는 다르다. 혹은 당신이 정신병자가 되어 계단을 오를 때 '나에게는 다리가 있을까, 다리의 상태는 좋을까'라고 자문할 때와는 다를 것이다. [정신병자는] 그러한 자문을 하고 쓰러져버린다. 당신이 보통 걷고 춤출 때 당신은 아무것도 생각하지 않고 그렇게 한다. 당신은 하나하나 당신의 발이나 그 움직임을 마음속에 그리지는 않는다. 도표적인 도식을 지닌 채 그에 따라 자동제어 기계처럼 움직인다. 이것이 분자적 과정이다.

그래서 이 두 가지 유형은 기능방식에 따라 구별할 수도 있다. 몰적 과정은 표상적 기능으로 거기서는 기호가 어떤 코드, 표상적 아이콘, 기의를 참조하면서 기능한다. 그에 반해 분자적 과정은 도표적 기능으로 거기서는 기호가 주체나 표상의 매개를 거치지 않고 기능한다.[12]

이러한 분자적 제어과정에까지 침투하는 지배의 작용에 대해서 어떻게 다른 것을 만들어갈 수 있을까? 이러한 문제의식에서 제출된 혁명론이 분자혁명론이다.

2. 분자혁명

1) 몰적 투쟁과 분자적 투쟁

이러한 몰적 과정과 분자적 과정에 대한 인식을 자본주의에 대항하는 투쟁과 관련해서 적용할 수 있다. 자본주의 공간 속에서는 다음과 같은 두 가지 형태의 근본 투쟁을 볼 수 있다. 하나는 고전적 의미에서 경제적 사회적 조합적 이해투쟁이고, 다른 하나는 욕망투쟁, 일상생활 및 환경에 대한 문제제기와 함께 분자혁명의 틀에서 일어나는 자유와 관련한 투쟁이다.

이해투쟁, 즉 생활수준의 문제는 본질적인 모순을 담지한 채 있다. 이해투쟁을 저평가한다는 것은 생각할 수 없다. 그러나 전지구적 전략이 없으면 그러한 투쟁은 항상 통합된 세계자본주의의 공리계에 의해 회수되고 통합될 허점을 보인다고 할 수 있다. 이제 이해투쟁은 그 자체로는 현실적인 사회변혁으로 나아가지 않는다. 사람들은 더 이상 1848년, 파리코뮌(1871년), 러시아에서의 1917년 형태와 같은 대결을 하지 않을 것이다. 더 이상 새로운 사회 형태의 재규정에 착수하는 계급 대 계급의 순수한 파열은 없을 것이다. 사람들은 전형적으로 대중매체에 의해 겁에 질리

12 가타리, 윤수종 옮김, 「정치와 정신분석을 둘러싸고」, 『가타리와의 대화』(미출간), 2007, pp. 31~32.

고 우둔해진 보수적인 대중 쪽에 있는 90%와 다소 반항하는 소수적인 사람들 쪽에 있는 10%로 나누어지고 있다.

그러나 다른 각도에서 즉 이해투쟁의 각도에서뿐만 아니라 분자적 투쟁의 각도에서 이 문제에 접근하면, 파노라마는 변한다. 언뜻 보아 규격화되고 살균된 이 동일한 사회적 공간들 속에서 나타나는 것은 일종의 세균학적인 사회적 전쟁, 더 이상 순전히 한정된 전선(계급전선 · 항의투쟁)에 따라서 확인되지 않는, 이해하기 어려운 분자적 전복 형태 아래에서 확인되는 어떤 것이다. 이러한 종류의 모든 바이러스는 이제 소비, 노동, 레저, 그리고 문화와의 관련 속에서 사회적 신체를 공격한다(자율축소, 노동 및 정치적 대표체계에 대한 문제제기, 자유라디오 등 욕망 분출과 관련한 투쟁들). 그리고 이러한 투쟁의 연장선상에서 예측 불가능한 결과들로의 돌연변이들은 계속해서 개인들 및 사회 집단들의 의식적 · 무의식적 주체성 속에서 드러난다.

물론 이러한 분자적 투쟁(분자혁명)이 남성 · 여성 · 동성애자 · 이성애자 · 어린이 · 어른, 그리고 모든 범주의 '자치주의자'들 사이의 일상적 관계에만 관계하지는 않는다. 분자혁명은 무엇보다도 생산적 돌연변이 그 자체에 개입한다. 사람들은 새로운 국제적 노동분업에 의해서, 정보혁명에 의해서 작동된 정신과정의 핵심에서 분자혁명을 발견할 것이다.

이것은 이러한 분자혁명이 자동적으로 통합된 세계자본주의에서 해방된 사회 · 경제 · 문화를 만들어낼 수 있는 사회혁명의 담지자라는 것을 의미하지는 않는다. 민족사회주의[나치]를 발효시키는 데 기능한 분자혁명이 이미 있지 않았던가? 이러한 형태의 변혁의 쟁점은 본질적으로 분자적 변혁을 정치적이고 사회적인 이해투쟁과 접합할 수 있는 혁명적인 배치들의 능력에 달려 있다. 그러한 접합 없이는 모든 욕망의 돌연변이, 모든 분자혁명, 자유의 공간을 위한 모든 투쟁은 결코 대규모 사회경제적 변혁으로 연결되지 못할 것이다.

그러므로 통합된 세계자본주의(제국) 속에서 분자혁명들, 유럽에서 계급투쟁들, 제3세계의 해방투쟁들의 효과들을 집적하는 방향으로 작동하는 새로운 조직형태들을 어떻게 '발명'하는가? 하는 것이 최대 과제이다.

분자혁명에서는 그 구성요소들 각각의 자율성과 특이성에 대한 존중을 절대적 전제로 한다. 물론 그 각 구성요소들의 감각, 그들의 의식수준, 그들의 행동리듬, 그들의 이론적 정당화는 일치하지 않는다. 각 구성요소들을 일치시키려고 해서는 안 된다. 다양한 투쟁분절들의 특이성과 이질적 특성들에 대한 존중이 전제되어야 한다.

그리고 분자혁명을 강조하더라도 몰적 투쟁과 분자적 투쟁을 분리시키려는 것은 아니다. 오히려 사회적 무의식과 관련한 분석적 · 정치적 직업, 자유를 위한 새로운 투쟁형식들, 통합된 세계자본주의의 새로운 분절들에 의해 '비보장되고' 주변화된 복수의 사회적 범주들의 투쟁(욕망투쟁)들과 전통적인 사회투쟁(이해투쟁)들을 어떻게 결합시킬 것인가가 중요하다.[13]

1970년대 말 이후 가타리가 제기해온 이러한 분자혁명의 상(像)은 지금도 여전히 유효하다고 생각한다.

2) 욕망의 미시정치

기존에 정치에 관한 논의는 항상 대표제화 과정들에 집중되었다. 현실의 부르주아 대표제를 비판하면서도 여전히 대표제에 매여 있는 정치 논의를 변형시키기 위해서는 정치의 문제를 미시정치적 문제와 거시정치적

13 가타리, 윤수종 옮김, 「통합된 세계자본주의와 분자혁명」, 『진보평론』 26호, 2005년 가을, pp. 275~277.

문제로 나누어서 고찰하는 것이 필요하다.

거시정치적 현상, 예를 들면 부시와 사르코지, 혹은 아베라는 정치인들의 정책, 그들의 선거대책용 정책은 미시정치의 차원에서는 어떠한 효과도 지니지 못한다. 반대로 예를 들면 페미니즘 운동이나 동성애자 운동, 혹은 정신치료 대안운동과 같은 미시정치적 투쟁은 거시정치의 차원에서는 얼핏 보아 효과를 지니지 않는 것처럼 보이지만 한 나라 전체, 나아가서는 지구 전체의 수준에서는 상당히 광범한 효과를 지닐 수 있다.

그렇기 때문에 분자적 무의식에서의 미시정치적인 변화가 페르낭 브로델[14]이 말하는 '장기지속'적인 변화, 즉 역사적 차원을 포함한 상황 변화를 가져올 수 있다. 예를 들어 피임약 같은 미시적인 것이 세계 인구에 영향을 미칠 수 있다.[15]

그에 반해서 의외로 몰적 수준에서 정치적 · 사회적인 대규모 투쟁(거시정치)은 국지적인 사건이나 일에 그치며 사회조직의 실질적인 변화를 가져오지 못한다.[16]

그와 관련하여 학교나 가족은 엄밀한 의미에서는 미시사회지만 분자적 조직이라고 말할 수는 없다. 미시사회와 분자적 조직은 반드시 일치하지 않고 반대로 대중매체처럼 거대한 현상이 분자적 구조에 침윤하기도 한다. 거시적인 구조가 분자적인 기계적 작용을 실현하기도 하며, 권력구성체와 자본화가 분자적인 조직에 의해서 강력하게 작동되기도 한다.[17]

---

14 Fernand Braudel(1902~1985). 프랑스의 역사학자. 역사 연구에 지리학이나 경제학의 견해를 도입하면서 유럽역사의 심층부에서의 변화를 밝혔다.

15 가타리, 윤수종 옮김, 「일반개념=보편주의를 넘어서」, 『가타리와의 대화』(미출간), 2007, pp. 81~82.

16 가타리, 윤수종 옮김, 「분자적 무의식과 혁명」, 『가타리와의 대화』(미출간), 2007, p. 3.

17 가타리, 윤수종 옮김, 「분열분석의 방향으로」, 『비판』 3호, 박종철출판사, 1998, pp. 188~189.

여기서 미시정치의 문제—사회적 장 안에서 욕망구성체의 분석이란 문제—는 몰적인(커다란 사회적 차이들의) 수준이 분자적인 수준과 교차되는 방식에 관심을 갖는다. 현실에서 사회투쟁은 몰적인 동시에 분자적이다. 따라서 분자적인 것과 몰적인 것 간의 대립이란 함정이다. 미시/거시 대립과 교차시키려고 하는 것이 중요하다. 과정으로서 분자적인 것은 거시적인 것 속에서 싹틀 수 있으며, 몰적인 것은 미시적인 것 속에 자리 잡을 수 있다. 몰적인 것과 분자적인 것을 작동방식의 문제로 파악하면서, 그러한 작동이 이루어지는 집합적 설비들을 고려해야 한다. 다시 말해서 주체성 생산이 이루어지는 설비들을 둘러싼 기계적 작동방식에 관심을 가져야 한다.

이러한 구도에서 모든 미시정치적 문제 설정은 특이화 과정을 배치하려는 것에 있다. 예를 들어 몰적 구도에서 페미니즘은 남성으로부터 자신의 분리를 보호하고 자신의 권리를 요구하고 그러한 종류의 것들을 제기하기 위해 이행강령을 가진 하나의 조직을 만들 수 있다. 그러나 동시에 분자적 수준에서 페미니즘은 페미니스트라고 생각되는 여성들에 관계할 뿐만 아니라 페미니스트가 아니라고 하는 여성들에게 접근하는 방식에도 관심을 갖는다. 더욱이 모든 남성들에게도 관심을 갖는다. 그 남성들도 여성되기에 몰두한다고 생각한다면 말이다. 문제의 페미니즘이 몰적인 준거들—성에 관한 자본주의적 이항대립, 그리고 투표형태—행위—경향 등—로 스스로 되돌아간다면 자신의 과정적 성격(특이화 기능)을 잃을 것이다.

따라서 미시정치적 분석은 몰적 벡터와 분자적 벡터라는 두 가지 차원이 항상 공존한다는 것을 인식해야 한다. 착취, 소외, 모든 종류의 억압에 반대하는 어떤 집단의 사회적 저항의 차원이 있고 동시에 그 집단의 문제 설정의 내부에 분자적 수준에서의 미시파시스트적 과정이 있다. 따라서 이러한 미시정치적 문제 설정은 유일한 준거 양식을 사용하지는 않는다. 오히려 복수성을 긍정하고 n개의 주체화 과정을 상정한다.

결국 미시정치적 문제는 우리가 어떻게 지배적 주체화 양식을 재생산하는가를 아는 것(그리고 그에 대처하는 것)이다. 공동노동집단(코뮌)이 몰적인 수준에서는 순전히 해방적인 행동을 취할 수 있지만 분자적 수준에서는 남근적 · 반동적 지도부라는 일련의 메커니즘 전체를 가지고 있을 수 있다. 교회는 그 행동에서 볼 때 사회적 대표제라는 가시적인 구조 수준에서, 정치적 · 종교적 등의 구조에서, 즉 몰적인 구도에서 접합되는 담론 수준에서는 반동적이고 보수적일 수 있다. 그러나 분자적 수준에서 신도들의 내부 관계와 목사(신부)와의 관계에서는 부드럽고 상호적일 수 있다. 즉 동시에 분자적 수준에서는 욕망 표현, 특이성 표현의 구성요소들(이것들은 반동적이고 순응적인 정치로 결코 나아가지 않는다)이 나타날 수 있다.

사회의 어떤 (거시 또는 미시) 수준에서 제시된 거대한 조직의 몰적 정치를 욕망경제의 문제 설정을 고려하는 분자적 기능에 대립시켜볼 필요가 있다. 몰적인 것은 나쁘고 분자적인 것은 좋다고 평가하는 것은 위험하다. 문제들은 항상 그리고 동시에 두 수준에 위치해 있다.

예를 들어 분자적 수준에서는 적을 확인하기가 어렵다. 몰적 구도에서처럼 적계급이 이런저런 지도자로 나타나지 않기 때문이다. 이 경우에 적은 우리의 친구 속에, 우리 자신 속에, 우리의 수족 속에, 문제가 다른 종류의 언표행위배치로 되돌아갈 때마다 구현되어 있는 어떤 것이다. 전투적 페미니스트들은 남녀 관계에서 소외를 벗어나려고 활동하지만 갑자기 자기의 아이나 자기 자신과의 관계에서 분명히 미시파시스트적인 행동을 하기도 한다.

따라서 민주주의는 정치사회적인 거대조직의 수준에서 표현될 수도 있지만, 개인과 집단의 주체성 수준에서, 모든 분자적 수준에서, 즉 새로운 태도 · 감수성 · 실천에서 공고화되고 일관성을 획득한다.

문제는 미시정치를 어디에나 퍼뜨리는 것이다. 개인 생활의 상투화된 관계 속에서 부부생활 · 애정생활 · 직업생활 등 모두는 코드들에 의해 안내된다. 새로운 실천 유형(색다른 코드)을 이 모든 장 안에 들여가는 것이 중요하다. 새로운 정치 유형을 만들어내는 새로운 분석 유형이 필요한 것이다. 오늘날 어떤 중요한 문제도 상이한 새로운 미시정치 위에서 주체성의 변화들에 연결되어 있다. 미시정치는 죄의식화의 모든 요소에, 주체적 장의 변화 과정을 가로막는 모든 것에 주의를 집중하고 공격할 필요가 있다. 그러한 죄의식화와 자본주의적 주체성생산에 대립하는 사회적 실험의 상이한 장 속에서 생산되는 변형 과정은 작을지라도 아주 거대한 변화의 시작이 될 수 있다.[18]

이처럼 미시정치적 문제 설정은 기존의 정치의 문제 설정과는 다르게 대표제 수준에 놓여 있는 것이 아니라 주체성생산 수준에 놓여 있다.[19] 이제 주체성생산을 둘러싼 움직임을 파악해보자.

3) 분열분석

주체성에 대한 탐색은 바로 정신분석에 의해 시작되었다. 물론 가족삼각형의 틀에 가두는 식으로(마르크스주의는 사회관계 재편이라는 문제 설정을 국가라는 틀 속에 가두어버린다) 욕망의 흐름을 해방한다는 리비도경제적 관점을 점차 상실해갔지만 말이다. 하지만 이러한 흐름에 반발하여 생체에너지의 해방(방출)을 통해 자율적 주체의 형성을 탐색한 라이히 같은 사람

18 Félix Guattari et Suely Rolnik, *Micropolitiques*, Les Empêcheurs de penser en rond/Seuil, 2007, pp. 179~190.

19 Félix Guattari et Suely Rolnik, *Micropolitiques*, Les Empêcheurs de penser en rond/Seuil, 2007, p. 41.

도 있었다.[20]

정신분석은 정신과 관련한 모든 것을 말(언어)의 문제를 중심으로 전개한다. 그럼에도 정신분석은 주체성의 새로운 대륙을 발견하였다. 정신분석가들은 꿈이나 실언, 행동 실수, 정신병, 유년기 심리, 신화에 관심을 가졌지만, 이러한 영역의 특수한 논리를 이해하고 탐구하기 위해서가 아니라 그것을 지배적인 이해양식, 지배적인 생활양식에 끌어다대려고 하였다. 정신분석은 의식에 대비되는 무의식의 넓은 바다가 있다는 것을 확인해주었지만 오히려 그 무의식의 내용을 가족소설에 얽어매려는 방향으로 나아갔다. 이러한 무의식 개념에 대항하여 가타리는 색다른 무의식론을 제기한다.[21]

가타리에 따르면, 사회적 영역에는 무의식 문제가 있다는 것, 그리고 이 문제는 단순히 정신과의사나 정신분석가라는 전문가에 관련될 뿐만 아니라 모든 사람, 예를 들면 지역이나 학교나 활동가 집단 등에서 스스로의 삶을 살아가려는 모든 사람에게도 관련된 문제임을 지적한다.

사람은 누구라도 무의식 문제에 직면해 있다. 예를 들면 당신의 신문이나 활동 집단에서 리더가 되는 사람이 다른 성원을 소외시킨다고 할 때, 혹은 남성의 남근적 행동이나 터부, 불안, 두려움 같은 일련의 문제가 생길 때, 당신은 일련의 심리학적 · 심리병리학적 주제에 직면해 있는 것이다. 그때 당신은 어떻게 해야 할까? 그것은 우리의 문제가 아니고 우리는 활동가다, 지도자다, 교육자다, 그러니 이러한 문제는 정신과의사나 정신분석가에게 맡기면 좋다고 하는 방향으로는 가지 않아야 한다. 이러한 문제는 바로 당신 자신의 문제이기도 한 것이다.

20 라이히, 윤수종 옮김, 『오르가즘의 기능』, 그린비, 2005.
21 가타리, 윤수종 옮김, 『기계적 무의식』, 푸른숲, 2003.

거기에는 단순히 인간적인 연대라는 의미뿐만 아니라 고도로 정치적인 이유도 포함되어 있다. 왜냐하면 만일 당신이 이러한 문제를 떠맡지 않으면 당신은 독단적 정치에 따르게 되며, 오늘날 누구보다도 주체성의 생산 장치로서, 대중매체나 집합적 시설을 사용한 주체성의 조직으로서 나타나는 자본주의의 기능을 절대로 이해할 수 없기 때문이다. 이제야말로 사회투쟁은 무의식의 주체성, 그리고 그것을 표적으로 삼는 모든 조작에 관련하는 이러한 문제들을 떠맡아야 한다.

이와 관련하여 대부분의 이론이나 기술이 사회 영역과 리비도 영역 사이에 일종의 분리를 계속 설정하고 있다. 정치경제와 리비도경제는 끊을 수 없는 상호작용의 관계, 리좀적 관계를 유지하고 있다. 대중매체화의 진전, 정보처리, 정보통신의 발달은 생산과 노동이 주체성의 생산이나 조종의 문제와 밀접하게 연결되어 있다는 것을 증명한다. 오늘날 노동은 완전히 대중매체화되고 정보화되어가고 있다. 즉 주체성의 문제는 끊임없이 생산 과정 내부에서 생겨나며 따라서 정치경제와 리비도경제는 더욱더 분리할 수 없게 된다.

이러한 인식 위에서 가타리는 '분열분석'을 제기한다. 먼저 그는 정신분석의 오이디푸스 개념을 파괴해야 한다고 강조한다. 오히려 사회를 관통하는 다양한 분열 과정이 있는데, 그것은 단순히 정신병리학의 문제가 아니라 창조의 문제이기도 하다는 것이다. 사람은 모든 상황에서 지배적 의미작용과 단절할 수 있다. 분열병자 속에도, 유년기 속에도, 창조 활동 속에도, 어디에나 분열 과정을 발견할 수 있다는 것이다.

이러한 분열분석의 목표는 '욕망의 흐름'을 해방하는 것이다. 욕망은 프로이트가 충동이라든가 리비도라고 부른 것과는 전혀 다르다. 사회든 기계든 우리를 둘러싼 모든 것에—당연히 살아 있는 것[생명]에도—다양한 기능양식이 존재한다. 프로이트가 말하는 일종의 항상성의 원리에 의존하는, 층상태를 이루면서 원시상태로 되돌아가려는 기능양식이 있는 한편, 프리고진의 표현을 빌리면 불균형적인 기능양식이, 평형계에서는 꽤 먼 비평형계의 기능양식이 있다. 욕망은 의미작용이든 구조이든 상황이든 어떤 것이든 그때까지의 균형이 단절되는 것, 그리고 이 단절이 파국을 불러오는 것이 아니라 증식 · 창조 · 새로운 가능성을 만들어내는 것이다.

모든 것이 불가능하다고 생각되는 곳에서 무언가가 창조된다. 욕망이란 그러한 것이다. 젊은 남자와 젊은 여자의 연애를 생각해보면, 그것은 부분대상(파트너의 특정 신체부위)을 소유하는 것이 아님은 분명하다. 어떤 영토를 획득한다는 것은 리비도의 작용으로 환원할 수 없다. 그것은 우선 무엇보다도 어떤 견고한 세계, 연애에서 말하자면 두 가지 견고한 세계에 그 직전까지 불가능하다고 생각된 것이 가능한 것으로서 출현하는 것이다. 그때 각각 가족이나 자아나 자신의 껍질 속에 갇혀 있는 두 사람이 무언가 다른 것의 출현, 다른 가능성의 출현을 본다. 이 가능성은 커플로 되고 결혼하는 것에 의해서 다시 폐쇄되고 회수되어버릴지도 모른다. 어쨌든 연애는 그때까지 보낸 생활과는 다른 가능성을 틈으로 살짝 엿보게 해준다. 그리고 연애와 함께 성이나 애무나 충돌이나 질투 등등의 문제가 생긴다.

욕망은 무엇보다도 이러한 다른 가능성의 세계의 발동이며 바로 그렇기 때문에 우리 모두의 문제이다. 욕망은 창조성이며, 체계의 변화, 구조의 단절이다. 동시에 정치적 · 과학적 · 사회적 · 실천적이기도 한 접근 대상이다.[22]

요약하자면 '욕망은 형식적인 잉여성에서, 권력구성체에서 벗어난다.

22 가타리, 윤수종 옮김, 「정치와 정신분석을 둘러싸고」, 『가타리와의 대화』, 2007, pp. 26~30.

욕망은 정보나 내용이 아니고 왜곡하는 어떤 것이 아니다. 욕망은 다른 형식들을 이탈시키고 변화시키고 수정하고 조직하며 그리고 나서 그 형식들을 버리는 어떤 것(배치 혹은 기호체제)이다.'[23]

욕망의 흐름에 대한 이러한 분석은 주체성의 생산과 변형에 관계한다. 결국 욕망분석(분열분석)은 인간주체의 탈영토화 과정을 탐색하려고 한다. 폐쇄하거나 틀 지우는 것이 아니라, 횡단적으로 개방하도록 하면서.

4) 주체성생산을 둘러싼 투쟁

모든 의미나 주체성의 현상을 은폐하고 정제하고 공동화하며 어디에서고 이원적인 관계에 있는 집합에 따르게 하고, 압력 · 벡터 · 힘이라는 상속에 이원화되고 이중화되고 벡터화된 관계에 종속시키는 사고방식과 결별해야 한다. 주체는 결코 그렇게 작동하지 않는다.[24]

이러한 이원화의 결과인 개인성 · 개인화는 항상 주체성의 복잡함을 축소하는 무엇이다. 개인을 단순히 전면적으로 스스로에게 책임을 지는 주체로서 파악하는 것은 항상 무언가 복잡한 주체성을 단순한 개인 주체로 축소시켜버린다.

이와는 좀 다르지만, 신사회운동론에서는 특히 주체 문제와 관련하여 정체성을 강조한다. 이해대립의 틀 속에서 계급을 주요한 주체로 인식해왔던 것에 대해서 일상생활과 다양한 차이들에 입각한 사회운동의 주요 주체를 설명할 때 정체성이라는 개념을 사용해왔다. 정체성은 소수자들이 주류 사회에 대항하여 자신들을 부각시키기 위해서 강조한 것이기도 하다. 여성운동, 성소수자운동, 성노동자운동, 장애인운동, 이주노동자운

23 가타리, 『욕망과 혁명』, 문화과학사, 2004, p. 257.
24 가타리, 윤수종 옮김, 「분열분석의 방향으로」, 『비판』 3호, 1998, p. 181.

동, 중독자운동 등에서 표준적인 인간상에 대해서 색다른 자신들의 집단성을 주장하기 위해서 정체성 개념을 강조해왔다.[25] 그런데 정체성 개념은 표준적인 인간상에 대비되지만 다르게 되어가는 과정을 강조하지 않는다. '다름'을 강조하면서 '고정'되어버리는 것이다.

그것에 반해서 특이성 · 특이화는 무언가가 움직이는 것이며 말하자면 주체성의 다양한 가동성을 통해서 작동하는 것이다. 예를 들어 1968년 5월은 우선 단절이었으며, 그것에서 특이한 주체성의 동적 형태가 출현했다. 한 사람 한 사람이 각각 다른 개입에서 동질적이지 않고 서로 이질적인 존재로서 출현했다.[26] 그렇게 보면 특이화 과정은 개인성과 관련이 없다. 오히려 개인성은 특이화 과정의 소외의 결과이다.

특이화 과정으로 제시되는 주체성 문제와 관련하여 가타리는 '주체성 대신에 주체적 · 기계적 배치들, 탈중심화된 주체화 형식들에 대해 말해야 한다'[27]고 주장한다. 주체성 자체가 아니라 주체성생산의 문제틀(배치)을 중심에 두자는 것이다. 그래서 주체화 · 특이화를 강조하게 된다.

특이한 주체들의 등장과 더불어 이러한 특이화를 단조화시키고 지구적 수준에서 자본주의적 주체성생산을 통해 사회를 통제하려는 통합된 세계자본주의의 시도는 상당한 저항의 요소들에 부딪친다. 새로운 사회운동을 특징짓는 것은 주체성을 계열화하는 전반적 과정에 대한 저항일 뿐만 아니라 또한 창의적이고 특이한 주체화 양식, 주체적인 특이화 과정을 생산하려는 시도이기도 하다. 그리고 특이화 과정은 자본주의적 가치의 내재화 메커니즘들을 패퇴시키는 어떤 것이며, 우리를 둘러싸고 우리를 모든 측면에서 노리는 가치등급과는 무관한 특수한 등록기 속에서 가치들

---

25 윤수종 외, 『우리 시대의 소수자운동』, 이학사, 2005.
26 가타리, 윤수종 옮김, 「일반개념=보편주의를 넘어서」, 『가타리와의 대화』, 2007, p. 66, 76.
27 가타리, 『욕망과 혁명』, 문화과학사, 2004, p. 78.

을 긍정할 수 있도록 하는 어떤 것이다.[28]

가치와 관련하여 가타리는 가치의 복수화 전략을 취한다. 우리가 살고 있는 사회는 대체로 어떤 일정한 유형의 생산만을 가치화한다. 교환가치와 사용가치라는 마르크스주의적 개념쌍으로 이해하기에는 부족하다. 가타리는 거기에 두 가지 다른 유형의 가치, 즉 욕망가치와 기계적 가치를 도입하여, 교환가치는 이 욕망가치와 기계적 가치에 접합되는 것이기도 하다고 주장한다.[29] 바로 이런 식의 발상에서 자본주의적 가치화 양식이란 무엇인가를 이해하고 그것을 비판할 수 있다고 한다.

그 비판의 구체적 방식으로서 주체성생산을 둘러싸고 나타나는 다양한 파업(노동거부) 형태[30]는 바로 지배적 주체성생산에 대항한 특이화 과정의 출발점으로서 이른바 탈주와 되기의 과정으로 들어서는 것이라고 할 수 있다.

5) 되기(자기가치증식)

어쨌든 상이한 특이화 과정 사이의 공통적 특성은 자본주의적 주체화를 거부하는 미분적 되기이다. 그것은 관계들 속에서의 열정, 욕망하는 일정한 방식, 창조성에 대한 적극적 긍정, 활성화할 의지, 살거나 생존하려는 의지, 이러한 의지들 복합체를 통해 느껴진다. 욕망은 특이화의 벡터들로서만 체험될 수 있다.

특이화 과정을 나타내는 것으로 지배적인 시간화 양식에 반대하는 사회적 저항 종류가 있다. 그러한 저항은 자신들의 시간과의 관계가 자기

---

28 Félix Guattari et Suely Rolnik, *Micropolitiques*, Les Empêcheurs de penser en rond/Seuil, 2007, p. 65, 67.

29 가타리, 윤수종 옮김, 「매체와 횡단성」, 『가타리와의 대화』(미출간), 2007, pp. 16~17.

30 윤수종, 「파업의 일상성」, 『진보평론』 3호, 2000년 봄, 2000, pp. 62~67.

자신들에 의해서 생산되어야 한다—음악과 춤에서처럼—고 이해할 정도로 임금노동 과정 속에서의 어떤 리듬을 거부해야 한다. 똑같은 것을 공간화 양식과 관련하여 말할 수 있다.

물론 어렵고 문제가 많아서 결국 실패하는 특이화 시도들이 있다. 그럼에도 그러한 시도들은 통합된 세계자본주의의 산업적 주체성생산에 파열을 만들어내며, 주체적 영토들의 재전유 과정을 개시한다. 통합된 세계자본주의의 분명한(눈에 보이는) 전능성에 대칭적으로 모든 수준에서 변형에 접근 가능한 모든 일련의 길이 있다. 특이화하고 자신의 길을 찾는 새로운 주체성 유형의 생산을 위한 조건들을 창조하는 것이 필요하다.

다른 방식으로 자신들의 삶을 조직하려는 사람들 집단, 자신들을 모델화하는 경향이 있는 억압체계를 해체하려는 사회적 소수자, 작은 규모에서일지라도 수천 년 동안 자신들이 대상이 되어온 억압체계에서 벗어나려는 여성 집단, 자신들의 장 안에서 표준화하는 체계들에서 벗어나려는 창조자 집단, 자신들에게 제시된 교육 및 삶의 체계를 받아들이기를 거부하는 어린이 집단 등의 주체성의 재전유 과정(특이화 과정=되기)에 대해서 말할 수 있다. 이러한 과정들이 효과적이려면 그들 자신의 준거양식(자기준거), 그들 자신의 지도들을 창조해야 한다. 그럼으로써 지배적인 주체성 체계 속에 구멍을 내는 실천방식을 발명해나갈 수 있다.

각자는 자신이 점한 특이한 위치에서 자기 존재를 뚜렷이 나타내고, 그 자신의 위상을 살아가며, 다른 특이화 과정과 접합하고, 주체성을 평면화하려는 모든 시도에 저항해야 한다. 모든 특이한 되기, 자기 준거 위에서 존재하려는 모든 방식은 자본주의적 주체성의 벽에 부딪친다. 때로는 되기들은 그 벽에 흡수되고 때로는 진정한 내파 현상에 복속된다. 어떤 힘이 그 벽을 꿰뚫을 수 있기 위해서는 통상적인 논리와는 다른 색다른 논리를 만들어내야 한다. 그 벽이 얼마나 테러적인지, 그리고 그것의 파괴가 왜 어렵고, 조직적인(총체적인 파시즘에 빠지지 않고) 수단들을 찾는 동시에 사람들이 행복하게 느끼는 배치와 영토를 계속 개발하는 것을 의미하는지 확인해야 한다.

자본주의적 문화체계 속에서 사람들은 특이성의 가치들이 회수되는 것을 본다. 그 회수는 통합을 통해서 이루어진다. 하나의 예로, 흑인음악의 어떤 특이성 특징들의 재즈로의 통합에서, 재즈는 사회적 장 전체 속에 흩어지고 일종의 보편적 음악으로 된다. 또 다른 예로서, 여성운동이나 동성애운동에 의해서 나타난 어떤 특이성 특징들을 국지적 공리로서 사용하는 것(정체성으로 고정하는 것)은 체계의 주체성생산의 수행을 돕는다.[31]

여기서 주체성생산을 바꾸어가는 것, 즉 우리의 개인생활(신체 · 시간 · 음악 · 우주 · 섹스 · 환경과의 관계)을 비꾸어니기는 것, 그리고 지배적인 모델에서 벗어나기 위해서 활력을 집단적으로 보존하는 것(되기)이 필요하다. 어린이 되기, 부랑자 되기, 여성 되기,[32] 동성애자 되기, 동물 되기, 소수자 되기 등을 통해[33] 색다른 분자들을 방출하면서 다른 것으로 변형되어가는 과정을 실천해가야 한다. 이러한 것이 바로 특이화 과정이고 분자혁명의 방향이 된다.

3. 분자혁명과 코뮤니즘

자본주의 체계를 문제삼는 것은 거대한 규모의 사회적 · 정치적 투쟁의

31 Félix Guattari et Suely Rolnik, *Micropolitiques*, Les Empêcheurs de penser en rond/Seuil, 2007, pp. 69~74.

32 민진영, 「여성이 될 것인가? 여성되기를 할 것인가?」, 『진보평론』 31호, 2007년 봄, 2007.

33 윤수종, 「분자혁명과 투쟁방향」, 『비판』 3호, 1998, pp. 152~163.

영역에 속할 뿐만 아니라 분자혁명이라고 하는 것 모두를 포함한다. 분자혁명은 소수자에게만 한정되지 않고 주체성생산의 차원 속에서 체계를 문제삼는 개인들과 집단들의 모든 운동으로 확장된다. 물론 분자적 운동은 기본 세력들, 경제 문제들, 매체들 등과 관련하여 정치를 설립하지 않고는 오래 존속될 수 없다. 또한 '개별 개인은 다양한 소수성에 속할 수 있고, 자신의 일부를 이루는 소수성이 더욱 많을수록 욕망경제는 더욱 일관되게 풍부하고 혁명적일 것이다.'[34] 이제 다양한 소수성으로 열리는 특이화 과정이 필요하며 이것은 바로 색다른 주체성생산(탈주)과 되기(생성)로 나아간다.[35]

분자혁명은 국지적인 미시혁명, 미시적인 국지적 해방 기획의 합계가 아니라, 사회적 영역 총체, 주체화 양식 총체에서 무의식구성체를 있는 그대로 분석적으로 파악하는 것이다. 달리 말하면 '분자혁명은 자신의 신체 · 감각 · 감수성 · 성애의 재전유라는 전망이며, 모든 기존의 분자적 구성요소들의 일종의 자치실행'[36]이다.

생태적 문제설정에서 본다면 '분자혁명이란 전망은 자연환경의 환경오염이 산업사회의 결과라고 하는 것에 만족하지 않는다. 주체적인 수준에서 본다면 환경오염은 또한 정신적인 것 속에도 존재하며, 오염에서는 아무도 벗어나지 못하며, 거대 생물권에서도 선험적인 명상에서도 탈출구가 없다. 모든 것이 신체의 수준에서뿐만 아니라 기호화의 수준에서도 전염된다. 그리고 여기서 일종의 영구혁명, 모든 다른—사회적 · 경제적 · 생태적—혁명과 결합되고 접속된 분자혁명이라는 문제가 나타난다. 분자혁명은

34 가타리, 윤수종 편역, 『욕망과 혁명』, 문화과학사, 2004, pp. 40~41.

35 Félix Guattari et Suely Rolnik, *Micropolitiques*, Les Empêcheurs de penser en rond/Seuil, 2007, p. 199.

36 가타리, 윤수종 편역, 『욕망과 혁명』, 문화과학사, 2004, p. 30.

욕망에서 다시 출발하여 욕망을 준예술적으로 새롭게 구성한다.'[37]

따라서 '분자혁명 속에서 문제가 되는 것은 기존의 정치운동이 일반적으로 고려하지 않은 사회적인 개인적 톱니바퀴들—남녀관계, 어른과 아이의 관계, 노동 · 화폐 · 여가 · 신체 · 환경 등에 대한 관계—이다. 모든 사람이 따라야 한다고 생각하는 "정상성"의 규범을 전면적으로 재검토하는 것이다.'[38] 다시 말해서 분자혁명은 동시에 모든 수준에 관련한다. 개인 내적인 것(꿈속에서, 창조 속에서 이루어지는 것), 개인적인 것(정신분석가들이 초자아라고 부르는 자동지배관계와 같은 것), 그리고 개인 간의 것(가정생활 · 애정생활 · 직업생활에서, 그리고 이웃과 학교와의 관계에서 새로운 형태의 사교성을 발명하는 것)[39]에 관련한다.

분자혁명을 생각하면 코뮤니즘에 대한 상도 바꾸어나가게 된다. '사회혁명은 분자혁명에 속하는 모든 것, 즉 역사와 계급투쟁 속에서 욕망의 위상에 관련하는 모든 것을 움직이게 하고 있다. 코뮤니즘 문제도 역시 사적 소유의 폐절의 측면에서만이 아니라, 새로운 유형의 언표행위 · 삶 · 창조 · 투쟁의 집합적 배치에 의해서 생산 및 기호화 수단 총체를 전유한다는 측면에서도 제기되어야 한다. 앞으로 다가올 사회혁명은 분자적이든가 그렇지 않으면 오지 않을 것이다. 사회혁명은 영구혁명이며, 가장 일상적인 투쟁에 참여할 것이며, 현행 체제와 공모하는 권력구성체에 복종하는 욕망구성체에 대해 끊임없이 분석해야 할 것이며, 그렇지 않으면 국가와 관료제에 필연적으로 회수될 것이다.' '정치기구에만 관련할 뿐만 아니라 사회의 모든 톱니바퀴, 가장 분자적인 것조차 문제삼게 되

37 가타리, 윤수종 편역, 『욕망과 혁명』, 2004, p. 75.

38 가타리, 윤수종 편역, 『욕망과 혁명』, 2004, pp. 194~195.

39 Félix Guattari et Suely Rolnik, *Micropolitiques*, Les Empêcheurs de penser en rond/Seuil, 2007, p. 66.

는', 사회의 모든 톱니를 횡단하는 혁명이, 분자혁명이 필요하다.[40]

분자혁명의 관점에서 보면 이제 새로운 정치가 필요하다. 정치는 거대한 사회집단들이 그들을 둘러싸고 있는 것과 그들 자신의 경제구조와 맺는 관계에 관련한다. 그러나 정치는 또한 개인의 삶, 가족생활, 무의식 생활 또는 예술창작 생활 등을 관류하는 태도들에도 관련한다. "탈(post)정치"시대에 정치의 종말이 아니라 오히려 새로운 정치가, 욕망의 미시정치가 필요하다.[41]

이상의 논의를 생각하면 코뮤니즘을 '모든 수준—정치적이고 사회적인, 역사적이고 일상적인, 의식적이고 무의식적인—에서 의식과 현실의 변형을 가져오는 사회적 실천들의 모음(assortment)'으로 규정할 수 있다. 코뮤니즘은 억압에 근거한 맹목적이고 환원주의적인 집단주의가 아니다. 그것은 결코 서로 환원될 수 없는 개인들과 집단들('집단성들')의 결합된 생산성에 대한 특이한 표현이다. 코뮤니즘은 주체성의 가장 강력한 경험이며 특이화 과정의 극대화이다.

통합된 세계자본주의의 각종 권력구성체에 대항하는 모든 (몰적) 투쟁은 전반적 변형에 기여한다. 사회적 진보, 정치적 진보, 그리고 작업장의 진보는 서로를 조건지운다. 그러나 혁명적 변형은 집단적 노동 경험에서 생겨난 새로운 주체성의 창조 속에서 일어난다. 이 계기가 무엇보다도 일차적이며, 모든 내기는 주체성의 집단적 창조라는 바로 이 문제에서 승패가 결정된다. 노동해방(계급투쟁)과 주체성해방(욕망투쟁을 통한 분자혁명)을 결합(동맹)해나가는 대장정이 바로 코뮤니즘으로 나아가는 길일 것이다.[42]

---

40 가타리, 윤수종 편역, 『욕망과 혁명』, 2004, p. 352, 354.

41 가타리, 윤수종 옮김, 「새로운 동맹」, 『가타리와의 대화』(미출간), 2007, p. 55.

42 네그리 · 가타리, 조정환 옮김, 『자유의 새로운 공간』, 갈무리, 2007, pp. 56~62.

제6장
분열분석:
무의식 분석의 새로운 시도

가타리의 분자혁명론은 욕망혁명을 강조하는데, 그때 욕망혁명은 분명한 이해관계보다는 무의식과 관련된다. 가타리는 프로이트의 무의식론을 비판하면서 무의식 분석에 대한 새로운 시도를 감행한다. 앞에서도 언급했던 바로 분열분석이 그것이다. 분열분석은 탈근대론 가운데 가장 철저한 반이성주의(반합리주의)의 표현인 것 같다.

최근 인문 · 사회과학 분야에서는 이른바 탈근대론이 활발히 논의되었다. 그와 함께 기존의 사고틀이 주로 의존했던 합리성 모델이나 이원론적 대당 설정 방식에 대한 문제제기와 다양성과 다원성을 적극적으로 사유하려는 움직임이 이어지고 있다. 탈근대론의 부흥은 마르크스주의의 위기와 맞물려 있는 현상이라고 할 수도 있다. 마르크스주의가 교조화된 마르크스-레닌주의적 원칙을 반복함으로써 현실 변화에 대응할 수 없었던 상황에서, 더욱이 현실사회주의의 붕괴와 더불어, 탈근대론의 부흥은 논의의 다양성을 증폭시켰고, 다양한 이론들의 접합을 가능하게 하였다.

이러한 구도에서 볼 때 최근 철학에서는 그간 이단적으로 평가되었던 니체 · 스피노자 · 베르그송 등이 부각되고 있고, 그들의 문제설정 방식

및 사유방식에 대한 적극적인 평가가 이루어지고 있다. 이들에 대한 적극적인 평가는 근대적 문제설정의 핵심인 합리성 모델에 대한 비판으로 이어지고 있다. 합리성 모델에 대한 비판은 다른 한편으로는 정신분석 쪽에서 프로이트에 의해 무의식의 문제설정으로 제시되었다. 그 후 정신분석에서 무의식에 대한 연구는 여러 사람에 의해 진행되었다. 특히 1960년대에는 프랑스 지성계의 구조주의적 흐름 속에서 라캉에 의해 프로이트의 무의식 문제가 적극적으로 검토되고 재구성되었다.

인간의 정신구조에 대한 탐색에 나선 정신분석은 의식이 아니라 무의식을 강조하였고 합리성이 아니라 비합리성을, 이성이 아니라 욕망(광기)에 초점을 맞추는 경향을 보였다. 그래서 정신분석은 근대적인 문제설정에 대해 언제든 비판적일 수 있는 가능성이 있었다. 더욱이 사회관계의 개편을 통해 변혁을 꿈꾸던 마르크스주의자들이 천착하지 못한 주체 문제를 탈근대적인 상황에서 제기하려는 사람들은 정신분석에서 다루는 주체 형성 방식에 다가가지 않을 수 없었다.

그런데 정신분석의 흐름에서는 무의식이 주체를 규정하는 측면을 강조해왔다. 주체가 스스로 무의식 과정을 통해 자신을 만들어가기보다는 본원적인, 생물학적인, 상징적인 혹은 타자의 무의식(구조적 무의식)이 나라는 주체를 구조화한다는 입장에 서 있었다. 한마디로 무의식에 의한 주체 규정, 즉 무의식의 구조화론이 정신분석에서 지배적인 흐름이었다.

이러한 점에서 정신분석은 전복적인 주체의 생산이라는 문제로 넘어가기가 쉽지 않았다. 전복적일 것까지는 없다고 하더라도 자율적인 주체를 어떻게 만들어낼 수 있는가 하는 문제로 나가기도 쉽지 않았던 것 같다. 더욱이 자율적인 주체는 고사하고, 왜 사람들은 '자발적으로 복종하는가' 하는 문제로 나가지도 않았다. 자율적 주체의 생산이라는 문제를 제기하면서 무의식 분석을 하려는 노력은 정신분석 안에서 이단적인 흐름으로 평가되었다.

여기서는 정신분석에서 자율적 주체의 생산이란 문제를 제기했던 라이히의 문제설정을 이어받아 주체성생산이라는 측면에서 정신분석을 활용했던 가타리의 무의식에 대한 문제제기를 검토하고 그 실천적 함의를 살펴보고자 한다.

1. 정신분석과 정치

정신분석은 주체의 문제를 다루면서 왜 사회변화에는 둔감했는가? 그리고 사회변화를 가져올 주체에 대해서는 왜 관심을 갖지 않았는가? 반대로 마르크스주의자들은 사회변혁을 통해 인간 개조는 사상학습 정도로 이루어질 것이라고 생각하였다. 주체 문제를 사실상 추방해버린 것이다. 계급정치를 통해 사회관계를 변혁하겠다던 마르크스주의와 인간 주체성을 탐색하는 정신분석의 만남, 이것은 새로운 접촉경계면을 만들어내지 않을까?

1) 정신분석과 성정치

프로이트의 무의식 분석을 이어받으면서 성해방의 방향으로 나아간 빌헬름 라이히(Wilhelm Reich)는 이론적으로 마르크스주의와 정신분석(프로이트주의)의 결합을, 실천적으로 정신분석과 정치의 결합을 시도하였다.

마르크스주의 실천운동에 개입하였던 라이히는 인간을 억압하는 방식으로 진행되는 실천방식들에 문제를 제기한다. 그리고 마르크스주의가 단순히 사회 및 계급 해방이라는 거대 담론 속에서 인간해방 및 성해방을 무시하고 있다고 생각하게 된다. 특히 파시즘의 등장과 현실사회주의의 전체주의화에 대한 비판 속에서 인간의 신체와 성의 해방에 주목한다. 이런 시각에서 라이히는 무의식 문제를 알 수 없는 어떤 것으로 환원하는 것이 아니라 현재의 우리의 신체의 활동과 밀접하게 관련되어 있는 것으로 생각한다.

프로이트는 자유연상에 의해서 무의식을 의식화함으로써 사회적으로 수용되는 행동으로 승화시키거나 거부할 수 있도록 한다는 치료방식을 취하였다. 라이히는 자유연상이 어려울 뿐만 아니라 의식화함으로써 증상이 사라지는 경우가 드물다는 것을 확인하였다. 과거의 트라우마가 무의식 속에 잔존하면서 억누르고 있는 것을 의식하는 것으로는 치유가 어렵고, 오히려 그 과거의 흔적이 지금의 신체와 정신에서 특정한 작용을 하는 것(울혈)을 어떻게 바꾸어가고 그 울혈이 생기지 않도록 하는 방안을 찾고자 하였다.

그러면서 라이히는 점차 인간의 무의식적 충동을 반사회적인 이차적 충동과 자연적인 일차적 충동으로 구분하기 시작하였다.[1] 그는 치료에 대해 저항하는 과정에서 환자들의 성격이 무장된 듯한 태도를 보이는 것을 관찰하면서, 그 성격무장의 층들을 구분하기 시작하였다. 라이히는 최근에 억제된 것이 표면층에 가까이 있고, 그 다음에는 프로이트가 무의식의 주요 내용이라고 본 반사회적 충동들이 있고, 심층에는 자연스런 충동들이 있다고 정리하였다. 비사회적이고 반사회적인 충동은 자연스런 충동들을 사회적으로 억압한 결과 나타난 이차적인 충동이라고 생각하였다. 이제 비사회적이고 반사회적인 충동들은 과거의 것이거나 기원적인 것이 아니라 해결해나가야 할 것이며 현재의 성격태도 안에 살아 있는 것으로 파악되었다.

1 라이히, 윤수종 옮김, 『성혁명』, 새길, 2000, pp. 84~89.

라이히는 현재 인간의 무의식적(반사회적인) 충동은 도덕적 규제의 산물이며 그러한 규제가 사라지면 사라질 수 있다고 확신하였다. 반사회적 충동들을 억압하는 방향이 아니라 반사회적 충동들이 나타나지 않도록 인간의 심적 구조를 바꾸어나가는 실천(성교육)을 강조하였다. 더 나아가 억압된 그래서 반사회적인 충동들로 표출되는 무의식(성에너지)을 자연스럽게 방출하고 만족을 얻으려면 오르가즘 만족을 누릴 수 있도록 해야 한다고 주장하였다.[2] 그러기 위해서는 기존 도덕과는 달리 성을 긍정하고 삶을 긍정하는 방식으로 나아가야 한다고 강변한다.

이처럼 라이히는 초기의 프로이트가 강조한 무의식의 주요 내용인 리비도라는 성에너지에 주목하고 성에너지의 방출을 통한 오르가즘을 달성함으로써 억압된 충동들(무의식의 내용)을 없애려는 실천적인 방향으로 나아갔다. 여기서 라이히는 정신분석을 개인의 치료에 한정하려는 프로이트적인 방식에 강하게 반발하였고, 오히려 사회적 조건을 변경함으로써 정신건강을 지키고 환자의 발생을 예방하려고 하였다. 그는 개인 환자의 정신질환은 성생활의 조화가 방해받거나 흐트러져 있을 경우에 발생할 가능성이 높다고 생각하였다. 더욱이 오르가즘 능력을 갖추어나가지 못하도록 하는 도덕에 대해 강하게 반발하면서, 대중으로 하여금 성 만족을 느끼지 못하도록 하는 사회구조는 대중의 왜곡된 심리를 만들어낸다고 주장하였다.[3]

라이히의 문제제기는 사회가 개인에게 기본적인 욕망을 성취하도록 도와주는가 아니면 방해하는가 하는 문제로 요약될 수 있을 것이다. 그래서 라이히는 치료라는 정신분석의 문제설정에서 사회구조의 개편이라는 문

2 라이히, 윤수종 옮김, 『오르가즘의 기능』, 2005, 그린비.

3 라이히, 황선길 옮김, 『파시즘의 대중심리』, 2006, 그린비.

제설정으로 넘어갔다. 그렇지만 라이히는 정통적 마르크스주의자들과는 달리 혁명이나 운동의 밑바닥에 깔려 있는 대중의 힘, 열정(정서), 욕망을 강조하였다. 물론 라이히는 그런 대중의 욕망이 다양한 통로를 통해서 흐른다는 것을 인식하였고 파시즘의 대중적 토대가 되지 않는 방향을 탐색하려고 하였다.

라이히가 1920년대 후반, 1930년대 초반에 전개한 섹스폴(성정치) 운동은 정신분석과 정치가 결합할 수 있다는 가능성을 보여주었다. 라이히는 개인 환자의 치료가 아니라 청년 대중이나 노동자 대중이 집단적으로 지니고 있는 '생식기 좌절'(오르가즘 능력의 상실)이라는 사회적인 수준에서 제기되는 성 문제에 관심을 기울이고, 그것을 당사자들과 함께 논의하면서 해결해가고자 하였다.

라이히는 처음 성정치 운동을 시작하였을 때, 다양한 조직들에서 정신분석, 오이디푸스 콤플렉스, 거세 공포 등에 관해서 말하였다. 그는 곧 이러한 이론들이 사람들에게 실제로 전혀 유용하지 않다는 것을 깨달았다. 그는 모든 사람에게 영향을 주는 인간적 문제들, 즉 결혼, 가족생활, 성적 어려움, 청년기의 고민에 관해서 얘기하기 시작했다. 그와 더불어 내밀한 생활에 관한 실제적 문제들에 대한 토론을 통해 사람들은 일반적인 사회적 쟁점들로 나아갔고 그들 자신의 사회적 목표들을 개발하기 시작하였다. 이를테면, 집에서의 사생활 공간의 부족에 대한 토론은 새로운 건축 디자인에 대한 생각들을 자극하였다. 부부간의 고민에 대한 토론은 부부입법, 소련의 경험, 그리고 자연스럽게 교회, 신에 대한 믿음에 관한 것으로 나아갔다. 라이히는 바로 대중과 함께 당 및 계급의 입장을 가로지르는 공통적인 생활의 관심사를 다루었다. 라이히는 사람들이 그들 스스로 생각하고 활동하도록 자극하고 있었다. 법이나 국가에 의한 외적 억압을 공격하는 대신에, 그는 사람들 스스로가 어린이 상담소 조직과 같은, 자

신들의 불행을 완화시키기 위해 착수할 수 있는 과제들을 제시하였다.[4]

이러한 성정치 운동을 통해 라이히는 정신분석을 정치운동에 결합하고 나아가 치료보다는 성적으로 건강한 심적 구조를 지닌 인간(자율적 주체)을 만들어내는 실천방식을 추구하였다. 물론 대중의 역능에 근거한 이러한 시도로 인해 라이히는 대중의 정서를 진정시키려는 마르크스주의와 정신분석협회 양자로부터 추방당하고 만다.

2) 정신분석과 횡단성

라이히의 문제의식을 이어받아 가타리는 무의식 문제를 다루는 정신분석에 대해서 탈근대적인 정치 문제를 제기한다. 프로이트가 초기에 인간의 리비도 해방을 추구하였고 라이히가 성해방으로 제기한 문제를 가타리는 욕망해방이라는 문제설정으로 확장하면서 그 속에서 구조와 제도에 의해 결정되는 주체가 아닌 구성해나가는 주체를 찾아 나섰다.

가타리는 라이히의 문제제기를 받아들이면서도 라캉의 정신분석과 접속하게 되었다. 2차 세계대전 후 정신분석은 프랑스에서 적대적인 대접을 받았다. 1960년대가 되어서야 프로이트는 프랑스 지식인들 사이에서 관심의 대상이 되었다. 프로이트가 각광받게 된 것은 라캉 덕분이었다. 라캉은 소쉬르의 언어학과 레비스트로스의 구조주의적 인류학을 정신분석 이론에 도입함으로써 프로이트를 구조주의적 흐름 속에서 재구성하였다. 라캉이 제기한 탈중심화된 주체라는 개념은 1970년대에 이르기까지 많은 프랑스인들의 논의거리가 되었다.

특히 1968년 5월 혁명 이후 정신분석은 대중적인 인기를 얻기 시작하였다. 그리고 새로운 주체에 대한 관심은 정신분석에 기대를 하게 되었

4 윤수종, 「성정치: 빌헬름 라이히의 활동을 중심으로」, 『진보평론』 36, 메이데이, 2008.

다. 가타리는 1950년대 말, 1960년대 초에 쓴 제도적 정신의학에 관한 글들에서는 라캉의 개념들을 비교적 호의적으로 사용하였다. 그러나 68년 혁명 과정을 라캉적인 구조주의가 반동적으로 흡수하고 정비하여 질서화하는 것을 보고는 구조주의적 정신분석에 대해서 본격적인 비판을 가하기 시작한다. 가타리는 보르도 정신병원에서 환자들을 치료하면서 한편으로는 기존의 정신분석에 대해 비판을 가하고 다른 한편으로 정치운동에서는 스탈린적인 당조직운동에 대해서 비판을 가한다. 주체들을 자신의 틀에 가두는 두 흐름에 대해서 동시에 공격해나간 것이다.

가타리는 1950년대와 1960년대 보르도 병원에서 작업을 통해 집단 및 제도에 대한 분석이 개인의 분석에 본질적으로 연결되어 있다고 보고, 프로이트의 무의식 분석을 개인의 리비도적 집착에서 사회적 장으로 열어젖힌다. 여기서 그는 콤플렉스론이나 구조주의적 환원론에서 벗어나 집단과 제도에 대한 분석으로 넘어간다.

주체집단과 예속집단의 구분으로 시작하는 집단이론, 그 집단들이 지니는 기본적 대상과 과도적 대상, 집단환상 등에 대한 분석은, '분석집단'이라는 새로운 조직의 상을 정립하는 것으로 나아간다.[5] 68혁명 과정을 전후한 실천 활동 속에서 생각해낸 분석집단이란 개념은 내부적인(조직적인) 중심이나 이념적인 틀에 매이지 않고 성원들이 서로의 독특한 방식들을 발전시켜나가고 다른 사람들이나 다른 조직들과 접속하면서 새로운 흐름(새로운 과제, 성원들의 새로운 상호작용 방식, 대중과의 색다른 접속방식)을 계속 분비하는 집단을 말한다.

이러한 과정에서 가타리는 자신의 사상에서 매우 중요한 '횡단성' 개념을 제시한다.[6] 고슴도치의 우화—추운 겨울 어느 날 고슴도치들은 추위를 이

---

5 윤수종, 「제도요법과 집단적 주체성」, 『탈주의 공간을 위하여』, 푸른숲, 1997.

기기 위해 서로 몸을 밀착시켰다. 그러자 서로 찔려 아파서 다시 떨어졌다. 밀착하고 떨어지기를 반복하면서 고슴도치들은 아프지도 않고 춥지도 않은 가장 적절한 거리를 유지하면서 서로를 감쌌다(횡단성계수가 높은 상태)—로 예시되는 횡단성 개념은 수직적 위계와 수평적 칸막이를 깨려는 문제의식에서 출발한다. 무엇보다도 정신병원 의사로서 활동하면서 의사-간호사-환자라는 제도적으로 결합된 3자 관계를 종래의 틀에서 해방하려는 시도 속에서 '횡단성' 개념을 착상하였다.

그러나 횡단성 개념은 수직적 위계와 수평적 칸막이를 깬다는 소극적인 의미를 갖기보다는 새로운 집단적인 표현양식, 새로운 무의식적 집단주체가 드러나는 장소 및 과정으로서 의미를 갖는 것이었다. 무엇보다도 주체의 초자아 수용구조에 변형을 가하려는 것이다. 주체가 사회를, 초자아를 수용하는 자신의 내부 틀 자체를 어떻게 바꾸어나갈 수 있을까 하는 문제의식에서 출발하여 만들어진 개념이었다. 특히 가타리는 횡단성을 가능케 하는 욕망의 흐름(욕망의 미시적 작동)에 대해 천착해나간다.

운동과 관련해 볼 때, 횡단성은 여러 요소들 사이의 수직적 위계와 수평적 칸막이를 깨트린다는 의미를 강하게 지닌다. 이러한 횡단의 정치는 초자아의 구속으로부터 벗어난 열린 주체, 기존의 구획을 뛰어넘는 운동을 지향한다. 점차 가타리에게 횡단의 정치는 그것이 주체이든 조직이든 아니면 다양한 운동이든, 안팎에 존재하는 이질적인 요소들을 접속시키면서 새로운 흐름을 만들어나가는 과정을 의미하게 된다.[7]

6 Félix Guattari, 1972, *Psychanalyse et Transversalité: Essais d'analyse institutionnelle*, Editions de Maspero, pp. 72~85; 가타리, 윤수종 옮김, 『정신분석과 횡단성』, 울력, 2004.

7 허재영, 「정신분석과 정치는 어떻게 만나는가?」, 『탈주의 공간을 위하여』, 푸른숲, 1997, p. 152.

2. 무의식이란 무엇인가?

횡단성 개념을 제시하고 나아가 라캉의 구조 개념에 대비하여 기계[8] 개념을 제기하고 나서면서 가타리는 기존의 정신분석에 대한 비판을 시작한다. 라캉과 멀어지던 과정에서 들뢰즈를 만난 가타리는 들뢰즈와 공동 작업을 통해서 우선 프로이트에 대한 비판을 감행한다. 그러나 가타리의 비판은 현실적으로는 프로이트를 현재화하려는 라캉에게 향하고 있었다. 따라서 무의식 분석에 대한 가타리의 문제제기는 프로이트(특히 후기)와 라캉의 무의식 분석에 향해져 있고, 그들의 개념을 비판하면서 색다른 개념들을 동원하고 재조립하는 과정을 거치게 된다. 그러면서 자신의 무의식 분석을 점점 더 색다른 것으로 만들어간다.

가타리는 무의식을 어떤 특정한 것으로 규정하는 것에 대해서 비판적인 자세를 취한다. 프로이트나 라캉이 제시했던 무의식의 내용을 비판하면서, 무의식의 내용보다도 무의식의 작용방식에 초점을 맞추어 분석해 나가려고 한다. 그렇기 때문에 무의식이 이것이다라고 규정하기 어렵게 된다. 실은 실천적인 측면에서 보면 관심은 무의식을 규정하는 것이 아니라 무의식이 작동되는 방식을 바꾸어가려는 것이기 때문이다. 작동을 문제삼지 않으면 존재와 무 사이의 선택지만 남아 있지 그 양자 사이의 작

8 가타리는 기계(machine) 개념을 라캉의 구조개념에 대해 공격하면서 제시한다. 모든 주체적 움직임을 틀지우는 구조 개념에 대항하여, 가타리는 이른바 '구조'라고 하는 것은 사실상 다양한 부품들이 조립되어서 작동하는 것이라고 보았다. 또한 흔히 정신적인 것이라고 하는 것이나 무의식 등도 특정한 모델에 묶인 채 움직이는 것이 아니라 다양한 방향에서 다양한 다른 것과 접속하면서 움직인다(작동한다)고 생각한다. 가타리가 말하는 기계는 '작동'(operation)을 강조하는 것이고, 가타리는 결정론적인 의미의 기계학(mécaniqe)과는 달리 이러한 기계적 작동을 강조하기 위해 기계론(machinisme)을 내세운다. 이 기계 개념은 가타리의 무의식 분석뿐만 아니라 사회 분석에서 핵심을 이룬다고 할 수 있다. 그는 기술적인 기계를 넘어서 기계 개념을 확장한다.

용과정에 대해서는 할 말이 없게 된다. 따라서 가타리가 무의식에 대해서 제기하는 문제는 색다른 작동방식을 추구하자는 것이다.

그럼에도 일단 무의식에 대한 가타리의 규정은 세 가지로 나누어볼 수 있는데, 이것들이 서로 분명히 구별되는 것은 아니다. 다만 초점이 조금씩 달라짐에 따라서 붙인 이름이라고 생각된다.

1) 분자적 무의식

가타리는 들뢰즈와 함께 무의식 분석을 시도하면서, 우선 정신분석이 아버지를 중심으로, 오이디푸스 삼각형을 중심으로 분석해 들어가는 것을 비판한다.[9] 가족은 프로이트가 주장하는 것과는 달리 독립변수가 아니라 종속변수이며 사회적 장이 가족을 결정한다고 주장하였다. 사회적 장의 욕망투여는 편집적인 방향과 분열적인 방향을 띠는데, 편집적인 방향은 분리차별적이며 중앙집중적인 권위를 투여하는 반면, 분열적인 방향은 욕망의 탈주선을 따른다고 한다. 횡단성 개념에서 암시되었듯이, 욕망의 탈주선을 따라 무의식은 어떤 리비도적 투여형태에서 다른 리비도적 투여 형대로 끊임없이 이행하면서 진동한다고 한다.

이러한 틀에서 오이디푸스는 편집적 영토화의 한 현상이라고 보고 반대로 분열적인 방향으로 욕망투여가 이루어지는 탈주선들을 추적할 필요성을 역설한다. 여기서 '몰적/분자적'이라는 물리화학적 개념 쌍을 차용하면서 분자적 무의식을 제시한다. 몰(mole)적/분자적(moléculaire)이라는 개념 쌍은 변증법적인 것이라기보다는 움직임의 방향과 방식을 지칭하는 것이다. '몰(적)'이라는 것은 어떤 하나의 모델이나 특정 대상을 중심으로

---

9 Deleuze and Guattari, *Anti-Oedipus*, University of Minnesota Press, 1983, pp. 273~295.

모든 것을 집중해가거나 모아가는 것을 말하며 자본이 모든 움직임을 이윤 메커니즘에 맞추어 초코드화하는 것을 몰적이라고 할 수 있을 것이다. 운동에 있어서는 모든 움직임을 노동운동이라는 단일 전선에 편제하여 다른 흐름들을 통제하는 것을 말하기도 한다. 물론 몰적인 방향을 무조건 나쁜 것으로 생각하는 것이 아니다. 단지 몰적인 방향은 생성을 가져오는 것은 아니며 기존에 생성된 것을 특정하게 코드화할 뿐인 것이다. 이에 반해 '분자적'이라는 개념은 미세한 흐름을 통해 다른 것으로 되는 움직임(생성)을 지칭하는 것이다. 그러나 이러한 미세한 흐름은 반드시 작은 제도나 장치를 통해서만 이루어지는 것은 아니며 사회 전반적인 규모에 걸쳐 있을 수도 있다. 따라서 미시구조나 미시적 흐름에만 집중하는 것이 아니라 다양한 크기의 구조 및 제도 속에서 흐르는 분자적 흐름을 중요시한다. 이러한 개념을 제시하면서 가타리가 의도하는 것은 욕망의 흐름을 파악하려는 것이다.

그리고 작용방식에 초점을 맞추어 가타리는 욕망을 담고 움직이는 기계로서 욕망하는 기계들에 주목하면서 그것들을 몰적 기계들과 분자적 기계들로 구분한다. 분자적 기계들은 새로운 생성의 흐름을 만들어내며, 이러한 흐름을 초코드화해나가는 것이 몰적 기계들이다. 몰적 기계들은 특정한 의미작용과 재현(표상 · 대표)을 만들어낸다. 물론 분자적 기계들과 몰적 기계들이 분리되어 있는 것은 아니며, 분자적인 욕망하는 기계들은 거대한 몰적 기계들의 투여라고 생각한다. 특정한 의미작용을 만들어내지 않고 재현하지 않는 분자적인 욕망하는 기계들은 특정한 종합방식(연접 · 이접 · 통접 등) 속에서 작동한다. 사회적 장 안에서 이러한 욕망하는 기계들의 분자적인 움직임이야말로 분자적 무의식의 내용이라고 생각하였다.

2) 기계적 무의식

가타리는 욕망하는 기계는 생산과 관련한다고 보며 특히, 주체성생산이란 측면에서 무의식에 대한 분석을 시도한다. 가타리가 보기에는, 누구나 자신에게 어울리는 무의식을 가지고 있다. 가타리는 무의식이란, 우리 주위의 어디에나, 몸짓에도, 일상적 대상에도, TV에도, 기상징후에도, 더욱이 당면한 큰 문제에 있어서조차도 우리에게 붙어 다니는 어떤 것이라고 본다. 따라서 무의식은, 개인의 내부에서 그 사람이 세계를 지각하거나 자신의 신체나 자신의 영토나 자신의 성을 체험하는 방식에서 뿐만 아니라, 부부나 가족이나 학교나 이웃이나 공장이나 경기장이나 대학 등의 내부에서도 작동한다고 한다. 즉 무의식은 무의식 전문가(정신분석가)의 무의식도 아니고 과거 속에 결정화된 제도화된 담론 속에 붙어버린 무의식도 아니다. 오히려 무의식은 미래로 향한 채, 가능성 자체, 언어활동에서의 가능성뿐만 아니라 피부 · 사회체 · 우주 등에서의 가능성을 자신의 핵심으로 지니고 있다고 한다.[10]

가타리는 이미지나 단어[말]뿐만 아니라, 이미지나 단어를 생산하고 재생산하도록 유도하는 모든 종류의 기계들과 메커니즘들이 무의식에 서식한다는 것을 강조하기 위해서 '기계적 무의식'이라는 말을 사용한다. 모든 표현양식을 체계적으로 정식화하고 기호학적 흐름을 통제하고 탈주선과 이탈선을 억압하려는 질서의 이상에 대항하여, 가타리는 현실의 다양한 수준을 횡단하고 지층들을 조립하거나 해체하는 탈영토화된 상호작용을 강조한다. 무의식은 어떤 심층구조나 기원으로부터 만들어지는 것이 아니라 바로 그러한 탈영토화된 상호작용이 이루어지는 구체적인 배치

---

10 Félix Guattari, *L'inconscient Machinique*, Editions de Recherches, 1979, pp. 7~19; 가타리, 윤수종 옮김, 『기계적 무의식』, 2003, 푸른숲.

속에서 생겨나서 다양한 지층을 횡단하면서 작동한다는 것이다. 이러한 문제의식에서 의미작용을 생산하는 기표적 기호학에 대해서 무의미를 지니지만 다른 것 되기로 될 수 있는 기호들을 분석하는 비기표적 기호론을 제기한다.

무의식은 오직 기계적 상호작용의 리좀, 우리를 둘러싸고 있는 권력체계와 권력관계의 연결일 뿐이다. 그 자체로서 무의식 과정은 특정한 내용이나 구조적인 통사론의 측면에서 분석될 수 없으며, 오히려 정의상 생물학적 개인에도 구조적 패러다임에도 일치하지 않는 언표행위(énonciation)의 측면, 집합적 언표행위배치라는 측면에서 분석될 수 있을 뿐이라고 한다. 이 집합적 언표행위배치는 서로 크게 구별되는 차원들(흐름, 기호, 무형적 세계, 에너지 등) 안에 있는 다양한 구성요소들의 기계적 작동을 통해 파악해나갈 수 있다고 한다.

무의식은 정신적인 과정에 속하며 볼 수 없고 들을 수 없는 심층에 있는 어떤 것이라고 생각해왔다. 가타리는 다르게 생각하려는 것이다. 즉 무의식은 우리의 현실생활 속에서 우리의 신체에, 우리의 사회관계에 붙어서 움직이는 것이라고 생각하는 것이다. 억압된 것의 저장소라거나 상징의 장소로서가 아니라 새로운 것을 만들어가는 재료라고 생각하는 것이다. 더욱이 정신과정 속에서 진행되며 밖으로는 징후로서만 드러난다는 무의식 개념에 대해서, 행동에 붙어서 행동의 방향을 수정해갈 수 있는 시각적 · 음악적 구성요소들(안면성, 리토르넬르 등)을 지닌 무의식 개념을 제시한다. 더욱이 우리의 신체와 우리의 사회관계를 바꾸어나가는 이행구성요소로서의 역할도 지니고 있다고 생각한다.

3) 분열분석적 무의식

기계적 작동과 기호적 흐름에 초점을 맞추어나가던 가타리는 점차 그러한 흐름 및 작동이 에너지를 담지하고 있다는 생각에 이른다. 언표행위 배치 분석을 평면지 위에서 시공간적 · 에너지적 좌표 위로 옮겨가는 것이다.[11]

그렇게 되면 무의식 분석은 정신 현상에만 관계된 것이 아니라 다른 여러 가지 것들과 관계하는 것으로 된다. 이와 관련하여 가타리는 카오스이론을 차용하면서 복잡성 분석으로 나아간다. 이제 가타리는 무의식의 작용방식을 자기 생산[12]에 근거한 이질발생성에서 찾고 있다.

이 과정에서 가타리는 프로이트나 기존의 정신분석에서 제시한 모델화(예를 들어 가족 삼각형을 통한 설명)가 스스로 준거하고 있는 것을 거의 대부분 우회해간다고 보고, 오히려 다양한 모델화(종교적 모델화, 과학적 모델화, 형이상학적 모델화, 신경증적 모델화 등)를 병렬적으로 제시하면서 이 다양한 모델화를 가로지르는 색다른 흐름(또 다른 모델화, 즉 메타모델화)을 찾아내려고 한다.

이제 무의식은 특히 주체성생산과 관련해서는, 물질적 · 에너지적 · 기호적 흐름(Flux), 구체적이고 추상적인 기계적 계통(Phylum), 가상적이고 무형적인 가치세계(Univers), 유한한 실존적 영토(Territoire)라는 차원들 안에서 카오스와 복잡성 사이를 오가면서 주체성을 구성해가는 과정으로 나타난다.[13]

나아가 무의식을 넓은 의미로 이해되는 집합적 설비라고 이해한다. 각 개인, 각 사회집단은 주체성을 모델화하는 자신의 고유한 체계를, 즉 인

---

11 Félix Guattari, *Cartogaphies Schizoanlytiques*, Editions Galilée, 1989.

12 '생물을 특징짓는 것은 끊임없이 자기 자신을 만들어낸다는 데 있다' 는 입장에서 생물을 정의하는 조직을 자기생산조직이라고 한다. 움베르토 마투라나 · 프란시스코 바렐라 지음, 최호영 옮김, 『인식의 나무』, 자작아카데미, 1995, p. 52 참조. 생물유기체에 한정하여 사용한 바렐라의 이 개념을 차용하여 가타리는 사회현상에도 확대 · 적용한다.

13 Félix Guattari, *Chaosmose*, Editions Galilée, 1992, p. 172.

식적 지표뿐만 아니라 신화적 · 의례적 징후적인 지표들로 구성되는 어떤 지도를 지니고 있으며, 이 지도에 기초하여 자신들의 정서들, 분노들과 관련하여 스스로의 위치를 정하고 자신들의 금기와 충동들을 관리하려고 한다. 더욱이 복수의 지도들을 지니고 이루어지는 주체화 지층들, 이질적인 지층들이 겹쳐져 있는 것을 무의식이라고 생각한다.

3. 분열분석

가타리는 이상과 같은 무의식 개념을 제기하면서 무의식 원인론(무의식은 충족되지 못한 충동들이 억압되어 생긴다)이 빠져 있는 편집적인 설명이나 모델을 추구하는 것이 아니라 분열적인 방향으로 나아갈 것을 주장한다. 그렇다고 이것이 해체론적인 방향으로 나아가는 것은 아니다. 다양한 방향으로 흘러가게 함으로써 오히려 이행구성요소를 찾아내고 새로운 배치의 핵을 찾아낼 수 있다고 생각한다.[14]

횡단성 개념을 제출하면서 가타리는 수직적 위계와 수평적 칸막이를 깨고 넘쳐흐르는 욕망에 관심을 보였다. 이러한 관심은 새로운 무의식 분석인 분열분석으로 구체화된다. 가타리가 무의식 분석방법과 관련하여 분열분석을 강조하는 것은 환원론과 이원론을 거부하려는 것이다. 예를 들면 마르크스주의 논의에서 토대와 상부구조라는 이원적 논제를 거부하기 위해 알튀세가 경제적 층위, 이론적 층위, 이데올로기적 층위 등을 제시하면서 과잉결정을 얘기하던 것을 더욱더 밀고 나간다. 실제로는 셀 수 있는 정도의 층위나 차원을 열거하지만 그것은 n번째 것을 생각하면서

14 가타리, 윤수종 옮김, 『분자혁명』, 푸른숲, 1998, pp. 31~44.

하는 것이다. 알튀세처럼 최종심급의 결정 등을 고민하지 않는다. 각 차원 가운데 어떤 것도 우선적이라고 생각하지 않는 것이 가타리에게서는 가장 중요한 점이다.

1) 분열분석의 과제

가타리는 들뢰즈와 함께 한 작업에서 정신분석(주로 프로이트)에 대한 비판을 하고 난 뒤 분열분석의 적극적인 과제를 제시하였다.[15]

분열분석의 첫 번째 적극적인 과제는 주체 속에서 어떤 해석과도 독립적으로 주체의 욕망하는 기계들의 성격, 형성, 기능 작용을 분석하는 것이다. 가타리는 욕망하는 기계들의 부품을 이루는 부분대상들이 무의식의 분자적 기능소들이라고 하면서, 분열분석의 과제는 이러한 분자적 요소들이 분산되어 있는 맥락에서 기계적 배치(기능 연관)들을 파악하는 것이라고 한다. 그리고 모든 부분대상은 흐름을 분출하는데, 이러한 흐름들을 통해서 모든 생산적인 연결(연접적 · 이접적 · 접속적 종합)이 이루어진다. 이러한 종합 과정에서 이루어지는 분자적 연쇄의 기능을, 나가가 탈주선을 파악할 것을 제안한다. 물론 이러한 과제는 욕망하는 기계가 작동하지 못하도록 하는 몰적 집계나 구조들, 표상들을 파괴하는 소극적 과제와 분리할 수 없다.

분열분석의 두 번째 과제는 분자적인 것과 몰적인 것의 관계를 파악하는 것이다. 몰적 구성체의 투여가 아닌 분자적 구성체가 없고 자신들이 대규모로 형성하는 사회적 기계들을 벗어나 존재하는 욕망하는 기계들은 없다는 인식에서 출발한다. 다시 말해서 모든 (욕망)투여는 사회적이며 어

15 Deleuze and Guattari, *Anti-Oedipus*, University of Minnesota Press, 1983, pp. 322~382.

찌됐든 사회역사적 장에 관계한다는 것이다. 이와 관련해서는 분자적 단위가 어떤 선별을 거쳐 몰적으로 집계되는지에 대해서 설명하려고 한다. 그리고 사회적 투여 안에서 욕망의 무의식적인 리비도 투여와 계급, 즉 이해(interest)의 의식적 투여를 구분한다는 것이다. 이데올로기에 입각한 마르크스주의적인 의식적 혁명이 새로운 목표와 이해를 창조하고 분배하고 만족시키는 새로운 사회생산 체제를 가리킨다면, 무의식적 혁명은 권력을 해체해가는 욕망하는 생산체제를 가리킨다.

그러면 사회적 장의 무의식적 욕망투여를 어떻게 파악할 것인가? 그 욕망투여를 나타내는 지표(index)들을 이용할 수 있다. 예를 들어 성(sexualité)은 사회적 장의 욕망투여의 지표들을 이루고 있다. 사회적 장이 성을 '더러운 비밀'이라고 투여하고 있을 때, 성해방운동은 나타날 수 없을 것이다. 분열분석은 사회적 장이 그러한 (예를 들어 성을 둘러싼) 지표들에 어떻게 욕망을 투여하고 있는가를 파악해내야 한다는 것이다. 이러한 분자적/몰적 관계를 분석하려는 분열분석은 사회적 리비도 투여의 두 가지 극, 편집적이고 반동적이며 파시즘적인 극과 분열적인 혁명적 극을 구분한다. 이것은 대의명분이나 이데올로기에 입각한 집중화 방식이 아니라 욕망을 담지한 분열적 움직임을 통해서 탈영토화된 흐름을 만들어가는 방향을 제시한다.

이상의 두 가지 과제에서처럼 분열분석은 동일시, 동일자의 보편적 상을 거부하고,[16] 분화의 길들, 새로운 강렬도의 증식, 리좀에서의 새로운

16 욕망은 항상 영토 외적(extra-territorial)이며, 탈영토화되고, 탈영토화하며, 모든 장벽의 아래위로 빠져나간다. 그런데 이러한 흐름을 무시하고 사회적 생산과 욕망하는 생산을 구분하는 것(이분법)은 욕망의 흐름을 표준적 표상에 가두는 것이다. 전통적인 정신분석가들은 자아 · 아버지 · 어머니를 동일한 극으로 다루어야 한다고 생각하고, 항상 동일한 아버지와 동일한 어머니, 동일한 삼각형을 찾는다. 아버지는 은행에서 일하든, 공장에 다니든, 이민노동자이든, 실업자이든, 알코올중독자이든 동일하다고 파악하는 것이다.

가지치기를 추적하려 한다. 즉 항상 다른 것과의 접속, 다른 것으로 되기를 추적한다. 그렇다고 분열분석은 사회경제적 분석과 리비도경제적 분석을 변증법적으로 종합하려고 하기보다는, 무엇보다도 사태들을 논리적인 골격으로 환원하지 않고 풍부화하고, 그 연쇄들 · 현실적인 자취들 · 사회적 함의들을 추적하려고 한다.

이러한 분열분석에서 핵심은 기계라는 발상이다. 표상과 구조로 환원시키지 않고 기계적 작동을 통해 다양한 접속회로를 만들어가는 방법을 추구하는 것이다. 결국 분열분석은 소극적으로는 교조적인 유물변증법을 비롯한 인식론에 기울어진 변증법 전체를 공격하는 것이며 구조주의를 비판하는 것이다. 분열분석은 적극적으로는 욕망의 흐름을 주요 분석 대상으로 삼기 때문에, 마르크스주의와 후기프로이트에 대해서도 비판해나갈 수 있게 해준다. 마르크스주의는 욕망 문제를 사적인 것으로 폄하해왔으며, 더욱이 프로이트는 후기에는 욕망을 충동(이드) 개념으로 축소하여 진정시켜야 할 것으로 생각하기도 하였다. 라캉도 욕망을 많이 얘기하지만 '결여로서의 욕망'을 얘기한다. 가타리는 오히려 프로이트의 초기 입장, 즉 리비도 에너지를 해방함으로써 신경증을 치유한다는 발상과 라이히의 성긍정적인 오르가슴론을 이어받고 있다. 그리고 라캉에 대해서는 매우 비판적인 거리를 유지하면서 욕망의 분열적 성격과 생산적 성격을 강조한다.

다시 말해서 분열분석이라고 해서 해체하자는 것이 아니다. 오히려 다양한 선들을 접속시키자는 의도가 강하다. 가타리의 말에 따르면 '무의

모든 현상은 고정된 것이 아니라 자체가 지닌 힘에 의해 다양한 방향으로 나아갈 수 있으며, 따라서 지금 있는 '어떤 것'은 항상 여러 방향으로 움직일 수 있는 내재적 리듬을 가지고 있다. 이러한 리듬은 다른 것과 접속하면서 새로운 것을 만들어갈 수 있는 근거가 되는데, 이 리듬을 강렬도라고 한다.

식의 영역은 분리, 지층화 및 분절성이 아니라 모든 영역에서 접속의 모든 가능성의 장소이다. 만일 무의식구성체에 관한 분석적 실천과 사회구성체의 정치적 실천 사이에 융합이 없다면, 동일한 태도, 동일한 도그마적 집착, 동일한 위계들, 동일한 배제 및 지배 조건이 끝없이 일어날 것이다.'[17]

2) 분열분석적 지도그리기

(1) 개념도구들

가타리는 무의식 분석을 위한 개념도구들을 제시한다. 그는 기존의 개념을 더욱 확장하기도 하고(기계, 부분대상 등), 다른 학문 분야에서 사용하는 개념들을 차용하기도 하며(리토르넬르, 카오스, 복잡성, 자기생산, 접촉경계면), 새로운 개념을 만들어내기도 한다(추상기계, 욕망하는 기계, 감각블록, 메타모델화, 배치). 가타리는 수많은 개념도구들을 제시하면서도 어떤 개념도구를 중심적인 것으로 설정하지 않는다. 개념도구들의 연장통을 만들어 놓고 그 가운데 필요한 것을 꺼내 쓰도록 권유한다.

물론 그 개념도구들은 변증법에서의 대립쌍(본질과 현상, 물질과 정신 등)처럼 대립적인 것처럼 보이는 것들이 있다. 몰적/분자적, 편집적/분열적, 기표적 기호학/비기표적 기호론, 동질발생/이질발생, 의미작용/무의미, 기계학/기계론 등 토대/상부구조와 같이 이원론에 빠질 수도 있는 개념쌍들을 제시한다. 그러나 가타리가 이런 개념 쌍을 제시할 때는 정태적인 개념 쌍이 아니라 서로 다른 작동방식에 주목한다.

무의식 분석과 관련해서 가타리는 기존의 정신분석에서 사용하는 개념들을 대체하려고 시도한다. 그래서 충동보다는 기계, 리비도보다는 흐름,

17 Félix Guattari, *Chaosmose*, Editions Galilée, 1992, p. 197.

자아 층위와 전이 층위보다는 실존적 영토, 무의식적 콤플렉스와 승화보다는 무형적 세계, 기표보다는 카오스모즈적인 실체에 대해 말하며, 세계를 상부구조와 하부구조로 나누기보다는 존재론적 차원들을 원을 그리듯이 짜맞추는 것(지도그리기)을 강조한다.[18]

(2) 지도그리기

가타리는 분열분석의 방법을 지도그리기(cartographie)라고 묘사한다.[19] 그것도 단순히 단면도나 평면도를 그리는 것이 아니라 산맥과 지층과 습곡과 강과 농경지, 주택들이 어우러져 있는 지도그리기를 의도한다. 무의식에 대한 분열분석적 지도그리기는 과학적인 것을 지향하는 것이 아니라 다양한 개념들을 가지고 어떤 배치를 분석하는 것이다.

애초에 배치 개념은 프로이트의 콤플렉스 개념을 대치하는 것이었다. 모든 것을 설명하는 준거가 되고 환원의 고정점이 되는 콤플렉스 개념에 대항하여, 다양한 기계들이 작동하면서 결합되어 일체를 이룬 상태(기능연관)를 말한다. 배치는 다양한 구성요소들을 포함하며 코드와 영토성에 의해 고정되지 않고 끊임없이 새로운 흐름들을 생산해내는 틀이다. 다양한 기계들이 작동하면서 이루어내는 집합적 구도를 말한다고 할 수 있겠다. 가타리는 특히 그 배치 안에서 다양한 구성요소들의 작용들을 분석하고 그 다양한 구성요소들 간에 횡단하는 새로운 핵들을 찾아내서 그러한 것이 이행구성요소로서 작용할 수 있는 측면들을 확인해보려고 한다.

그러면 언어로 기운 정신분석을 비판하면서 배치개념을 제시하는 가타리의 설명을 들어보자.[20]

---

18 Félix Guattari, *Chaosmose*, Editions Galilée, 1992, p. 175.

19 Félix Guattari, *Cartogaphies Schizoanlytiques*, Editions Galilée, 1989.

20 Félix Guattari, *IM*, Editions de Recherhes, 1979, pp. 43~73.

정신분석에서는 언어를 무의식을 분석하는 데 있어서 중요한 대상으로 간주하였다. 프로이트는 대화를 통한 자유연상 방법을 사용하였고 다양한 실언이나 농담 등을 분석하기도 하였다.

라캉을 비롯한 구조주의적 경향을 지닌 학자들도 무의식분석에 있어서 언어를 강조하였다. 언어를 통해서 무의식적인 정신구조가 구성되는 것으로 생각하기까지 하였다. 이러한 경향은 결국은 언어로부터 정신이 구성되는 듯한 사고로 이어져갔고, 더욱이 언어(합리적 틀) 이외의 요소들을 부차적인 것으로 처리하는 방식으로 나아갔다.

이러한 것을 비판하기 위해 가타리는 언어에서 벗어나자는 주장을 한다. 언어의 체계가 의미를 지닌다는 초기의 입장에서 후기에는 '사용'(실천)을 축에 두고 언어를 파악하게 된 비트겐쉬타인처럼, 가타리는 화용론을 강조하면서 언어(언어학) 자체에서 벗어날 것을 강조한다.

언어학자들은 내용을 규정하려고 할 때 어려움에 처하게 되면서 점차 화용론에 관심을 갖게 되었다. 그렇지만 언어학은 언어와 사회적 장 사이의 상호침투 문제를 제기하지 않았다. 이러한 사고방식에는 언어의 통일성과 자율성에 대한 믿음이 깔려 있다. 이에 대해 가타리는 언어는 어디에나 있지만, 자기 자신에게 고유한 어떤 영역도 소유하지 않는다고 한다. 결국 어떤 언어의 통일성은 항상 어떤 권력구성체의 구성과 분리할 수 없다고 한다. 방언지도 위에서 보이는 것은, 결코 명확한 경계선이 아니라 단순히 접경지대 및 이행지대일 뿐이다. 모국어는 없으며, 하나의 집단, 하나의 인종집단, 혹은 하나의 민족에 의한 기호적 권력의 장악이라는 현상이 있다는 것이다. 다양한 언어들(소수언어들)이 있을 뿐이고 그에 대한 권력장악이 모국어를 선포한다는 것이다. 더 강하게 말하면 권력구성체는 기호적 제어[21]와 기호학적 예속을 통해서 탈코드화된 흐름들을 통제해나간다는 것이다.

그렇기 때문에 문법성에 기초하여 문법적으로 올바른 문장을 만드는 것은 '정상적인' 개인에게는 법칙에 대한 복종의 전제조건이다. 누구도 만약 열등–인간, 어린이, 일탈자, 광인, 부적응자를 위해 마련된 제도들에 속하지 않는 한 지배적인 문법성을 무시하기 어렵다. 가타리는 이러한 문법성에 근거한 작용방식은 권력표지이자 통사표지[22]라고 한다.

가타리가 언어와 관련하여 정리하는 것은 '언어적 보편성은 존재하지 않는다'는 것이다. 언어적 표현의 각 장면에는 (지각 · 몸짓 · 제스처 · 이미지에 의한 사고의 등등) 모든 종류의 기호적 연쇄의 네트워크가 결합되어 있다고 한다.[23]

언어에서 벗어난다는 것은 문법화되고 질서지워진 언어규칙에 매이지 않는다는 것을 의미하며, 이러한 생각에서 가타리는 언어가 아니라 언표행위를 강조하게 된다. 언어로 표현되는 신호뿐만 아니라 인간이 표현하는 모든 신호들, 예컨대 몸짓이나 인상 · 괴성 · 침묵 등등을 모두 고려하기 위한 개념이다. 또한 그런 언표행위는 단독적으로 존재하는 것이 아니라 다른 사람들 및 사물들과의 집단적 배치 속에서 이루어지는 것이다. 이러한 배치를 고려하면서 언표행위들을 해석해가려는 의도에서 가타리는 언표행위배치라는 개념을 사용한다.

언표행위배치에는 다양한 구성요소들이 있고 그 구성요소들 안에서 다양한 흐름이 있다. 가타리는 배치 안에서 물리학의 입자에 비유할 만한 것으로 사물상태와 기호상태에 있는 어떤 가능성의 결정화에 대한 무한

---

21 가타리는 예속(종속, assujettissement)과 제어(asservissement)를 구분한다. 예속은 우리가 흔히 말하는 권력관계로서 나타나는 종속을 말하고, 제어는 사이버네틱스에서 자동기계적 제어의 의미로 사용한다.

22 통사(syntax)란 언어에 존재하는 문장구조의 규칙을 말한다. 가타리는 언어에서 이러한 규칙을 부과하는 것을 권력작용이라고 본다.

23 Félix Guattari, *IM*, Editions de Recherhes, 1979, p. 33.

소적인 지시작용을 나타내는 추상기계에 대해 언급하고 배치 안의 기계적 작동에 대해 얘기한다. 물론 그 안에서는 구성요소들 사이에 공명과 상호작용이 일어난다. 이러한 공명과 상호작용의 효과에 따라 배치 안에서는 몰적인 일관성, 분자적 일관성[24]이 나타나며, 각 일관성 형태와 공명 및 상호작용에 따라 다양한 배치형태들을 분류해낼 수 있다. 가타리가 이러한 작업에서 강조하려는 것은 그러한 배치의 변형에 있다. 각 구성요소 안에서 이행구성요소로 작용하는 것을 색출해내고 그 이행구성요소가 어떤 다른 구성요소와 작용하면서 색다른 배치로 넘어가는가를 파악하려는 것이다.

(3) 분열분석 방법

가타리는 분열분석적 지도그리기의 주요 방식의 하나는, 배치의 지층화를 물리학자들이 말하는 이른바 '터널효과'[25]와 약간 유사한 방식으로 횡단할 수 있는 기호적 요철과 탈영토화하는 점·기호를 지닌 돌연변이적 구성요소를 판별하는데 있다고 한다. 분열분석 과정은—개인적이든 집단적이든— 자신의 본성상 분석 대상에 연루되며, 예를 들면 배치의 내적 돌연변이를 가속시키는가 감속시키는가를 선택하거나, 사이-배치적 이행을 조장하는가 제지하는가를 선택하듯이, 미시-정치적 선택을 해야 한다. 그리고 현동적인 무의식을 탐구하고 실험하면서, 단순히 통시적 귀결

24 일관성은 단일한 기호(taste)를 생산할 수 있도록 요소들을 결속하는 것을 말한다. 고정된 위계와 질서에 의해 단일하게 전체화된 통일체가 아니라, 고유한 차이들 속에서 상호작용할 때에 나타나는 경향성을 말한다. 흔히 준거는 어떤 표준을 상정하지만 일관성은 표준을 상정하지 않고 상호작용 속에서 만들어지는 것이다. 서로 딴소리를 지껄이는 정신병환자들 사이에서 생기는 일정한 상호인식의 틀 같은 것을 예로 들 수 있을 것이다.

25 하나의 '터널효과'에 의해 양자물리학의 틀 속에서는, 어떤 일련의 '금지된' 중간적 상태를 통과해서, 어떤 물리체계가 '허용된' 상태로부터 다른 '허용된' 상태로 이행하는 것을 기술할 수 있다.

—증상, 노이로제, 승화 등—의 탐지작업에만 전념하는 것이 아니라, 분명한 평형상태 또는 주체적 파국상태를 넘어서 현실적으로 해당 배치를 횡단하는 (또는 횡단할 수 있는) 공시축에 따라서 가장 드러나지 않은 상황적 잠재력을 밝혀내는 것에 몰두하는 것이다. 현상적으로는 가장 환원 불가능하다고 보이는 특이점, 무의미점, 기호적 요철에 가능한 한 가까이 접근하는 것이다.

가타리는 분열분석을 기계적 특이성 특징의 다양한 '추출'능력에 따라, 즉 기존의 배치를 대상으로 하는가, 새로운 것을 창조하려고 하는가에 따라 생성 분열분석과 변형 분열분석으로 나눈다.[26] 생성 분열분석에서는 이행구성요소의 역할은 전부 배치 간의 약한 상호작용의 작동에만 한정되며, 그 목적은 그 상호작용의 소외 메커니즘, 지층화, 억압석 잉여성, 블랙홀 효과를 완화하거나, 만약 가능하다면 해결하고, 더욱이 그것들의 파국 위협을 피하거나 늦추는 것이다. 분열분석적 언표행위배치는 여기서는 항상 자본주의 권력구성체에 대해서는 다소 소외되어 있으며, 권력구성체의 미시-거대-기계장치(집합적 설비)에 예속되어 있다. 이러한 예속과 탈소외라는 몰적 관계가 문제로 되는 곳에서는 '슬로건이 아니라 단지 암호 몇 개'가 분열분석의 표어이며, 분열분석의 작업은 모든 것이 미리 연기되는 듯한 상황에서 새로운 기계적 의미(비기표적 의미)를 밝히는 것이다. 여기서 분열분석은 사회역사적 인과성 체계 혹은 미래를 포착하는 유전자적 단계체계에 대한 모든 강제적 준거를 체계적으로 거부하고, 현재 현실에 밀착됨으로써 과거 속에 동결된 의미작용과 결정론을 끊임없이 재조명하는 방향으로 나아간다.

좀 더 나아가 배치의 핵에 내생적인 메커니즘을 근본적으로 수정하고

26 Félix Guattari, *IM*, Editions de Recherhes, 1979, pp. 190~199.

따라서 새로운 배치를 창조하려는 변형 분열분석은 예속과 탈소외라는 몰적 관계를 넘어서 기계적 제어의 분자적 벡터들을 문제 삼는다. 특히 여기서 이행구성요소의 개입양식과 각 이행구성요소에 고유한 변형이라는 특정한 절차에 대해 분석해나간다. 그 때 이행구성요소가 지닌 다음과 같은 몇 가지 기능을 강조하게 된다. ① 구성요소들이 지닌 판별 가능화 기능(예: 프루스트에게서 확대, '채색', 기호적 교차의 방법, 또는 카프카에게서 시·공간 좌표의 가속화, 감속화, 둔중화, 왜곡의 방법 등). ② 증식 기능. 구성요소는 독립해서 제멋대로 활동을 시작하고, 만일의 경우에는 자신이 그 속에 지층화되어 있는 그 배치로부터 분리된다(예. 처음에는 주변적인 어떤 계획—'설마, 그 춤을 다시 평가해 본다면'—이 다른 계획과 관련하여 제시되고, 스스로를 일단의 구성요소와 연결하고, 점차 한 개인의 전망 전체를 교정하는 것으로 된다). ③ 도표화 기능. 구성요소는 이질적인 영역들을 그 영역들의 표현소재의 관점에서 횡단할 수 있는 돌연변이적 기계장치를 가동시킨다(신체적·정신적·비교행동학적·사회적·경제적·예술적 등의 상호작용들).

분열분석은 구성요소들의 이러한 기능작용에 따라 배치를 다르게 만들어가는 새로운 기계적 핵(변형과정을 주도하는 핵심집단)을 파악하고 이것을 수정하는 변형 궤도를 만들어가는 것이다. 여기서 기계적 핵은 이질적인 구성요소들을 접합하며 그 요소들을 하나의 내부 환경 및 하나의 외부관계를 전개시키는 방향으로 조직하는 집합적 움직임이나 집합체이다.

이 기계적 핵(예를 들어 정신병원에서 다양한 병을 지닌 환자들 간의 횡단적 모임, 노조에서의 횡단적인 여성모임 등)이 계열적 산출물로 환원할 수 없는 우발성, 즉 구조들의 활동과 일치하지 않는 특이점과 관련하여 지닌 예속(몰적 소외) 관계, 기계적 영토성과 지닌 제어관계는 이행구성요소들이 지닌 욕망 관계들과 엮여 있다. 분열분석은 바로 욕망관계의 흐름을 이 삼각관계(예속관계, 제어관계, 욕망관계)에 입각하여 파악해내면서 기계적 핵의 움직임을 파악해냄으로써 새로운 배치의 생산을 의도하는 것이다.

이때 주체는 특히 구조주의적 정신분석이 주장하듯이 기표작용 위에 입각해 있는 것은 아니다. 오히려 주체는 언어가 아니라 이질적인 다양한 구성요소에 의해 구성되는 것(주체성)으로 파악된다.

따라서 분열분석적 지도그리기의 목적은 의미화하고 소통하는 것이 아니라, 어떤 상황의 특이점들을 파악할 수 있는 언표행위배치를 생산하는 것이다. 이러한 전망 속에서 정치적이거나 문화적인 성격의 모임들은 분석적으로 될 사명을 지니도록 요청되며, 반대로 정신분석적인 작업은 다양한 미시 정치적 등록기(작용영역) 속에 기반하도록 요청된다.[27]

특히 가타리는 이러한 다중 구성요소적인 지도그리기의 방법이 주체화 과정과 공존할 수 있고 주체성의 생산수단의 재전유, 자기생산을 가능하게 할 수 있느냐[28] 하는 점이 중요하다고 지적한다.

3) 분열분석의 의의

이러한 분열분석 방식에 입각하여 전개하는 무의식 연구에서 가타리가 추구하는 것은 무엇인가? 아마도 가타리의 가장 중요한 관심인 자율적인 주체성의 생산이라는 문제를 해명하려는 시도였다고 생각된다. 물론 가타리는 우리가 흔히 얘기하는 전체 사회에 대비되는 어떤 개인이 아니라 타자의 복합체이자 사회 속에 있는 하나의 작용점인 주체성을 얘기한다.

가타리는 말한다. "나에게 긴급해 보이는 것은 프로이트와 마르크스에게서 가장 중요한 것, 즉 주체형성은 개인적 '신상'과 일치하지 않으며, 일치할 수도 그리고 일치해서도 안 된다는 것을 다시 주장하려는 것이다.

---

27 Félix Guattari, *Chaosmose*, Editions Galilée, 1992, pp. 175~176.

28 Félix Guattari, *Chaosmose*, Editions Galilée, 1992, p. 27.

주체성은 최소한의 수준에서, 타자 · 어머니 · 아버지 · 가족 · 카스트관계 · 계급투쟁과의 복잡한 관계에서, 간단히 말해 사회적 상호작용의 모든 수준에서 자리 잡는다. 우리가 주체성은 두뇌 회전에서 블랙박스 세트와 동일시될 수 없고 '전(前)개인적'인 것과 사회적인 것의 모든 수준에서 생산되고 있다고 생각하는 순간부터, 무의식 분석은 어떤 식으로든 오이디푸스적 공리에 기반한 인간상호간 관계로 환원될 수 없는 '기계적 순환들' 및 주체화의 배치를 설명해야 한다."[29]

그래서 가타리의 무의식 연구는 프로이트처럼 과거의 억압된 것을 의식해내기 위해서가 아니라, 라이히처럼 현재의 오르가즘을 달성하기 위해서가 아니라, 라캉처럼 상징적인 구조화를 통해 생산되는 주체에 대한 관심에서가 아니라, 우리의 현실을 변형해나가는 이행구성요소를 찾아내기 위한 것이다. 가타리는 말한다. '무의식은 미래를 향해 나아간다'고. '무의식은 건설되고 창안되어야 한다'고.

가타리는 분열분석은 '정신분열증을 흉내내는 데 있는 것이 아니라, 화석화된 모델화 체계를 바꾸는 유일한 방식인 비기표적 주체화의 핵에 접근하는 것을 가로막는 장벽을 뛰어넘는 데 있다'[30]고 한다.

결국 분열분석은 지배적인 배열장치들 속에서 이질발생적으로 주체성을 생산해내며 그와 더불어 새로운 배치를 구성해나가려는 것이다.

---

29 Félix Guattari, *Soft Subversion*, Semiotext(e), 1996, pp. 269~270.

30 Félix Guattari, *Chaosmose*, Editions Galilée, 1992, pp. 98~99.

4. 분열분석의 실천적 함의

정치적인 실천의 측면에서 말한다면, 분열분석은 조직과 관련해서는 이념에 근거하여 욕망을 억압하는 예속집단에 대비하여, 욕망이 사회적 장을 뚫고 들어가도록 하면서 내외부의 횡단성계수를 높여가는 주체집단(분석집단)을 제시하는 것과 잇닿아 있다. 실천적으로 보면, 분열분석은 욕망하는 생산의 '모든 전선'에서의 정치투쟁을 모색하는 방법이다. 단일한 영역에 초점을 맞추지 않고, 한 '전선'에서 다른 '전선'으로의 지속적으로 움직여가는 것(횡단성, 유목주의)을 지향한다.

그러면 이러한 분열분석은 가타리가 제기한 분자혁명과 어떤 관계를 맺고 있는 것일까? 기호학을 비판해나가는 분열분석은 '문법성의 공리'를 자명한 것으로 인정하지 않을 뿐만 아니라, 그것과 전투적으로 대립한다. 분열분석은 의미작용을 번역하거나 재편성하거나 손잡지 않고 잉여성 체계를 넘어서 기호론적 배치를 변형하는 것이 항상 가능하다고 생각한다. 정치적으로 분열분석의 첫 번째 책략은 기표적 권력의 정당화를 거부하는 것이다. 새로운 비기표적 좌표를 만들어내는 지도그리기를 해나가는 것이다.[31]

미시정치적 분열분석은 주체화 양식의 개인화된 방식을 비판하고, 이

31 이것은 예를 들면 레닌주의자들이 사회민주당과 결별했을 때 한 것이며, 그때 그들은 새로운 형태의 당(전위당) 설립을 바탕으로 프롤레타리아트 전위와 대중 사이에 분열이 생기는 것을 어떤 재량을 가지고 결정한 것이었다(민주집중제 주장). 이 레닌주의적 '변형' 이 후에 스탈린적 관료주의의 잉여성의 장으로 기울어간 사실은, 이 장에서 지도나 투여체계는 항상 바뀔 수 있다는 것을, 어떤 구조적 기초도, 어떤 이론적 정당화도 혁명적 '능력' 의 유지를 결정적으로 보증할 수 없다는 것을 나타내고 있다. 그래도 어쨌든 레닌주의자들은 새로운 무의식적 정치지도, 새로운 표현 소재를 만들어냈으며, 그것과 관련하여 모든 언표행위 생산물이 결정되지 않을 수 없었다고 한다.

것을 바탕으로 이전의 미시정치적 관계가 기록되고 수정되는 도표화 작용의 과정들, '분석장치들', 집단적 언표행위배치를 드러내려고 노력한다. 여기서 문제가 되는 것은 사회적 화용론에서의 돌연변이이다.

여기서 화용론의 임무는, 기표적 생성의 효과를 해체하는 변형체계 사이의 연결작업을 하는 것에, 그리고 '분자혁명'의 방향으로 진전하는 기호체계 전체에 관한 미시정치적 동향을 판별할 수 있게 하는 데 있다. 각 상황에서 분열분석의 정치적 목표는, 모든 지배적 변형성분 주위에 일어나는 권력의 결정화 작용의 성질을 밝히는데 있다. 어떤 기표적 성분의 붕괴 및 어떤 새로운 도표적 성분의 출현은 기표 및 개인화 작용의 효과를 감소시키고 언표행위를 기계적 배치의 다른 요소 내부의 하나에 지나지 않는 것으로 만들어버린다. 즉 분열분석적 화용론의 목표는 어떤 점에서 지도들 사이에 일치가 있는가, 어떤 분리작업이 사용되는가, 일정한 체계에 대한 기표적 권력장악은 어떤 범위를 갖는가, 언표 및 명제의 범위를 조직하거나 초코드화하는 기표에 접속되는 권력구성체는 어떤 성질을 갖는가를 결정하는 데 있다. 물론 그런 가운데 이행구성요소와 그것이 배치 속에서 행하는 기능에 집중한다.

이러한 점에서 가타리는 분열분석을, 어떤 미시정치적 실천이며 다수의 변이적 생성, 여성되기, 어린이되기, 노인되기, 동물되기, 식물되기, 우주되기, 투명인간되기 등을 바탕으로 증식하는 분자혁명의 거대한 리좀에 관련시키지 않으면 그 의미를 찾을 수 없다고 본다. 이 '되기'들은 존재의 새로운 감수성이나 새로운 지성, 새로운 부드러움을 창출하거나 '기계적으로 조립'하는 많은 방법을 만들어내게 된다는 것이다.

가타리의 이러한 사고 전개는 표준화되지 않은 주체성생산과 새로운 실천방식을 제기하게 된다. 무엇인가의 중심에 다가가기보다는 주변으로 나아가는 움직임 속에서 보편적인 주체상을 벗어나 복수적인 주체들의 새로운 연결망을 혹은 새로운 실천방식을 만들어낼 수 있다고 생각하는 것이다.

마르크스주의 혁명론이 적대관계의 철폐를 주장하고 권력을 파괴하려고 하면서도 또 다른 권력을 만들어냈던 것에 대해서 가타리는 주체 혁명 없는 사회 혁명은, 분자혁명 없는 권력혁명은 언제 어느 때 다시 권력화할지 모른다는 인식을 갖고 있었다. 따라서 그는 저 멀리 있는 권력의 철폐가 아니라 내 몸에 붙어서, 가까운 이웃에서 권력화해가는 작동방식을 어떻게 할 것인가 생각하는 것이다. 분열분석을 통해서 가타리는 바로 내 옆에 인접해 있는 것들의 작동방식이 욕망해방의 방향으로 나가도록 하는 방식들을 찾아내려는 것이다. 그 과정에서 바로 표준적인 주체를 벗어날 수 있는 주체성, 이질적인 흐름들을 포괄해내는 주체성을 찾으려 하는 것이다.

그러나 그 주체성은 배치 속에서 자신의 위상을 갖는다. 그래서 주체성 생산은 색다른 배치를 만들어가는 과정과 잇닿아 있다. 예를 들어 대안교육 실험을 가지고 설명해보자. 기존의 공교육 배치에 혐오를 느끼는 교사들과 그것에 적응하기 싫어하는 학생들로 짜어진 새로운 배치를 생각할 수 있다. 그러나 가타리는 기존의 공교육 배치 속에서 특이한 교사가 정신지체아들을 교육하면서 기존의 방식과는 달리 좀 더 개방적이고 자율적인 분위기를 만들면서 색다르게 해보려는 방식 같은 것을 더 염두에 둘 것이다.[32] 그 과정에서 학생들 자체에서 그 색다르게 나가는 방식에 대한 저항이 있고, 주변 세계, 즉 다른 교사들, 이웃들, 학부모들의 다양한 반응이 있다. 이러한 다양한 구성요소들 간의 작용 속에서 학생들의 자율적인 실험을 일관되게 밀고 나가는 핵(예를 들어 학생들이 자체적으로 제작하는

32 가타리, 윤수종 옮김, 『분자혁명』, 푸른숲, 1998, pp. 208~213.

수업자료 또는 그 작업)을 찾아내는 것이 분석활동(분열분석적 지도그리기)의 과제일 것이다.

나아가 욕망을 해방하는 주체성을 생산하는 문제에서 출발하면서 복수의 주체들이 어떻게 연결되고 새로운 실천방향을 만들어갈 것인가가 주요 관심사가 된다. 이와 관련하여 가타리는 1980년대 접어들어 생태운동에 가담하면서 기존의 분자혁명적인 사고를 더욱 진전시켜 생태학적 틀 속에서 확장해나간다. 이러한 실천적 방향의 근거는 바로 분열분석적 지도그리기에 있다고 보인다. 다양한 배치들을 담고 있는 넓은 의미의 생태적 공간 속에서 주체성생산을 둘러싼 실천방식을 생각해나가는 것이다.

이처럼 가타리는 거의 30년 정도 자신의 행보를 더듬으면서 전개해온 분열분석의 작업을 더욱 진전시켜나가 생태적 사고로 발전시켰다. 이 과정에서 주체성생산이라는 문제를 권력이 배열한 '주체화의 집합적 시설들' 속에서 이질발생적으로 만들어나가는 문제로 포착해나간다.[33]

인간 총체를 외부에서 강압하는 권력과 주체성의 내부에서 과학기술적이고 경제적인 실용론에 접합해 있는 지식에 대립하여, 사회적 정신적 지층화를 횡단하면서 자신의 고유한 좌표, 자기일관성에 근거한 과정적인 주체성을 발전시키는 자기준거를 찾으려고 한다. 이것은 특이화(스스로 다르게 되기) 과정이기도 하다. 이전까지의 분열분석에 공간, 에너지, 자기준거로서 일관성, 흐름, 세계(Univers) 등의 개념을 부가하면서 사유의 폭을 넓혀간다. 이렇게 사유의 폭을 넓혀가서 카오스모즈(chaosmose)[34]라는 생성론에 이른다. 가타리는 카오스(혼돈)와 복잡성 사이의 상호침투 과정에서 이질발생적으로 구성되는 조직방식, 주체화 방식에 초점을 맞추어나

---

33 Félix Guattari, *Chaosmose*, Editions Galilée, 1992.

34 chaos(혼돈)+cosmos(질서)+osmose(상호침투)의 신조어.

간다.

가타리는 현대 세계의 위기현상을 사회적 존재로서의 인간의 외적 조건 · 내적 조건을 연결하는 포괄적인 성격의 것으로 파악하며, 그것에 대응하는 포괄적인 대처방안으로서 기존의 생태학 개념을 사회와 정신으로 확장하여 '생태철학'이라는 새로운 개념을 제기하고 새로운 사회구성의 모델을 구축하려고 한다. 기존의 변혁이론이 지배권력 및 지배장치의 파괴과정과 대체장치들의 건설에 초점을 맞추고 있다면, 가타리는 그러한 장치들의 작동방식들과는 다른 작동방식을 추구하는 색다른 배치(코뮌)를 만들어나가는 과정에서 구조화되지 않은 주체성을 생산하려고 한다. 객관적 현실에 붙박인 구조와 관계와 주체가 아니라 즉 객관적이고 과학적인 규명에 의한 주체라는 문제가 아니라, 예술적인 생성으로서 새로운 주체성의 생산이라는 문제로 넘어가는 것이다.

제7장

카오스모즈의 생태학

가타리는 이상과 같은 분자혁명론과 분열분석을 1980년대 중반에 들어서면서 생태학적 문제설정으로 확대해간다. 스스로 '인동의 세월'[1]이라고 한 1980년대 전반을 넘어 가타리는 생태운동에 적극적으로 참여하였다. 프랑스 녹색당의 당원으로서 1992년 3월 실시된 프랑스 지방의회 선거에서는 생태파의 후보자 리스트의 끝에 들어가기도 했지만, 가타리는 '녹색당'과 '생태세대'라는 두 가지 흐름(당)으로 나뉘어 있는 프랑스 생태운동에 사상적 가교역할을 하였다.

가타리는 환경생태학에 사회생태학과 정신생태학을 덧붙여, 이 세 개의 생태학을 윤리-정치적으로 접합하는 고리로서의 철학적 실천 개념으로서 생태철학(에코소피아)을 제시한다. 최종적으로는 이러한 생태철학을 분열분석 방법과 결합하여 카오스모즈(Chaosmose)라는 생성론으로 나아간다.

프랑스 생태운동의 맥락을 살펴보고 이어서 먼저 가타리의 생태사상을

---

1 Félix Guattari, *Les Années D'hiver: 1980–1985*, Paris: Editions Bernard Barault, 1985.

정리해보겠다.

1. 프랑스의 생태운동

프랑스에서 1968년 5월 혁명은 일상생활에서의 모든 측면을 바꾸는 새로운 운동 흐름을 촉진하였다. 즉 생태운동 · 여성운동 · 학생운동 · 지역운동 · 자주관리운동 · 평화운동 · 감옥운동 · 동성애운동 · 환자운동 · 이민노동자운동 등 이른바 '새로운 사회운동'이 활성화되었다.[2]

68혁명 이후 등장한 프랑스의 생태운동은 1970년대 중반까지는 환경에 관한 국제회의의 개최, 환경관련 보고서들의 발간 등을 통해 환경에 대한 관심을 높이기 시작하였다. 이 시기에는 인구폭발 · 수질오염 · 대기오염 · 해양오염 등에 관심이 집중되었다. 1970년대 중반에서 1980년대 초반에 이르는 시기에는 핵에너지의 개발과 사용에 반대하는 반핵운동이 생태운동의 주류를 이루었다. 그런데 1980년의 반핵운동을 정점으로 사회당 정권(1981년 집권)이 들어서면서 대중적 생태운동은 커다란 후퇴를 경험하였다. 그에 반해 정치세력화는 진전되어갔고 1980년대 들어 당 형태로 발전하였다. 1980년대 초반 이후에는 환경문제의 전지구적 차원이 강조되고 지속 가능한 발전과 생태적 근대화라는 쟁점이 중요하게 부각되어왔다.

1970년대에 들어 활성화된 생태운동의 조직들은 지역이나 지방 수준에서 주변의 구체적인 환경문제에 대응하기 위해 자생적으로 만들어진

2 김인애, 「프랑스 신좌파에 대한 비판적 고찰」, 이화여자대학교 교육대학원 석사논문, 1984, pp. 57~71.

자발적인 모임들의 느슨한 연합체였다. 또한 생태운동의 참여자들은 도시운동 · 평화운동 · 여성운동 등의 운동의 참여자들이기도 했다.

1980년대에 접어들면서 지역의 자생적인 생태운동조직들과 더불어 전국조직이나 국제조직의 국내 지부들의 활동이 증가하였다. 또한 자발적인 모임들과 다양한 운동가들(좌파정치운동가 · 대안운동가 · 평화운동가 · 여성운동가 · 지역운동가 등)이란 두 세력이 결집하면서, 1984년 '녹색당'(les Verts)이 결성되었다.

1980년대 중반 프랑스의 생태운동조직으로는 '지구의 친구들', '녹색당', '그린피스' 등이 있었다.[3] 물론 가장 많은 회원 수(1985년 85만 명)를 확보하고 정부와 좋은 관계를 유지하면서 많은 재정 지원을 받는 '프랑스환경보호협회'가 있었지만 운동성은 거의 없었다고 보아야 할 것이다. '지구의 친구들'(Amis de la Terre)은 1971년에 결성되었는데 국제조직의 프랑스 지부이지만 거의 완전한 자율성을 누리고 있었다. 1985년에 3천여 명의 회원에 100여 개의 소모임으로 구성되어 있었다. 이 소모임들은 비공식적이고 느슨하게 연결된 지역조직들이었다. 이 조직은 프랑스 생태운동조직들 가운데 가장 영향력이 컸으며, 결성 초기부터 핵발전소 반대 투쟁을 주도해왔다. 이 조직을 주축으로 1990년에는 '생태세대'(Génération Ecologie)라는 또 다른 녹색당이 결성되었다.

'녹색당'은 1만 5천여 명의 당원을 확보하고 있었다(1985년). 녹색당 당원의 구성을 보면 전문직과 사무직의 비율이 높았고(1990년 85.5%) 45세 미만의 젊은층이 77%에 이르렀다. 녹색당은 정치적으로는 강력한 연방구조와 전국정당을 지향하고 있었다. 물론 조직의 분권화와 지역조직의

3 정수복, 「유럽 환경운동의 형성과 전개: 프랑스와 독일을 중심으로」, 『현대의 위기와 새로운 사회운동』, 문원, 1994, pp. 117~135.

자율성을 극대화하기 위하여 대의원의 3/4은 지역에서 선출하고 나머지 1/4만 총회에서 선출하는 것을 포함하여 대표자나 사무총장 제도가 없고 복수의 공동대변인만을 두는 방침을 채택하였다. 녹색당은 내부적으로는 대표제에 대한 이러한 대안적인 방침을 실험해갔지만, 다른 조직들(특히 좌파)과의 연대를 거부하면서 스스로 고립되는 방향으로 나아갔다.

'그린피스'는 국제조직의 프랑스지부로 750여 명의 회원에 2만 5천여 명의 후원자를 가진 조직이었다.

생태운동의 두 축이자 당 형태로 나아간 '녹색당'과 '생태세대'는 1992년 지방의회선거에서 합계 14%의 득표율을 기록하면서 급부상하였다. 1988년 대통령 후보로 출마했던 앙투안 베슈테르(Antoine Waechter)가 이끄는 녹색당은 지역의 기존 동원조직에 기초한 근본주의적인 입장을 취했고 1986년 이후 다른 정당과의 연대를 거부해왔다. 반면에 1981년 대통령 후보로 출마했고 1990년 '지구의 친구들'의 대표였던 브리스 라롱드(Brice Lalonde)가 이끄는 '생태세대'는 좀 더 현실주의적인 입장을 취하였다. 물론 이 두 당이 포괄하지 못하는 생태문제에 공감하는 다양한 주민들이 더 많이 있었다.

가타리에 따르면 당시 녹색당은 충분히 열려 있지 않았다고 한다. 녹색당은 그 동조자나 잠재적 당원에 대해서 축소주의적인 정책을 취하며, 종종 연합[연대]운동 안에 있는 외부적 집단(신체)이라고 여겨졌다. 녹색당의 조직 구조는 자기 회전하는, 소집단 식으로 작동하는 경향이 있었다. 반면 생태세대는 사회당이나 중도파의 선거 기반이 되고 있는 사람들, 혹은 부동층의 적지 않은 부분을 끌어당겼다. 생태세대는 특히 이중 가입을 수용하여 비분파적인 것처럼 보였다. 그러나 생태세대는 전체적으로 보면 일관성을 결여하고 있었으며, 대중매체에 오르내리는 유력한 지도자의 주위에서 결정화될 뿐이며 본래의 민주주의적 기능을 갖지 않은 운동으로 남아 있었다. 따라서 이들 운동 각자 안에 존재하는 활발한 구성분자들이 서로 조직하고 연합적 운동과 연결하면서 정치적 생태운동의 전체적 재구성을 준비해나가는 것이 필요하다고 가타리는 주장하였다.[4]

그리고 가타리는 프랑스의 생태운동이 여전히 자연환경 문제와 대의제에 대한 대안 탐색 정도에 머물고 있어서 대중의 심성구조에 파고들지 못한다고 생각하였다. 가타리는 생태운동이 훨씬 더 다양한 영역을 횡단하면서 새로운 영역들을 열어젖히기를 원했다. 독일에서는 녹색당이 등장하면서 정당구조를 흔들어놓는 실험을 하였다. 가타리는 네그리와 여타 광범위한 사람들과 접촉하면서 독일녹색당과 유사한 조직을 만들기 위해 시도하기도 하였다.[5]

2. 세 가지 생태학

이러한 운동 상황 속에서 가타리는 포괄적인 생태적 사유를 제시한다.[6] 가타리는 1980년대 말의 현실에서 지구라는 혹성은 강력한 과학기술적 변혁을 겪고 있지만, 그 대신에 치료되지 않으면 결국에는 지상에서 생명의 존속을 위협할 생태적 불균형 현상이 나타나고 있다고 진단한다. 또한 유럽의 광범한 지역에 원자력발전소가 급증하여 체르노빌 형태의 사고가 일어날 위험성이 늘고 있으며, 사소한 기술적 고장이나 인간의 실수에 의

4 Félix Guattari, *Les Trois Ecologies*, Editions Galil?e, 1989, pp. 60~61; 가타리, 윤수종 옮김, 『세 가지 생태학』, 동문선, 2003.

5 네그리, 윤수종 옮김, 『귀환』, 이학사, 2006, p. 69.

6 윤수종, 「가타리의 생태학적 문제제기: 세 가지 생태학」, 『진보평론』 35호, 2008년 봄, 2008, pp. 38~46.

해서 자동(기계)적으로 집단 몰살을 가져올 수 있는 수천 발의 저장된 핵탄두가 지닌 위험성을 지적하고 있다.[7]

한편 가타리는 이러한 생태적 환경파괴와 함께 개인적이고 집단적인 인간 생활양식도 점차 악화의 길을 걷고 있다고 진단한다. 정보혁명에 의해서 증가된 생산력으로 인간은 점점 더 노동으로부터 해방되어 자유로운 가처분 시간을 갖게 되었다. 그런데 그러한 시간이 실업, 억압받는 주변자, 고독, 무위, 불안, 신경증을 가져오는 쪽으로 갈 것인가, 아니면 문화, 창조, 연구, 환경 재발명, 생활양식과 감수성을 풍부하게 만드는 쪽으로 갈 것인가를 질문한다.[8] 더욱이 '제3세계의 빈곤, 인구 문제, 도시 조직의 엄청난 증대와 타락, 오염에 의한 생물권의 은밀한 파괴, 그리고 새로운 기술 여건에 적합한 사회경제를 재조성할 수 없는 현 체계의 무능력'[9]이 드러나고 있다고 한다.

이러한 상황 속에서 양극화된 동질적 주체성(자본가와 노동자)의 장을 만들어내는 데 기여했던 19세기부터 이어져온 계급적대는 완화되는 것처럼 보이고, 20세기 후반에 들어서면 소비사회, 복지, 매체 등을 통해서 '전형적인' 노동자 주체성은 풍화된다. 광범위하게 퍼져 있는 어떤 동일한 사회적 귀속감정이 낡은 계급의식에 침투하여 긴장을 풀어놓는다. 대중매체에 의한 계열화(동일한 생활 이상, 동일한 양식, 동일한 유형의 록 음악 등)가 더욱 진전된다.

이런 추세 속에서 남북관계와 관련해서 '통합된 세계자본주의'[10]는 빈

---

7 가타리, 윤수종 옮김, 『세 가지 생태학』, 동문선, 2003, pp. 7~9.

8 가타리, 윤수종 옮김, 『세 가지 생태학』, 동문선, 2003, p. 8.

9 Félix Guattari, *Chaosmose*, Editions Galilée, 1992, ; 가타리, 윤수종 옮김, 『카오스모제』, 동문선, 2003, p. 156.

10 가타리는 네그리와 하트가 제시한 '제국' 개념(네그리와 하트, 2002)에 앞서 '통합된 세계자본주의'라는 개념을 현실사회주의가 실존하던 1970년대말부터 제시하였다. 가타리에 따르

곤과 기아와 죽음이 팽배한 광대한 지대들을 만들어내고 있다. 지배국들 내부에서도 만성적인 실업을 만들어내고, 청년층, 노인, 멸시받고 '차별받는' 노동자 등의 더욱더 많은 부분의 주변화를 만들어내고 있다. 한편으로는 새로운 과학기술 수단이 지속적으로 발전하여 이 혹성의 표면 위에서 지배적인 생태문제들을 해결하고 사회적으로 유익한 활동들의 균형을 회복시킬 수 있는 잠재적인 능력을 지니고 있지만, 다른 한편 사회적으로 조직된 세력들과 주체들이 이러한 수단을 장악하고 작동시킬 수가 없는 상황에 있다고 한다.[11]

그러나 가타리는 주체성이나 재화나 환경을 압박하는 이러한 발작적인 국면은 쇠퇴기에 들어간 것이 아닌가라고 자문한다. 도처에서 특이성에 대한 요구가 솟아나고 있다는 것이다. 이와 관련하여 가장 눈에 띄는 신호는 주변적이었던 소수민족들의 요구가 늘어났다는 것이며, 이러한 것들이 더욱더 정치무대의 전면에 나서게 되었다고 한다.

그와 관련하여 사회사상과 지정학적인 지도를 주도해온 전통적인 이원론적 대립들은 이제 지나가버렸고, 분쟁이 있지만 마니교(이원론)적인 이데올로기의 깃발 아래 부대를 편성하는 것과는 양립할 수 없는 다극체계가 전개된다고 한다. 제3세계와 선진세계의 대립은 도처에서 폭발하며, 신흥공업국의 성장은 서방측의 전통적인 공업요새의 생산성과 구별되지만 선진국들 내부에서의 일종의 제3세계화를 동반하고 있다. 그리고 이

면 정치와 경제, 자본과 국가는 이제 완전히 통합되었다. 노동의 공격에 대응한 자본주의적 재구조화는, 국민경제들의 국제적 통합이 점차 세계적 규모에서 이루어지고 그것들을 다중심적이고 엄격하게 계획된 통제기획 안에 종속시키는 방향으로 전개되었다. 세계시장의 통일성을 조정하면서도 그것을 의사(疑似)국가주의적인 성격을 지닌 생산적 계획, 금융적 통제, 정치적 영향 등의 수단들에 종속시키는 이러한 지배 모습을 통합된 세계자본주의(capitalisme mondial intégré)라고 하였다.

11 가타리, 윤수종 옮김, 『세 가지 생태학』, 동문선, 2003, pp. 10~12.

선진국들 내부에서의 제3세계화는 이민이나 인종차별과 관련한 문제들의 격화와 연결되어 있다고 한다.

가타리가 지적하는 계급투쟁의 적대를 횡단적으로 관통하는 또 다른 적대는 남녀관계의 적대이다. 지구적인 규모에서 여성의 조건이 개선되는 것 같지는 않다고 하면서, 68혁명 이후 20여 년 동안 여성의 조건은 계속 변화해왔다고 본다. 피임도구나 낙태수단의 자유로운 사용과 비례하는 여성의 성적 독립은 지극히 불균등하게 발전하였고, 종교적인 반개혁주의의 고양은 여성의 상태를 계속해서 소수자화하였지만 그럼에도 불구하고 일정 수의 지표를 보면 장기지속적인 변화가 진행 중이라고 생각하게 된다(여성이 국가원수에 지명되기도 하고, 대표제 기구들에서 남녀 동등비율의 요구 등이 제기된다).

그리고 청년은 지배적인 경제관계들 속에 분쇄되어 대중매체의 집단적 주체성생산에 의해서 정신적으로 조작되고 더욱더 불안정한 입장으로 밀리게 되어도, 표준화된 주체성에 대해서는 독자적인 특이성의 층위들을 발전시킨다. 이와 관련하여 가타리는 록 문화의 초국적 성격은 중요한 사실이라고 지적한다. 록은 상당한 청년 대중에게 문화적인 준-정체성을 부여하고, 그들에게 최소한의 실존적 영토를 구성하도록 하는 일종의 통과의례 역할을 한다는 것이다.

바로 적대들 및 특이화 과정들의 폭발 · 탈중심화(분산) · 감속(減速)이라는 이러한 맥락에서 새로운 생태적 문제설정이 떠오르고 있다고 가타리는 주장한다.

가타리는 오늘날의 생태위기는 사회적인 것, 정치적인 것, 실존적인 것의 더욱 일반적인 위기에서 비롯된다고 주장한다.[12] 그렇기 때문에 생태

---

12 가타리, 윤수종 옮김, 『세 가지 생태학』, 동문선, 2003, p. 156.

위기에 대한 대응도 다차원적인 변혁일 수밖에 없다. 그의 분자혁명론에서 나올 법한 논의이다.

정치집단과 행정기관은 우리 사회의 자연환경을 위협하는 가장 현저한 위험에 대해서 최근에야 부분적으로 자각하기 시작했지만, 일반적으로 산업공해의 영역에, 그리고 오로지 기술관료적인 입장에서 접근하는 데 만족하고 있다고 한다.[13]

가타리에 따르면 프랑스에서 생태학은 한편으로 우선 자연적 생명체계(에코시스템)의 연구에 전문화된 과학 분과로서, 또는 자연, 즉 사라질 위협에 처한 생명 종 및 환경의 보호에 축을 둔 주변적인 감수성 현상으로서 제시되었다. 오랫동안 이러한 현상은 정치계급에 의해서 퇴보적이라고 비난받았으며 인간문제들을 희생하고 '자연으로 돌아가자'는 것으로 축소되었다. 다른 한편으로는 생태학은 환경훼손, 대기오염, 숲 파괴, 오존층에 대한 위협, 핵 사고들이 인류의 생존을 위협하는 것으로서 여론에 나타나는 순간에만 정말 한 목소리를 내왔다고 한다.

가타리는 '녹색당' 활동가들의 종파주의나 브리스 라롱드 주위에 있던 '생태세대'의 고무자들의 지업저 정치가 쪽과 생태적 주제들에 관심을 가진 훨씬 대다수의 주민대중을 포함하여 1988년 지방선거 흐름에서 생태운동에 이끌렸던(지지자가 15% 정도) 선거민 사이에 관점의 차이가 실존하였다고 주장한다. 그리고 생태주의자들 대부분은 여전히 환경생태학 · 사회생태학 · 정신생태학 사이의 연결을 작동시킬 필요성을 깨닫지 못하고 있었다고 판단한다. 실제로 사람들은 경제 · 사회구조 · 도시공간 · 소비태도 · 심성을 바꾸지 않고 환경에 대한 훼손을 고치기를 바랄 뿐이었다.[14]

이처럼 가타리는 종래의 생태운동이 이른바 (자연환경을 중심으로 한) '환

---

13 가타리, 윤수종 옮김, 『세 가지 생태학』, 동문선, 2003, p. 9.
14 가타리, 윤수종 옮김, 「노동운동과 생태학」, 『가타리와의 대화』(미출간), 2007.

경문제'에 한정되어왔다는 것에 의문과 불만을 느끼면서 무엇보다도 그것만으로 현대 세계의 전면적 위기에 대처할 수 없다고 보았다.

그는 환경생태학에 덧붙여 사회생태학과 정신생태학이라는 세 가지 작용영역의 접합을 통해 새로운 방향으로 나아갈 것을 제기하였다. 이 세 가지 생태학을 윤리–정치적으로 접합하는 고리로서 제기한 철학적 실천 개념이 생태철학(écosophie)[15]이다. 여기서 환경생태학에서 '환경'에는 '자연'(오염)을, 사회생태학에서 '사회'에는 '사회관계'를, 정신생태학에서 '정신'에는 '인간의 주체성'을 각각 대응시키고 있다.

『세 가지 생태학』의 "잡초의 생태학이 있는 것처럼 잘못된 사상의 생태학도 있다"[16]라는 권두 인용문에서 알 수 있듯이 가타리는 사상 · 정신 · 마음의 생태학에 방점을 둔다. 물론 잡초의 생태학과 사상의 생태학을 분리할 수 있는 것은 아니지만 말이다.

가타리에 따르면, 환경생태학은 사회투쟁이나 자신의 고유한 정신을 취하는 방식을 철저하게 탈중심화(분산)하려는 전반적인 생태학을 개시하고 예시한다고 한다. 그래서 생태학의 함축적 의미는 자연 애호가나 전문가들의 이미지와 연결되어서는 안 될 것이며, 자본주의 권력구성체와 주체성 전체에 대해 문제를 제기해야 할 것이라고 주장한다.[17]

이러한 문제설정 위에서 사회생태학은 사회체의 모든 수준에서 인간관계의 재구축을 위해서 일해야 하며, 자본주의 권력이 지역을 벗어나 탈영토화되고 바깥으로는 지구상의 사회 · 경제 · 문화생활 전체에 세력을 확대하고 동시에 '안으로'는 가장 무의식적인 주체적 지층들 내부에 침투해 있다는 것을 명심해야 한다고 한다. 그 경우 자본주의 권력에 대해서

---

15 écologie와 philosophie의 합성어.

16 베이트슨, 박대식 옮김, 『마음의 생태학』, 책세상, 2006.

17 가타리, 윤수종 옮김, 『세 가지 생태학』, 동문선, 2003, p. 37.

단순히 외부로부터 조합활동이나 전통적인 정치활동만으로 대항하려는 것은 더 이상 불가능하다고 한다. 개인 · 가정 · 부부의 일상생활과 관련한, 이웃관계 · 창조 · 개인윤리와 관련한 정신생태학의 영역에서 자본주의 권력의 효과들에 대결하는 것도 마찬가지로 필요하다는 것이다.[18]

이제 정신생태학은 "신체, 환상, 지나간 시간, 생과 사의 신비에 대한 주체의 관계를 재발명하는 데로 나아가야 할 것이다. 대중매체나 정보통신의 획일화에, 행동양식의 순응태도에, 광고와 각종 조사에 의한 여론조작에 해독제를 찾아야 할 것이다. 정신생태학의 실행방식은 과학성이란 시대에 뒤진 이상에 집착하는 정신분석 전문가들의 방식보다도 예술가의 방식에 더 가까울 것"[19]이라고 한다.

가타리는 사회생태학과 정신생태학이 맞서야 하는 중요한 분석적인 문제 가운데 하나는 억압권력을 피억압자 쪽에서 장악하는 것이라고 하면서, 그 경우 커다란 어려움은 원래 노동자와 피억압자의 이익을 방어하기 위해 투쟁하는 조합과 당이, 그들 자신의 대열 안에 모든 표현의 자유나 혁신의 자유를 속박하는 (억압권력과) 동일한 병인적(病因的)인 모델들을 재생산한다는 사실에 있다고 한다.[20]

다시 좀 더 구체적으로 환경생태학 · 사회생태학 · 정신생태학의 특유한 원리에 대해 가타리가 말하는 바를 따라가보자.[21]

환경생태학의 특유한 원리는 환경에서는 최악의 파국으로부터 부드러운 변화까지 모든 것이 가능하다는 것이다. 자연의 균형은 이제 점점 인간의 개입에 달려 있다. 아무튼 지상의 공기 속에 있는 산소 · 오존 · 탄산

---

18 가타리, 윤수종 옮김, 『세 가지 생태학』, 동문선, 2003, pp. 33~34.
19 가타리, 윤수종 옮김, 『세 가지 생태학』, 동문선, 2003, pp. 15~16.
20 가타리, 윤수종 옮김, 『세 가지 생태학』, 동문선, 2003, pp. 32~33.
21 가타리, 윤수종 옮김, 『세 가지 생태학』, 동문선, 2003, pp. 38~52.

가스의 관계를 조절하기 위한 거대한 계획을 시작하는 것이 필요한 시대가 왔다. 또한 환경생태학은 기계적인 생태학이라고 규정할 수도 있다. 왜냐하면 우주에서도 인간의 실천에서도 문제는 오로지 기계—전쟁기계—에 관련하고 있기 때문이다. 전 시대를 통해 자연은 삶에 대항하는 전쟁 상태에 있었다. 그러나 인구 급증과 결합된 과학기술 진보의 가속화는 일종의 전방으로의 탈주가 기계권을 지배하기 위해 지체 없이 개입하고 있다는 것을 의미한다.

사회생태학의 특유한 원리는 다양한 규모의 인간집단에 대한 감정적이고 실천적인 개입을 촉진하는 것과 관련된다. 이 '집단 에로스'는 추상적인 양으로 나타나는 것이 아니라 정신생태학에 속하는 일차적인 주체성의 질적으로 특정한 재전환에 일치한다. 여기에서 나－너－그, 아버지－어머니－아이라는 양식에 기초한 주체성의 인칭론적 삼각형의 구성이냐, 아니면 사회체와 우주에 광범하게 개방된 자기준거적인 주체집단[22]의 구성이냐라는 선택지가 나타난다. 첫 번째 경우에 자아와 타자는 아버지, 장(長), 대중매체의 스타에 폐쇄된 일차 집단으로 나아가는 동일시와 모방작용에 입각하여 구축된다. 실제 거대 매체를 움직이는 것은 이렇게 감화되기 쉬운 군중심리의 방향에서이다. 두 번째의 경우에서는 동일시 체계 대신에 도표[23]적인 효능선(trait d'efficience)이 작동한다. 여기에서는 적어도 부분적으로는 도상(icon)적인 모델화의 기호학을 벗어나고 구조주의

22 주체집단(sujet-groupe)은 예속집단(assujetti-groupe)에 대비되는 것이다. 주체집단은 스스로의 내적 법칙에 따라서 움직이며 그에 기반하여 외적인 규정과 관계를 맺어나가는 집단을 말하며, 그에 비하여 예속집단은 집단 내부의 운영이 외적 규정에 의해서 조정되는 집단을 말한다.

23 도표(diagramme): 고도로 코드화되고 정확한 생산규칙에 대응하는 것으로, 그림이 구체적 대상을 재생산하는 데 비해 도표는 추상적 대상을 재생산하는 경향이 있다. 대수적 공식과 지도를 도표라고 할 수 있다. 들뢰즈 · 가타리는 도표라는 개념을 대상들의 관계를 새롭게 인식해나가는 적극적인 도구로 생각한다.

적인 악습에 다시 빠지지 않기 위해서 과정적 기호론[24]으로 가야 한다. 도상에 비해서 도표적 선을 특징짓는 것은 그것이 지닌 탈영토화의 정도, 자기 자신으로부터 벗어나서 지시 대상과 접속하는 담론적 연쇄를 구성하는 능력이다.[25]

이 두 번째 방향으로 나아가기 위해서 가타리는 자본주의 사회를 대중매체 시대에서 탈매체 시대로 이행시키는 것을 사회생태학의 일차적인 강령으로 제시한다. 탈매체란 매체를 재특이화의 길로 끌고 갈 수 있는 복수의 주체집단이 매체를 재전유하는 것을 의미한다. 1970년대 중후반의 이탈리아의 자유라디오운동을 참조하고 1978~1982년 프랑스의 민중자유라디오운동에 직접 참여하면서, 가타리는 거대한 장비를 갖춘 대형 방송체계를 대체하고 다양한 표현방식을 획득해가는 소형 라디오들의 네트워크와 다양한 전유 방식을 제기하게 되었다. 물론 이것은 기술 · 기계적인 문제(예를 들어 소형라디오)라기보다는 기술 · 기계와 관련한 인간의 전유방식을 다르게 만들어가자는 것이다.[26]

---

24 가타리는 기호학과 기호론을 구분한다. 기호학(semiologie)은 소쉬르에 의해 처음 사용되었으며, 기표-기의 관계를 다루는 기표작용(signification)을 연구한다. 기호나 언어를 다루는데서 기표적(signifiante)이란 '의미화하다'를 뜻한다. 이 말은 기호나 언어를 다루는, 또는 기호학적 관점에서 유행이든 사진이든 모든 것을 다루는 여러 분야에서 사용되어왔다. 하지만 가타리는 이러한 기호학이 기표를 특권화한다는 점, 기호들의 의미작용을 특권화한다는 점을 비판한다. 따라서 기표적인 기호 외에 아이콘이나 지표 · 다이어그램 등의 다른 기호를 함께 다룬 퍼스의 기호론을 더 높이 평가한다. 그래서 몸짓이나 표정처럼 기표 이전적인 기호(의미화하기 이전에 작용하는 기호), '주체화'처럼 탈/후기표적인 기호, 암호처럼 반기표적인(의미화에 반하는) 기호 등의 다른 '기호체제'(régime de signes)를 부각시킨다. 가타리는 기표적 기호학에 대비하여 기호체제를 연구하는 비기표적(a-signifiante) 기호론을 제기한다. 비기표적 기호론을 가타리는 과정적 기호론이라고도 한다. 비기표적 기호론의 예는 음악적 기보법, 수학적 자료군, 정보나 로봇의 통사법 등이다.

25 예를 들어 피아노를 배우고 있는 학생이 자신의 선생을 동일시하여 모방하는 것과 자신만의 독특한 방식으로 갈라져나가기 쉬운 스타일의 변화를 구별할 수 있다.

26 가타리, 윤수종 편역, 『(가타리가 실천하는) 욕망과 혁명』, 문화과학사, 2004, pp. 288~294.

이러한 방향제시는 자본주의적 가치체계에 대한 비판과 새로운 가치체계의 구성에 대한 제시로 이어진다. 가타리에 따르면 사회적으로 인정된 인간활동의 위신과 재정적 보수가 이윤에 근거한 시장에 의해서만 조절된다는 것은 점차 정당성을 잃어가고 있다. 많은 색다른 가치 체계(사회적인 혹은 미적인 '수익성', 욕망가치 등)를 고려해야 한다. 지금까지는 국가만이 자본주의 이윤의 관할에 속하지 않는 가치영역을 심판(결정)할 수 있었다. 이제 사회적 유용성을 인식한 사회단체와 같은 새로운 사회적 연계가—사적이지도 않고 공적이지도 않은— 제3부문의 재정을 유연하게 활용하고 확대할 수 있어야 한다. 제3부문은 인간노동이 기계노동을 대신하도록 할 정도로 끊임없이 확대될 것이다. 모든 사람에게—이른바 사회복귀의 계약으로서가 아니라 권리로서 인식되는—최소수입(보장소득)을 보장하는 것을 넘어서, 문제는 재특이화의 생태학의 방향으로 가는 개인적이고 집단적인 기획들을 수행하는 수단을 어떻게 획득하는가에 대해 윤곽을 그리는 것이다. 예를 들어 (바스크나 아일랜드 형태의) 소수민족운동은 너무 자주 외부적인 적대로 인하여 스스로의 내부에 폐쇄되며, 여성해방 · 환경생태학 등과 관련한 다른 분자혁명을 소홀히 하게 된다. 인권이라는 추상적 개념과 개인의 권리라는 측면에서 제기된 과제들을 지켜내는 것에서 더 나아가 다양한 소수자의 권리를 옹호하고 욕망과 관련한 영역들을 해방해나가야 한다는 것이다.

자본주의적 가치증식체계를 비난하는 것은 다른 모든 가치증식양식을 납작하게 만들어버리는 일반적인 등가물이라는 그것이 지닌 성격 때문이며, 결국 다른 모든 가치증식양식은 자본주의적 가치증식체계의 헤게모니 아래에서 소외되어버리기 때문이다. 이에 대하여 단순히 추상적인 노동시간이나 할인된(미리 받은) 자본주의적인 이윤에 따라서만 결정될 수는 없는 실존적인 생산에 근거한 가치증식도구를 대립시키거나 적어도 겹치게 해야 한다. 가장 개인적이고 가장 특이하고 가장 이단적인 기획들을 수행할 수 있는 새로운 가치 '재원'이, 새로운 집합적인 토의가 생겨날 수 있으며, 그것은 특히 통신이나 정보를 이용한 합의수단에 의거할 것이다. 집합적 이익이란 관념은 단기적으로는 누구에게도 '이익을 주지' 않아도 장기적으로는 인류 전체를 과정적으로 풍요롭게 하는 기획으로 확장되어야 한다. 따라서 사회적 갈등과 적대뿐만 아니라 연구 및 예술의 미래 전체에 대해 검토하고 미래세대에 대한 책임까지 생각해야 할 것이다.

가타리가 특히 강조하는 정신생태학의 특유한 원리는 그 실존적 영토(정신)로의 접근이 프로이트가 '일차 과정'[27]으로 묘사한 것을 상기시키는 대상 이전의, 개인 이전의 논리에 의거하고 있다고 한다. 그 논리는 흔히 지배적 관점을 이루고 있는 이원론이나 변증법이 아니라 '포함된 제3항'의 논리라고 말할 수 있으며, 거기에서는 흑과 백이 구별되지 않고 아름다움은 추함과 공존하며 안은 바깥과 공존하며 좋은 것은 나쁜 것과 공존한다. 이러한 논리에 따르면 이질발생적인 요소들의 기계적인 접속에서 제3항, n번째 항이 구성된다고 생각한다. 흑과 백, 아름다움과 추함, 좋은 것과 나쁜 것은 그러한 기계적 접속에서 단순화된 것일 뿐이며, 현실에서는 n개의 백과 n개의 흑이, 흑과 백으로 분류할 수 없는 그 사이에 있는 무한한 수의 회색이 있다고 보는 것이다.

그래서 정신생태학의 문제는 개인적 혹은 집단적 차원에서 기존의 안정된 집합체들을 넘어서 나아갈 수 있다. 이러한 방향으로 가기 위해서, 프로이트는 정신분석적인 준거 신화에 따라 면접(대면) · 자유연상 · 해석이라는 의례를 발명하였다. 그러나 가타리는 '정신분석적' 모델화의 다

---

27 정신분석이론에서 Id 안에서 작용하는 정신적 기능작용을 말한다. 쾌락-고통 원리에 지배당하며, 시 · 공간과 상관없이 비합리적이고 무의식적인 것으로 개념화된다. 검열과 왜곡이 없는 충동과정을 말한다.

양한 시도들을 종교분파의 실천이나 신경증적인 '가족소설'과 정신병적 착란 등과 동렬에 놓고서 다른 각도에서 재고할 필요가 있다고 한다. 그 경우 중요한 것은 정신분석적 실천(진료)을 과학적 진리의 측면에서 설명하기보다 오히려 미적-실존적인 효과에 따라 설명하는 것이라고 한다. 그리고 거기서 결정적 목표는 의미작용(signification)과 단절한 비기표적 절단 지점을 파악하는 것이다. 의미가 분명하다고 하는 것은 사실은 다양한 의미의 가능성, 즉 무의미와 비기표의 가능성을 억압하는 것을 뜻하기 때문이다.

개인생활에서든 집단생활에서든 정신생태학의 중요성은 전문화된 '정신분석' 영역에 입각한 개념과 실천을 전제로 하지 않는다. 도처에서—문화, 일상생활, 노동, 스포츠 등에서— 출현하는 욕망의 모호함을 감당해내는 것, 생산성 및 이윤과는 다른 기준에 따라서 노동과 인간활동의 목적을 평가하는 것이 정신생태학의 정언명령이며, 이것은 개인과 사회적 선분(집단) 전체를 적절한 방식으로 동원할 것을 요청한다. 예를 들어 어린이의 세계에서 침략 · 살인 · 강간 · 인종차별 등에 대해 생각할 때, 도덕적 대원칙의 이름 아래 검열과 구속의 절차를 작동시키기보다는 오히려 정신(환상) 표현 소재의 이전 · 이동 · 전환에 관련되어 있는 진정한 정신(환상)생태학을 촉진할 것을 요구한다.

그러한 짓을 한 사람들을 '무뢰한'으로 몰고 가면서 공포를 사회에 확산시키는 방식이 아니라, 부정적이고 파괴적인 정신(환영)에 적합한 표현양식을 정비하고 그 환영 속에 억압되어 무의식화된 것(욕망)을 의식화하도록 하여 표류하는 실존적 영토(의식적인 정신)를 다시 접착시키는 방식으로 해제 반응시키는 것이 필요하다고 한다. 우연하게 걸려든 특정한 사람을 우리와는 다른 사람으로 몰아가면서 우리 안에 있는 걸려들 가능성을 부정하고 안심하게 된다. 이러한 과정은 우리의 순수성(표준화)을 강화해나가는 것처럼 보이지만, 사실은 우리가 지닌 횡단적 경향을 가로막아 오히려 재폐쇄로 나아가게 하는 것이다. 성매매 여성을 도덕적으로 단죄하기보다는 재정지원을 해가면서 성매매 여성이 만들어가는 욕망처리 과정에 대해서 연구하자[28]는 가타리의 제안은 이러한 발상에서 나올 수 있다.

가타리는 세 가지 생태학의 공통적인 원리는, 세 가지 생태학을 매개로 우리가 직면한 실존적 영토가 자폐적인 즉자로서 주어져 지층화되고 사장된 반복으로 향하던가, 아니면 인간적인 기획에 의해 스스로를 '거주할 수 있는' 것으로 허용하는 실천에 입각하여 과정적 개방에로 향하는 식으로 분기할 수 있는 특이한 대자로서 주어지든가 하는 것에 있다고 한다. 그리고 이 실천적 개방에서 중요한 것은 이러한 실천의 안내 아래 보편적인 규칙을 만들어내는 것이 아니라, 반대로 생태철학적인 수준들 사이에 또는 세 가지 생태학적인 비전, 세 가지 판독 렌즈 사이에 있는 모순(이율배반)을 드러내는 것이라고 한다.[29]

이러한 세 가지 생태학은 각각을 특징짓는 실천의 관점에서는 구별되지만 하나의 공통적인 미적-윤리적 영역에 속하는 것으로 받아들여야 한다고 가타리는 강조한다. 세 가지 생태학의 작용영역은 이질발생성, 즉 재특이화의 지속적인 과정에 속한다. 그러나 그 과정 속에서 특이성을 지닌 개인들은 연대함과 동시에 점점 더 다르게 되어야 한다. 이러한 패러다임을 제기하는 것은, 이들 '생태학의 세 가지 근본적인 작용영역의 재접합이 없는 한 인종주의(인종차별), 종교적 광신, 반동적인 재폐쇄 속에서 동요하는 소수민족의 분열의 위협, 어린이 노동의 착취, 여성의 억압 등과 같은 모든 위협이 늘어난다'[30]고 보기 때문이다.

---

28 가타리, 윤수종 옮김, 『분자혁명』, 푸른숲, 1998, p. 228.
29 가타리, 윤수종 옮김, 『세 가지 생태학』, 동문선, 2003, p. 38.
30 가타리, 윤수종 옮김, 『세 가지 생태학』, 동문선, 2003, p. 16.

3. 카오스모즈

이상의 세 가지(실은 n가지) 생태학은 서로 분리할 수 있는 것이 아니라 복잡하게 얽혀 있다. 그리고 단순히 얽혀 있는 것이 아니라 얽히면서 새로운 것을 구성해나갈 수 있다고 한다. 이러한 생성론이 바로 카오스모즈[31]이다.

카오스모즈를 생태학과 관련하여 말하자면, 새로운 생태적 실천은 바로 이질적이고 잡종적인 전선들 전체 위에서 접합되어야 한다. 그리고 이 새로운 생태적 실천의 목표는 고립되고 억압당하고 공회전하는 특이성을 과정적으로 활성화하는 것[32]이어야 한다.

다양한 실천 수준은 서로를 어떤 초월적인 후원 아래 동질화하고 연결해가지 않으며, 오히려 이질발생[33]적인 과정 속에 다양한 실천 수준을 개입시키는 것이 좋을 것이라고 한다. 특이성·예외성·희소성을 없애려 하지 말고 가능한 한 활성화할 것을 제안한다.

그리고 생태논리는 전통적인 변증법처럼 대립물을 '해소'하려고 해서

---

31 chaosmose는 chaos[카오스, 혼돈]와 cosmose[코스모스, 질서]의 osmose[상호침투]라는 의미에서 만든 합성어다. 생성론을 다루는 『카오스모즈』에서 가타리는, 주체성생산 문제에서 시작하여 미적-윤리적 패러다임의 실천대상으로서 생태철학의 대상(전망)을 다루는 것으로 끝맺고 있다. 이것은 들뢰즈와 함께 프로이트의 무의식을 비판적으로 파악하면서 '리좀'이라는 개념을 사회적 장에 실천적으로 적용하고 확장해나간 최종적인 결과로 볼 수 있다. 어떤 중심점을 가진 기존의 질서체계로부터 단절에 의해서 자기성장적인=자기준거적인 자기산출(autopoïétique)에 의해서 새로운 '실존적 영토'가 확립된다는 발상은 '리좀'의 연장선상에서 구상된 변혁이론이라고 할 수 있다. Guattari, Félix, *Chaosmose*, Editions Galilée, 1992; 가타리, 윤수종 옮김, 『카오스모제』, 동문선, 2003.

32 예를 들어 프레네 학교에서 협동 체계, 평가 모임, 신문 발행, 개인적으로 혹은 집단별로 학생들이 스스로의 작업을 조직하는 자유 등을 실천해가는 것이다.

33 hétérogenèse(↔ homogénéisé: 동질발생). 지속적으로 다른 것으로 되어가는 과정을 말한다. 그에 반해 동일한 것을 만들어내는 과정을 동질발생이라고 한다.

는 안 된다고 한다. 특히 사회생태학의 영역에서는, 모두가 공통의 목적을 정하고 하나의 훌륭한 활동가로서 행동하게 되는 전투의 시대가 있지만, 그와 동시에 개인적이고 집합적인 주체성이 '칩거하고' 집합적인 목적에 대해서 마음 편하게, 있는 그대로의 창조적 표현이 우선시되는 재특이화의 시대도 있다는 것이다. 이 새로운 생태철학적 논리는 예술가의 논리와 유사하다고 한다. 즉 예술가는 갑자기 자신의 애초의 기획을 바꾸는 우연한 작은 일, 부수적인 사건이 끼어드는 것을 기점으로 하여 자신의 작품에 손질을 가하면서 확고하게 가장 훌륭한 이전의 전망에서 점점 일탈해갈 수 있다.[34]

어쨌든 확장된 생태적 인식은 '녹색'당들의 선거를 통한 영향을 상당히 넘어서는 것인데, 원칙적으로 생산을 위한 생산이라는 이데올로기를, 즉 비용체계와 무익한 소비주의라는 자본주의적 맥락에서 이윤에만 집중된 생산 이데올로기를 다시 문제삼도록 한다. 목적은 더 이상 지배하는 부르주아지와 관료제를 대신하여 국가권력을 단순히 통제하는 것이 아니라, 그것 대신에 설립할 것을 정확히 규정하는 것이다. 이와 관련하여 가타리는, 1) 국가를 재징의하는 것 또는 오히려 실제로 다양하고 이질적이며 종종 모순적인 국가기능을 재정의하는 것과 2) 시장개념의 해체, 그리고 경제 활동을 주체성생산에 재집중하는 것이라는 두 가지 주제가 전면에 등장할 것이라고 예견한다.

결국 생태학은 자본주의 권력구성체나 그것이 만들어내는 주체성 전체에 대해 문제제기하는 것이라고 본다. 가타리는 우리가 살고 있는 이 시대의 커다란 위험으로부터의 탈출은 정확히 발생기 상태의 주체성과 변이상태의 사회체와 재창조의 임계점에 달하고 있는 환경이라는 세 가지

34 베이컨, 최영미 옮김, 『화가의 잔인한 손』, 강, 1998.

요소의 접합 여부에 달려 있다고 본다. 그러면서 세 가지 생태학은 각각을 특징짓는 실천이라는 관점에서는 서로 구별되지만 하나의 공통적인 미적-윤리적인 영역에 속하는 것, 하나로 연결하는 것으로서 구상해야 한다고 한다. 가타리는 이러한 것을 '미적-윤리적 패러다임'이라고 하면서 자기준거(auto-référence)에 기초한 이질발생, 재특이화의 지속적인 과정임을 강조한다. 즉 개인들이 타자에 대해서 연대함과 동시에 타자와 점점 다른 존재로 되어야 한다는 것이다.

이러한 과정 속에서 주체성은 횡단적인 축을 매개로 환경 세계나 커다란 사회적 · 제도적 배치 속에 동시에 설치되지만, 그것과 대칭적인 형태로 개인의 가장 심오한 영역에 주재하고 있는 환상이나 풍경 속에도 뿌리를 내리고 있고, 어떤 특별한 영역 속에서 일정한 수준의 창조적인 자율성을 획득하면 다른 영역들에도 같은 현상을 불러일으킨다고 한다.

통합된 세계 자본주의(제국)가 가져온 피해에 대처하기 위해서는 사회기구의 대대적인 재건이 필요하다고 한다. 단 그러한 재건은 법률 · 칙령 · 관료적 계획의 위로부터의 개혁을 통해서 이루어지는 것이 아니라, 오히려 특이성의 존중과 주체성생산의 항상적인 작업에 집중된 혁신적인 실천의 촉진과 대안적인 경험의 축적이 사회의 나머지에 적절하게 접합되고 실현됨으로써 이루어질 수 있다.

4. 주체성생산

카오스모즈라는 생성론을 통해 가타리는 객관적 현실에 붙박인 구조와 관계와 주체가 아니라, 즉 객관적이고 과학적인 규명에 의한 주체라는 문제가 아니라 예술적인 생성으로서 새로운 주체성생산이라는 문제로 넘어간다. 가타리는 기존의 변혁이론이 지배권력 및 지배장치의 파괴과정과 대체장치들의 건설에 초점을 맞추고 있다면, 새로운 변혁이론은 주체성 생산 문제에 집중해야 한다고 한다.

사회생태학과 정신생태학이 맞서야 하는 "중요한 분석적인 문제 가운데 하나는 억압 권력을 피억압자 쪽에서 장악하는 것"이라고 제기하면서도, 특히 "자본과 인간 활동 사이의 관계에 대한 새로운 여건이란 맥락에서 생태 페미니즘, 반인종차별적인 자각이 주체성생산—즉 새로운 생산적 배치의 근원에 존재하는 비신체적 가치체계와 관련한 인식 · 문화 · 감수성, 그리고 사교성의 생산—양식을 신속히 주요한 목표로 삼기를 기대하자"[35]라고 한다.

물론 주체성을 그것의 생산이라는 각도에서 고찰하는 것은 물질적 하부구조-이데올로기적 상부구조라는 전통적인 이항적 결정체제로 돌아가는 것을 의미하지 않는다. 주체성을 만들어내는 다양한 기호적 작용영역은 완전히 고정된 명령-복종의 위계관계를 가지고 있지 않다. 예를 들어 주식시세가 여론의 변화에 민감하다는 사실에서도 확인할 수 있듯이, 경제적 기호화가 집단적인 심리적 요인에 의존하게 되는 일도 일어날 수 있다. 다시 말해 주체성은 다원적이며 다성적이다.

여기서 가타리는 주체 문제를 주체성 문제로 중심 이동할 것을 제기한다. 전통적으로 주체는 개인화의 궁극적 본질로, 세계의 텅 빈 반성 이전의(pré-réflexive) 순수한 파악[이해]으로, 감각과 표현의 중심핵으로, 의식 상태의 통합자로 인식되어왔다. 흔히 근대적인 이성적 주체로 설정되는 이러한 주체 개념에 대해서, 가타리는 주체성이라는 개념으로 오히려 지향성이라는 창안적 층위를 강조한다.

주체성에 관한 환원주의적 접근법을 거부하기 위하여, 가타리는 1) 물

35 가타리, 윤수종 옮김, 『세 가지 생태학』, 동문선, 2003, pp. 32~33.

질적 · 에너지적 · 기호적 흐름, 2) 구체적이고 추상적인 기계적 계통, 3) 가상적 가치세계, 4) 유한한 실존적 영토 등 네 가지 차원을 지닌 생태철학적 대상에 입각하여 복잡성 분석을 제안해왔다.[36] 토대와 상부구조라는 이원론을 의식하면서 가타리는 이러한 네 가지 차원을 설정하지만 사실은 n가지 차원의 복잡성 속에서 등장하는 주체성에 주목하고자 한다.

현재의 주체성은 자기로의 후퇴, 대중 매체적인 유아화, 차이와 타자성의 무시의 체제하에서 납작하게 압연되도록 강요당한다. 그럼에도 물질적이고 정치적인 요구를 넘어서, 주체성생산을 개인적이고 집단적으로 재전유하려는 열망이 생겨나고 있다. 다양한 자율운동들과 소수자운동들 등을 통해 특이한 주체성들이 등장하고 있다는 것이다.

가타리는 말한다. "이 20세기말을 암울하게 만드는 안개와 독가스 속에서 주체성 문제가 중심 문제로 다시 등장하고 있다. 주체성은 더 이상 공기나 물처럼 자연적으로 주어지는 것이 아니다. 어떻게 주체성을 생산하고 포획하고 풍부화하고, 이제 돌연변이적인 가치세계와 양립할 수 있는 방식으로 끊임없이 재발명해가는가? 주체성의 해방, 즉 주체성의 재특이화를 위해서 어떻게 해야 하는가? 정신분석, 제도분석, 영화, 문학, 시, 새로운 교육법, 도시계획과 건축, 이 모든 분과가 윤곽을 드러내는 야만주의, 정신적 내부 파열, 카오스모즈적 경련의 시련을 막고, 그것들을 풍요롭고 보다 큰 즐거움으로, 그리고 그 모든 것이 지닌 아주 좋은 감촉을 느낄 수 있는 희망으로 변화시키기 위해서 자신들의 창조성을 결합시켜야 할 것이다."[37]

---

36 가타리, 윤수종 옮김, 『카오스모제』, 동문선, 2003, pp. 82~104.
37 가타리, 윤수종 옮김, 『카오스모제』, 동문선, 2003, pp. 174~175.

5. 새로운 생태민주주의

프랑스 생태론자들에게 그들이 거주하는 구역에 있는 부랑자를 돕기 위해서 무엇을 하겠느냐고 물으면, 그들은 일반적으로 그것은 자신들의 관할이 아니라고 대답한다고 한다. 또한 그들에게 특정한 독단주의에서 그리고 소집단의 실천에서 어떻게 벗어나려고 하는지 물으면, 그들 가운데 많은 사람들은 그 질문은 근거가 있다고 인정하지만 너무나 당황하여 어떤 해결책도 제시하지 못한다고 한다.

가타리의 생태적 문제제기에서 볼 때, 문제는 오늘날 어떻게 좌익과 우익에 대해서 등거리를 유지하는가가 아니라 진보주의적인 하나의 극을 재발명하는 데 기여하고, 색다른 기반 위에 정치를 재구축하고, 공적인 것과 사적인 것을, 사회적인 것(즉 환경적인 것)과 정신적인 것을 횡단적으로 재접합하는 것이다. 이러한 방향으로 나아가기 위해서는 처음에는 소규모로 출발하여 나중에는 더 커다란 규모로, 새로운 협력 · 분석 · 조직화 형태의 층위에서 실험해야 할 것이다. 그리고 생태운동은 우선적으로 생태운동 자신의 사회생태학과 정신생태학에 관심을 가져야 한다.

가타리는 생태운동에 대해서 다음과 같은 여러 가지 요구를 한다. 이 미래의 운동은 다원적이며 기층 집단과 부문별 집단에 의거하여 사회에 깊이 뿌리내려야 할 것이다. 또한 여성해방에 관한 모든 문제에 일차적인 중요성을 부여해야 할 것이다. 상호관용과 활력의 정신을 발전시키고, 도시생활 · 교육 · 건강 · 대중매체 등의 영역에서 사회적 · 문화적 연구에 솔선하는 모든 기획을 받아들이고 지지하는 장을 구성해야 할 것이다. 또한 조합운동, 즉 실업자 · 주변자 · 빈민생활자 등과 밀접히 관련한 조합운동의 필연적인 '재발명'에도 관심을 쏟아야 할 것이다.[38]

생태사상을 관철시켜가기 위해서는 모든 실천영역에서 집단적인 '행동으로의 이행'을 시작하는 것이 필요하며, 결국 지성 · 연대 · 협의 · 책임 윤리의 동의어인 새로운 생태민주주의가 출현하도록 움직여야 한다고 강조한다. 특이한 욕망들의 집합적 구성을 통해서 미학적 윤리적 실천으로 나아가야 할 것이다. 당연히 법적인 책임이 아니라 사회윤리적인 책임과 미래에 대한 책임을 지면서 말이다.

그리고 다양한 생태론적 쟁점들에서 이질적인 것처럼 보이는 것들 사이의 다리를 놓는 횡단적인 실천이 필요할 것이다. 가타리의 생태적 문제제기는 바로 가장 이질적인 것들을 횡단연결하라는 것이다. 물론 횡단연결에 그치는 것이 아니라, 가까운 것과 먼 것, 보이지 않는 것과 보이는 것을 동시에 생각하며 새로운 생성을 향해 나아가야 할 것이다. '횡단성에서 카오스모즈로.'[39] 물론 도달점은 주체성생산이 될 것이다.

생태문제의 핵심을 주체성생산에서 찾는 것이야말로 생태문제에 관한 논란들에서 가타리가 지닌 특이함이자 강점일 것이다. 가타리가 환경생태학에 사회생태학과 정신생태학을 추가하면서 생태문제를 복잡화하는 것은 생태라는 카오스 속에서 코스모스와의 상호침투(오스모스)를 통해서 드러나는 색다른 주체성의 등장에 주목하는 것이다. 주체성이 이질적인 것들 사이를 횡단하면서 복잡하게 얽혀든 과정 속에서 특이화되고 다르게 되는 것에 주목하는 것이다. 가타리가 카프카의 '변신'에 그렇게 집착하는 것도 이해할 만하다. 물론 거기서 주인공 '카'는 집단적인 움직임일 것이다.

인간은 특이한 욕망을 지니고 무한 속에서 움직이지만 인간존재의 유한성과 인간의 거주공간인 지구의 유한성으로 인하여 생태적 책임을 지

---

38 가타리, 윤수종 옮김, 「노동운동과 생태학」, 『가타리와의 대화』(미출간), 2007.
39 ガタリ, 梶村昌昭 編譯, 『〈横斷性〉から〈カオスモズ〉へ』, 東京: 大村書店, 2001.

게 된다.[40] 카오스 속에서 욕망을 전개해나가면서 코스모스와의 상호침투를 통해서 현실 속에서 집합적 구성을 만들어가는데 여기에 집합적 책임이 뒤따른다. 특이한 욕망은 순수한 욕망의 일직선적인 논리에 따라 자기전개되는 것이 아니라 바로 이러한 풍경(생태) 속에서 집합적으로 구성되며 드러나는 것이다. 여기서 타자성에 근거한 윤리학[41]보다는 집합적 주체성을 구성해나가는 과정에서 집합적 책임을 감당해나가는 미학적-윤리적 패러다임을 생각할 수 있을 것이다.

결국 생태운동을 제기하면서 가타리는 '모든 수준—정치적이고 사회적인, 역사적이고 일상적인, 의식적이고 무의식적인—에서 의식과 현실의 변형을 가져오는 사회적 실천들의 모음'으로 규정한 코뮤니즘을 향해 나아갈 것을 요구하고 있다.

---

40 요나스, 이진우 옮김, 『책임의 원칙: 기술 시대의 생태학적 윤리』, 서광사, 1994.
41 김연숙, 『레비나스: 타자윤리학』, 인간사랑, 2001.

제8장

주체성생산

가타리의 궁극적 관심은 주체성생산에 있었다. 먼저 그의 주체성생산에 관한 이야기를 하기 전에 흔히 주체라고 할 때 생각하는 합리적 주체에 대해 잠깐 살펴보자.

크게 봐서 주류 사회학이나 표준적인 책들은 개인으로서 주체에 대해 이야기한다. 그 이야기에서 전제로 하고 있는 것은 합리적인 판단을 할 수 있는 이성을 지닌 근대적인 인간이다. 그리고 개인이라고 할 때 항상 완성된 개인을 상정하는 경향이 있다. 그래서 이 완성된 개인은 항상 자기책임 아래 자신의 어떤 일을 하고 그래서 잘못했으면 법적인 책임을 져야 한다고 정리한다.

그런데 사회를 생각하니 개인에게 우선성을 둘 수 없으니까 ('개인과 사회'라는 대당 속에서) 사회에 우선성을 두고 사회가 주는 역할들을 개인은 따라서 하라, 이런 식으로 정리한다. 그래서 주류 사회학에서 주체론은 사회화론, 다시 말하면 역할론이 된다. 사회가 주는 역할을 따라서 하라는 것이다. 그런 역할을 안 하면 긴장이 생기고 벌 받고. 거기서 일탈하면 병원에 가고 감옥에 가고. 사회화 논리가 바로 이러한 주체론에 입각해 있는 것이다.

그렇다면 결국 사회화 논리에 반발하는 개인들은 왜 생기는가? 그러면 이단적인 주체는 왜 만들어지는가? 여기서 그 논리는 꽉 막혀버린다. 적응 실패라고 판정하고 처벌하고 감금하는 방식밖에 없을 것이다.

이러한 합리적 주체에 대한 비판으로서, 이러한 인간은 자본주의의 합리성을 쫓다보니까 너무 도구적 또는 기술적인 이성으로 치우쳤다. 그래서 해방적인 관심을 가져야 한다는 하버마스식의 얘기도 나오게 되었다.

그 이후에 근대적 합리성에 대한 전반적인 문제제기가 이루어지면서 합리적 주체에 대한 비판이 가해졌다. 합리성과 이성에 근거하고 있는 이러한 주체상은 인간의 욕망과 광기를 배제하는 통제방식의 일환이라고 비판하면서, 이성에 근거한 주체상을 해체하자는 탈근대적 문제제기가 활발하게 이루어져왔다. 그런 구도 속에서 프랑스 철학계에서 가장 기본적으로 주체 문제를 따지는 방식은 주체가 아니라 주체성, 또 주체성을 넘어서 주체화라고 파악하는 방식이다. 그리고 이러한 파악방식은 프로이트에게서 시작되었다고 볼 수 있다.

1. 프로이트의 주체론

주체 문제는 실제로 프로이트가 본격적으로 다루기 시작했다. 가타리도 프로이트에 의거하지 않을 수 없었다(물론 비판적인 전유방식으로). 주체 문제와 관련하여 프로이트는 발달론을 가지고 거의 1세기 동안 지배해왔다. 마르크스의 발전단계론이 1세기 반 동안 지배했던 것처럼 프로이트의 주체발달론이 지금도 지배적이다. 어릴 때 잘 키워야 한다, 커가지고 부모 말 안들을 때는 글렀다, 이런 발상이 바로 프로이트에 근거하고 있다. 사실 부모 말 안 들을 때가 진짜 인간이 된 것 아닌가? 그런데도 여전히 어른이 돼서도 나타나는 여러 가지 특성들, 개인 차이를 설명하려고 하면 자꾸 어려서의 것들(트라우마 등)을 많이 얘기한다. 정신분석 쪽은 지금도 여전히 다 커서 어른이 돼서 직장인이 된 뒤에 자아가 바뀔 수 있다는 것을 거의 생각하지 않는다.

프로이트는 단계론에 사로잡혀 있어서 단계에 따라 잘 적응한 사람은 정상인(성숙한 사람)이고 그렇지 않은 사람은 퇴행하거나 특정 단계에 고착된 정신병자 취급을 한다. 부르주아 학계에서 이걸 채용해서 포장하여 써먹는다. 그 대표적인 학자가 매스로우인데, 그는 자아발전단계론을 제시하면서 가장 충동적인 것을 만족하고 더 나은 것을 만족하고 나중에 자아이상을 실현하는 게 최고의 단계라고 설정한다. 아주 그럴듯해 보이지만, 뒤집어보면 그것은 자본주의사회에 완전히 적응해간 인물을 단계별로 평가하는 방식이다. 충동적이고 섹스적인 것에 관심을 가진 사람을 가장 천한 사람으로 평가하고 사회에 잘 적응하거나 성공한 사람을 높게 평가하는 방식이다.

근래에 늘어나고 있는 상담 분야에서도 그러한 인식이 지배하고 있다. 상담 과정에서 피상담자를 판정내릴 때 어리냐 성숙하냐 하는 것을 그런 발달단계론에 입각해서 판단한다. 즉 '정상적인' 어른의 관점에서 모든 사람을 판정하려고 한다.

물론 가타리는 사물이나 대상과 관계 맺는 방식이나 감수성 등은 아주 어린 시절에 주요하게 형성된다는 프로이트의 기본 테제를 어느 정도 인정하지만, 그것이 결정적이라든지 발달단계에서 일정 단계를 넘어가지 않으면 퇴행한다든지 하는 것에 대해서는 동의하지 않는다.

2. 주체화(주체성생산 과정)

1) 주체화 배치

자아문제나 이런 주체성 형성과정에 대해 생각해볼 때, 카오스 속에서 인간들은 만들어진다. 복잡계 속에 있는 어떤 개인, 그 사람의 주체성, 라이히가 말한 성격은 어떻게 형성되는가? 온갖 풍경 속에 처해 있는 사람의 주체성은 어떻게 생산되는가?

주류 사회학의 사회화론은 사회적 조건이 개인을 규정하는 것으로 설명한다. 여기서 규정하는 것은 사실은 결정하는 것으로 해석된다.

풍경이나 사회의 조건들이 개인을 규정한다는 것을 거부하기 위해서 끊임없이 어린시절에 자아가 출현하면서 주위에 있는 세계와 능동적으로 특정한 관계들을 만들어나가는 것을 강조하는 사람이 있다. 가타리가 주체성생산과 관련하여 예로 드는 사람은 바로 다니엘 스턴(Daniel Stern)이다. 그는 태어나서 두 살까지의 유아들을 집중 연구하면서 일련의 자아개념을 제시한다.[1] 그는 '출현적 자아', '핵심적 자아', '주체적 자아', '언어적 자아'라는 개념을 제시하는데, 그의 논지는 자아는 프로이트식의 발달단계별로 형성되는 것이 아니라 연속적이고 중층적인 과정 속에서 형성된다는 것이다.

이러한 다양한 자아개념, 특히 출현적 자아를 얘기하면서 말하고자 하는 핵심적 논점은 그동안 모든 논리가, 정체성 논리도 그렇지만 동일시 논리에 입각해 있던 것을 비판하려는 것이다. 동일시 논리에서는 대상을 향할 때 대상을 분명히 인식한다는 강박에 사로잡혀 있다. 그것은 개념화에서도 마찬가지인데, 누구를 대할 때 그 사람이 나의 어머니다, 나의 아

---

1 가타리, 윤수종 옮김, 『카오스모제』, 동문선, 2003, pp. 91~93.

버지다, 내 동생이다, 이렇게 분명하게 대상을 동일시(확인)하고 대상들의 각 역할과 나와의 관계를 설명한다. 그 분명한 대상과 동일시를 통해서 자아가 형성된다는 논리인 것이다. 그러나 가타리에 따르면 자아형성, 더 나아가 주체성생산은 이렇게 이루어지는 것이 아니라, 이질적인 구성요소들이 뒤섞이는 과정 속에서 생산된다는 것이다. 그 이질적인 구성요소들이 연관관계를 맺고 있는 상태를 주체화배치라고 할 수 있겠다.

2) 부분대상과 부분적 주체화

실제로 자아형성 과정에서 유아에게 인식 대상이 분명하냐 하면 전혀 그렇지 않다는 것이다. 그러니까 쉽게 얘기하면 아주 어린 아이(유아)들은 자신이 좋아하는 물건을 가지고 놀다가 잠깐 뺏어서 숨기면 금방 까먹고 또 다른 것을 찾는다. 이러한 현상은 절대 대상이 명확하게 들어와 있지 않다는 증거이다. 즉 대상들을 접하고 생각하지만 상이 분명하게 잡혀 있지 않다는 것이다. 우리는 항상 분명한 대상만 받아들인다고 상정하는데, 실은 유아에게 인식 대상은 불분명하고 모호하며 동일시 논리에서 이야기하는 것처럼 고정되거나 정체화되어 있지 않다는 것이다.

이러한 것을 이야기하기 위해서 가타리는 부분대상이라는 말을 쓴다. 엄마를 생각할 때 우리는 항상 뭔가 성숙된 자아를 갖는 엄마(또는 일반화된 엄마)를 생각하는데 실제 아기가 엄마를 그렇게 보는 것은 아니다. 예를 들면 아기에게는 젖이 중요하다. 엄마가 아니라 젖이 중요하다. 또 안아줄 때 포근함이 엄마이다. 엄마가 아니라 포근함을 필요로 한다. 그러니까 아기가 주체적으로 자기를 만들어가는데 있어서 엄마라는 상이 먼저 들어오는 것이 아니라 엄마가 가진 부분적인 내용들과 아기와의 신체적 · 정서적 관계들이 들어오고 아기가 그것에 반응하면서 엄마의 상을 만들어간다는 것이다. 그러니까 생성되는 주체는 분명한 대상들과 관계를 맺는 것이 아니라 모호한 대상들이면서 오히려 구체적인 부분적인 대상들과 관계를 만들어가며 이러한 과정 속에서 아기에게 맛있는 것을 주고 젖도 가지고 있고 따뜻하게 안아주는, 또 가끔 웃어주는 엄마가 형성된다는 것이다. 이러한 설명방식은 주체 형성자(아기)의 능동성을 강조하는 방식이다. 주류사회에서는 엄마는 이렇게 나중에 만들어지는데도, 아기가 그 엄마 상을 준거로 삼아서 자신을 형성했다고 설명하는 것이다. 원인이나 형성과정을 나중에 결과에 맞추어 설명하는 식이다.

가타리는 부분대상 이야기를 라캉의 타자 개념에서 원용해서 사용한다. 라캉은 대문자 타자 얘기를 많이 하였다. 대문자 타자에 의해서 자아가 규정된다는 측면은 주류 사회학의 사회화 논리와도 유사하다. 그러나 라캉은 자아가 대문자 타자로만 규정되지 않는다는 것에 주목한다. 예를 들어 내가 아버지와 관계 맺을 때 우리가 사회적으로 생각하는 아버지라는 상으로 생각하면서 관계를 맺는 것이 아니라, 소문자(구체적인) 아버지, 아버지가 가지고 있는 폭력성, 아버지의 얼굴(인자한 얼굴)이 아니라 아버지의 내지르는 소리와 관계 맺는다는 것이다. 즉 대문자 타자가 아니라 아버지가 지닌 다양한 속성들과 대면한다는 것이다. 라캉은 그것을 소문자 타자(대상-a)라고 했고 가타리는 이것을 부분대상이라고 바꿔서 말한다.[2]

이러한 부분대상 개념을 통해 주체성생산을 생각한다면, 당연히 동일시에 의한 정체성 확인 과정으로서 주체화를 생각하는 것에 의문을 품을 수밖에 없다. 거기다가 주류 사회화론에서는 주체성생산에 단계론까지 도입하여, 즉 프로이트의 단계론이나 사회화론의 단계론으로 주로 설명한다. 단계론은 특정 단계에 동일시(역동일시) 대상이 있고 그 대상과의 관

2 가타리, 윤수종 옮김, 『카오스모제』, 동문선, 2003, pp. 25~26.

계 속에서 관계(주체)가 형성되고 다음 단계로 넘어가 또 다른 동일시 대상과 관계를 맺어가면서 단계적으로 발전하는 것으로 상정한다. 이러한 인식은 앞에서 말한 출현적 자아에 관한 논의에서 말한 연속적일 뿐만 아니라 중첩적이고 반대순서로 이루어질 수 있는 다양한 전개과정을 억압할 수밖에 없다.

가타리는 이러한 것과 관련하여 부분적 주체화라는 개념을 사용하여 설명하려고 한다.[3] 주체화를 설명하면서 다니엘 스턴의 용어인 핵심적 자아니 주체적 자아니 언어적 자아니 이런 얘기들을 하는데, 다르게 표현하면 가타리가 강조하는 것은 '비기표적 주체화의 핵심지대'이다. '주체적 자율화의 핵심지대'라고도 하는 이 개념은 고정된 준거점을 가지고 발달이나 퇴행을 설명하는 방식을 거부하고, 되기로 넘어갈 수 있는 다양한 카오스모즈적 작용지점들을 의미한다.

정신적으로 힘든 사람들을 보면 바로 이런 과정들을 오히려 쉽게 이해할 수 있다. 보통 정신적으로 멀쩡하다는 것은 대상들에 대해 분명한 상을 가지고 분명하게 대처한다는 것을 의미한다. 정신적으로 힘든, 또는 약한 사람들은 항상 이딘지 모르게 흩뜨려지고 갈라치기 하고 그런다. 그건 본인 스스로 참을 수 없다는 징표이다. 다시 말하면 정말 우리가 표준적인 인간이다, 정상적인 인간이다라고 말하는 사람들은 주체화 과정에 있는 사람이 아니라 오히려 고정된 주체에 집착하고 있다고 할 수 있다. 그런데 정신적으로 혼돈스럽고 힘든 사람들을 보면 끊임없이 고정된 주체에서 벗어나 희망하는 주체를 찾아서 움직이고 있다. 그래서 오히려 거기에서 주체화 과정에 대해 더 잘 볼 수 있다.

어떤 사람이 정상적이라고 판정받거나 현재의 (완성된?) 인간으로서 여

3 가타리, 윤수종 옮김, 『카오스모제』, 동문선, 2003, p. 28.

겨지는 경우, 그 사람이 어떻게 만들어졌는지 알 수가 없다. 오히려 우리는 주체를 얘기할 때 항상 현재의 (완성된) 사람을 보고 원인들을 찾아서 현재의 대상을 설명하지 실제 이 사람이 어떻게 만들어졌는지에 대해서는 탐색하지 않는다. 그래서 가타리는 정신병원에서 환자들을 대하면서 주체성의 형성과정을 환자들과의 소통을 통해서 탐색해가려고 하였다.

마르크스주의 또한 주체형성(주체성생산)에 관한 문제를 합리적 인간이란 관점에서 파악하였다. 마르크스주의는 주체형성은 어떤 이념적인 작업, 이념화(의식화)를 통해서 이루어지는 것으로만 생각했다. 그런데 사실 이념화란, 어느 정도 인식 가능성이 있고 텍스트를 읽고 자기화할 수 있다는 것을 전제한다. 이것은 상당히 표준적이고 지적인 인간을 요구하는 것이다. 그런데 대중이 그렇게 하지 못하니까, 나중에 사랑방에 모여서 모택동 어록을 외우고 김일성 어록을 외우는 처참한 방식으로 가는 것이다. 다른 주체화 방식들을 생각하지 못한 것이다.

3) 기계적 이질발생

보통 주체를 이야기할 때 인식적 자아에 집중하는 경향이 있다. 그래서 항상 개념화와 관련해서 인간의 성숙을 이야기한다. 그리고 개념화는 기본적으로 공통성을 추출해내는 과정으로 상정된다.

즉 개념화란 뭔가를 설명하기 쉽게 하기 위해 여러 가지들에서 공통성을 뽑아가지고 설명을 한다. 여러 가지 학용품이 있을 때, 즉 서로 다른 책 · 노트 · 도화지 등등이 있을 때, 종이로 구성되어 있는, 즉 종이라는 공통적인 요소를 뽑아내서 이해하는 것이 개념화이다. 이것은 추상화작업을 통해 인식하는 것이고, 공통적인 것을 뽑아내서 개념을 만들어내는 방식이다. 그런데, 현실에서 예를 들면 어떤 것이 구성될 때 그렇게 구성되는가 하면 그렇지 않다. 서로 다른 종류의 나무들이 있을 때 그 나무들이 공통성을 갖춰가면서 나무가 되는 것은 아니다. 나중에 보니까 우리가 그 공통성을 나무라고 파악한 것이다. 각종 나무 하나하나는 서로 다른 식으로 구성되고 자라고 가지를 쳐왔으며 똑같은 것은 없다. 단지 유사성들을 비교하고 추상화하면서 나무라는 개념이 만들어진 것이다. 그러니까 인식은 우리가 편하게 사유하기 위해서 공통성을 추구하고 동일성을 찾아서 개념화하는 작업으로 가는데, 현실은 그렇지 않다. 이런 방식으로 동질성이라든가 상동성을 찾아서 그 보편적인 개념을 만들어가는 인식과정(동질발생, homogénéisé)에 대비하여, 가타리는 이질발생(hétérogenèse) 개념을 제기한다.

이질발생과 관련하여 논의하면서 가타리는 존재라는 말보다 실존이라는 말을 더 많이 쓴다. 물론 구성이란 말도. 그러니까 어떤 한 사람이 구성되는 데 있어서 부모의 유전자가 얼마나 결정적인지 모르지만 현실의 다양한 요소들의 발생과정을 통해 유일한 이 사람이 만들어진 것이지, 무슨무슨 공통적인 악마적인 속성을 가지고 무슨 대학교의 술 잘 먹는 특성(존재의 전제)을 가지고 구성(형성)되는 것은 아니라는 것이다. 개인들을 설명할 때 동질발생적인 관점에서 벗어나 이질발생적인 관점으로 설명을 하려는 것이다. 그렇게 되면 설명이 불가능하게 되는 것이 아니냐고 반박할 수도 있다. 우리는 항상 동질발생적인 설명에 익숙해져 있기 때문이다. 보통 하나의 원인이 여러 가지를 설명하는 것을 대개 좋아한다. 하지만 여러 가지 원인이 하나를 만들어내는 것은 설명하기가 힘들다. 그리고 그렇게 하는 것은 설명이 아니라고 생각한다.

하지만 현실에서 어떤 현상은 한 가지 원인에 의해 만들어지는 것이 아니다. 어떤 한 사람이 한 가지 원인에 의해서 만들어지지는 않는다. 온갖 가지 요소들, 엄마 아빠의 요소들뿐만 아니라 할아버지 할머니의 요소들, 시골에서 산 요소, 도시에서 산 요소, 가족삼각형, 이웃, 또래, 요즘에는 시청각 매체, 세계 여러 곳에서 일어나는 사건사고들 등등. 이러한 것을 염두에 두고 가타리는 원인이라는 개념보다는 구성요소라는 개념을 선호한다.

또한 이 구성요소들을 이야기할 때 존재론 이야기를 자꾸 하게 된다. 존재론을 강조하는 것은 이론(인식론)이 아니라 현존재의 구성 방식들을 생각하려는 것이다. 온갖 가지 요소들을 통해서 한 사람이 만들어진다. 그런데 우리의 의식상에는 자꾸 어떤 원리를 찾아서 설명을 하면 그것이 잘 설명되는 것처럼 얘기를 하는데 그 반대쪽을 생각하자는 의미에서 존재론을 강조한다. 복잡한 세계 속에서 한 개별자가 생겨나는 것을 설명하기 위해서 말이다. 그동안의 논리는 편하게 하기 위해서 개인과 사회라는 대당을 설정하고 설명을 했다. 결국 사회가 일방적으로 개인을 규정하는 것으로 정리되어왔다. 사회화론이 그 전형적인 형태일 것이다.

이 사회 속에서 온갖 가지 작용 속에서 주체성은 만들어져(생산되어)왔으며, 따라서 주체성생산에 대한 설명은 복잡성과 특이성(개별자) 양자 사이의 상호작용, 상호침투를 탐색하는 것에 초점을 맞추게 된다. 무한세계 속에서 복잡성과 특이성 사이를 오가며 형성되는 실체들을 밝혀내려는 생성론으로 나아간다.

4) 분열분석적 메타모델화

주체형성과정과 관련하여 경직된, 고정된 주체를 해체하려는 의도 속에서 들뢰즈와 가타리는 노마드라는 표현을 쓴다. 분열분석과 관련된 개념이기도 한데, 가타리도 이 말을 쓰긴 하지만 그렇게 즐겨 쓰지는 않는다.

그런데 흔히 탈근대 사유를 이야기 하면서 무조건 다 횡단하면서 고정되지 않는 현상을 멋있게 노마드라고 표현하는데, 그 노마드라는 말을 잘

못 쓰면 굉장히 무책임한 말이 된다. 인식적인 노마드의 차원이 아니라 현실에서는, 실제 운동에서 그런 것처럼, 노마드가 어느 나라든 다니면서 즐기는 사람으로 나타나는 게 아니라, 예를 들면 '난민'으로 나타날 수도 있다. 미국 백인 청년의 경우는 여행삼아 세계를 돌아다니며 영어강사를 하면서 돈벌이하면서 노마드하게 살 수 있다. 그런데 미국의 흑인 청년은 그렇게 하기가 쉽지 않다. 더욱이 아프리카의 어떤 흑인 청년은 더욱 그렇게 할 수 없다. 그런 노마드들도 있고, 또 직업을 찾아서 상향 이동하는 노마드들도 있고, 전쟁 속에서 밀려나는 노마드(난민)들도 있다.

횡단을 강조하던 가타리는 점차 분열을 강조한다. 가타리는 분열적인 양상을 가진 사람들이 횡단적인 성격을 가지고 있다고 본다. 그러나 단순히 분열을 모아놓거나 분열만 이야기해서 어떻게 구성에 대해서 이야기할 수 있을까? 여기서 가타리는 모델화 이야기를 꺼낸다.

분열적으로 이질적으로 구성된다고 하는 것만으로 주체성생산을 설명하겠는가? 모델, 모델화, 모든 게 다 분산되어서 이루어지는 것 같지만 그럼에도 불구하고 뭔가 이뤄진다는, 모형화가 이루어진다는 것이다. 그것까지 부정하면 항상 아나키적인 상태나 분열적인 상태로 끝나는 것으로 사유할 텐데 현실에서는 서로 다른 집단들이 만들어지고 결과를 보면 다른 종류의 사람들이 만들어진다. 어떻게 그러한 구성과정이 이루어지는가? 모델이라는 말은 주류 정치학이나 주류 사회학에서 쓰는 용어이다. 특히 모델은 어떤 기준을 정해가지고 그 기준에 따라 인식이나 집단을 정비해가려는 모델화로 이어진다. 모델화라는 게 그런 위험성이 항상 있기 때문에 가타리는 거기서 넘어가기 위해 메타모델화라는 말을 쓴다.[4]

---

4 가타리, 윤수종 옮김, 『카오스모제』, 동문선, 2003, p. 90.

예를 들면 세 집단이, 세 모델이 있는데, 이 세 집단을 횡단하면서 새로운 집단의 발생(개념)을 생각하려는 것이다. 그러니까 우리는 혼자 있을 때는 하나를 생각하지만 두 사람이 있으면 벌써 이자관계, 세 사람이면 삼자관계를 생각한다. 거기에 다시 다른 사람을 끼워 넣든가 빼든가 하면서 다른 그림을 그릴 수 있다는 것이다. 그래서 가타리는 도표(다이아그램)라는 말을 많이 쓴다. 그것은 기존 인식을 돌파하기 위해서 자꾸 다른 그림을 그려보려는 시도이다. 도표적 인식을 통해 기존의 모델(화)들을 횡단하는 새로운 모델(화)을 만들어내는 것을 메타모델화라고 한다. 예를 들면 메타모델화란, 이 사람은 기독교인, 저 사람은 가톨릭교인, 누구는 불교인이라는 각각의 모델화가 있을 때, 그 세 사람의 모델화 방식을 관통하는 또는 횡단하는 식으로 사유할 수 있는 어떤 개념화를 하려는 것이다. 예를 들어 명상을 하는 사람들이란 모델화를 할 수 있다. 이것을 메타모델화라고 한다. 또한 기존에 표준화된 범주화 방식들을 돌파하기 위해 메타모델화 개념을 쓰고, 분열분석을 통해서 메타모델화를 해나가려고 한다. 당연히 이분법을 넘어서 다양한 분기들을 파악해나가려는 분열분석적 메타모델화를 지향하게 된다.

5) 분열적 카오스모즈

그러나 메타모델화에 멈춘다면 생성에 한계가 있을 것이다. 분열과 메타모델화 사이를 흔드는 카오스모즈적인 경련이 있다고 가타리는 주장한다. 분열분석을 예로 들어 기존에 세 가지 범주, 구성요소, 모델화 즉 기독교 · 가톨릭 · 불교가 있다면, 거기에 이슬람교를 집어넣는 것이다. 그럼 구도가 완전히 바뀌게 된다. 이질적인 요소를 집어넣다 뺐다 하면서 이 그림이 삼각형 · 사각형 · 오각형 등으로 어떻게 바뀌는가 생각하는 것이다. 화학식에서 예를 들어 어떤 한 요소를 뺐을 때, 먼저 육각형이었던 분자식이 오각형으로 바뀌지는 않는다고 한다. 팔각형으로 바뀔 수도 있다는 것이다. 그러니까 우리는 산술적으로 하나의 요소를 넣으면 하나의 요소만 추가된다고 생각하는데 전체 배치로 보면 전에 삼각형이었던 화학구성식이 사각형이 되는 것이 아니라 구각형으로 될 수도 있다는 것이다. 마찬가지로 한 가지 구성요소를 빼면 전체 배치가 하나의 구성요소를 뺀 것으로 구성되는 것이 아니라 전혀 다른 모습으로 바뀐다는 것이다. 단순히 산술적인 요소가 아니라 어떤 하나의 요소나 특이한 요소가 개입했을 때 전체 구도(배치)가 얼마나 바뀌는가 하는 것이 핵심사항이다. 변화나 혁명을 생각할 때도 사회에서 권력 중심을 틀어쥐고 그걸 뒤집는다는 전통적인 방식이 아니라 도대체 어떤 이질적인 요소가 가감됐을 때 전체 배치가 바뀌는가에 초점을 맞추는 것이다.

가타리는 그런 배치에서 가장 주변적이고 가장 소수적인 요소들이 전체를 움직이는데 가장 큰 효과를 가질 수 있다고 주장한다. 꼭 기존의 모델 안에 중심을 닮은, 표준을 닮은 (내용은 반대인) 어떤 것을 집어넣어서는 크게 안 바뀔 가능성이 높다는 것이다. 그래서 현실의 주변자들에게 관심을 갖는 것이다. 주변자나 소수자를 특권화하는 것이 아니라 주변자나 소수자의 요소들이 배치를 바꾸는 데 있어서 어떻게 기능하는가를 파악하려는 것이다.

그와 관련하여 가타리가 강조하는 개념이 '내재성'이다. 구체적으로는 '카오스모즈적 내재성'이라는 구성원리를 강조한다.[5] 설명이 안 되면 항상 외재적인 것을 끌어들이려는 경향이 있다. 신 문제도 그렇게 볼 수 있다. 설명이 안 되는 인간의 창조 문제 등에 신을 끌고 들어와서 설명을 해버린다. 그리고 뭔가 끌고 들어온 것을 나중에 그것을 목적으로 삼아서

5 가타리, 윤수종 옮김, 『카오스모제』, 동문선, 2003, p. 108.

또는 그것을 고정시켜놓고 다른 것들을 설명하기 시작한다. 배치 속에서 이질적인 요소들이 상호침투하면서 겪는 다양한 카오스모즈적인 경련을 감당해나가는 것이 필요하지, 그런 것을 외재적인 것을 끌어들여 설명하거나 해소하려고 해서는 안 된다고 한다. 내재성을 주장하고 구성론을 견지하면서 복잡계 속에서 관계망들을 통해서 구성되는 주체성을 이야기하고 싶은 것이다.

3. 욕망

이러한 주체형성과정(주체성생산)의 밑바탕에서 움직이는 흐름이라고 할 수 있는 욕망이 있다는 것이 가타리의 주장이다. 먼저 다른 사람들의 욕망론을 잠깐 점검하고 가타리의 욕망론을 살펴보자.

1) 프로이트의 욕망론

프로이트는 성을 임상적으로 이해하는 길을 열어주었고, 성숙한 성이 유년기의 성 발달단계부터 출발하며 성과 번식이 동일하지 않음을 보여주었다. 그리고 성적인 것과 성기적인 것은 같다고 보지 않고 성적인 것을 더욱 넓은 의미로 이해하였다.

무엇보다도 프로이트에게서 욕망과 관련하여 주요한 개념은 충동, 나아가 리비도이다. 프로이트는 충동이 무엇인지 파악할 수 없으며 단지 우리가 파악하는 것은 충동의 파생물들, 즉 성적인 생각과 성적인 정서이며, '리비도'는 성충동의 에너지일 뿐이며, 충동 자체는 유기체의 생물학적 토대 속에 깊숙이 놓여 있고, 충족을 향한 정서적 열망으로서 본성을 드러내며, 그래서 우리는 이완 열망을 감지할 뿐 충동 자체를 감지하지는 못한다고 하였다.

어쨌든 프로이트의 충동이론을 요약하자면, 가장 기초가 되는 부분은 리비도 이론, 즉 성충동의 역동성에 관한 이론이다. 프로이트는 충동은 일정한 발전단계들을 거친다고 보았다. 자기보존충동(식욕)과 성충동(성욕), 그리고 다른 충동들이 있는데 인성(성격) 형성에 가장 중요한 충동으로서 성충동을 꼽았다. 프로이트는 나중에 성충동에 파괴충동을 대비시키고 죽음충동을 끌고 들어왔다. 그리하여 쾌락원칙을 점차 버리고 현실원칙(보수적 태도와 일치)을 끌고 들어왔다. 점차 충동(나중에는 이드)을 억제하는 것이 문명을 발달시킨다(문명발달은 충동억압에서 이루어진다)는 주장으로까지 나아간다.

여기에 무의식 이론이 덧붙여진다. 프로이트는 무의식의 문턱으로 들어가는 영역으로서 전의식을 설정하여 '의식－전의식－무의식'의 구도를 설정한다. 무의식은 의식화될 수 없는 금지된(억압된) 원망 및 관념(대체로 반사회적인 욕구, 충동들)을 저장해놓은 넓은 바다와 같은 영역으로 묘사된다. 이처럼 무의식이론은 억압가설과 함께 간다. 그런데 나중에 이드－자아－초자아 도식을 끌어들이면서, 억압은 자아와 이드의 노력 사이에서 일어나는 하나의 과정으로 되고, 충동과 사회의 대립 위에서 억압의 반대쌍은 (충동의) 승화로 나아간다. 억압의 원동력은 자아의 자기보존충동, 처벌공포로서 초자아의 작동이라고 제시된다. 후기로 가면서 프로이트는 무의식적 도덕과 무의식적 죄책감에 대해 말하기 시작한다. 『쾌락원칙을 넘어서』에서 '현실원칙'을 내세우고 죽음충동가설로 사변을 시작한다.

2) 라이히의 욕망론

라이히는 프로이트가 제시한 '무의식', '전의식', '의식'의 상호관계에 대한 인식(리비도해방)과 '이드', '자아', '초자아'로 구성되는 심리구조에 대한 도식(초자아에 의한 이드의 제압=문명)은 서로 일치하지 않는다고 주장하면서, 전자를 기반으로 자신의 주장을 펼쳐나간다.

라이히는 성충동이 지닌 활동성을 기능적으로 설명하는 단초를 제공하는 것으로서, 충동 속에서 '쾌락의 운동적 측면'을 보게 되었다. 충동은 그 자체가 운동적 쾌락이며 성충동은 이미 경험한 쾌락에 대한 운동적 기억이라는 것을 임상관찰 속에서 파악하고, 충동의 본질은 쾌락이라고 보았다. 쾌락은 정신적 질이 흥분의 양과 쾌락의 질 사이의 기능적 통일로 나아간다고 보았다.

따라서 충동의 조절, 즉 충동의 작동은 쾌-불쾌 원리에 입각하여 이루어진다고 보았다. 그리고 충동은 생체전기 에너지로서 성 에너지와 같다고 보았다. 그리고 성 에너지는 신체 전체에서 작용하지, 생식기의 간선에서만 작용하는 것은 아니라고 보았다. 또한 심리적 장치는 심리학적 성질의 것이 아니라 생물학적인 성질의 것임을 강조하였다.

처음에 라이히는 프로이트의 리비도론에 큰 관심을 가지고 계승하려했다. 그런데 정신분석치료 기법에서 프로이트와 대립하게 된다. 정신분석은 자유연상기법을 개인의 통제에 유용하고 사회적으로 수용되는 행동으로 승화시키려고 하였다. 그러나 거부나 승화의 요구는 생물학적 본능은 '나쁘다'는 그리고 사회는 불변한다는 도덕적 판단을 전제하고 있었다. 이를 반박하기 위해, 라이히는 신경증의 경제적 양적 요인, 즉 에너지 문제를 연구하게 되었다. 프로이트가 환자의 기억과 해석에 초점을 맞춘 반면, 라이히는 신경증의 신체적 핵심을 찾고자 했다.

그러한 의도에서 점차적으로, 라이히는 성기(생식기) 기능과 오르가즘에 관심을 두게 되었다. 그리고 성 능력의 의미를 쟁점화하면서 신경증의 신체적 핵심은 오르가즘에서만 적절하게 방출될 수 있을 뿐인 억압된 성에너지라고 주장했다. 이때부터 라이히는 '성경제학'이라는 용어를 사용하기 시작하였고, 프로이트의 치료 개념을 경제적 에너지 요인을 더하여 확장시켰다.

성격분석에서 무장충화(충동을 숨기기 위해 겉으로 다르게 표현되는 무장된 성격) 개념을 밝혀내면서 라이히는 프로이트가 충동을 이원적인 구조(억압받은 반사회적 충동과 표면적 충동)로 본 것에 대해서, 3중구조(자연스런 일차적 충동-반사회적인 이차적 충동-표면적 충동)로 되어 있는 충동론을 제시하게 된다. 프로이트는 무의식을 주로 반사회적인 충동으로 구성된 것으로 보았다. 그리고 그 반사회적인 충동들이 인간의 내면에 있는 것으로 상정하였다. 이에 대해서 라이히는 반사회적인 충동들은 인간의 생물학적인 자연스런 충동이 사회에서 억압되어서 왜곡되어 나타난 것이라고 주장하였다. 이제 더 이상 그 반사회적인 충동들을 억압하는 문명론을 제시할 필요가 없어지게 되었다. 사회에 의한 왜곡을 풀어주어 자연스런 충동이 펼쳐져나가게 하는 것이 문제가 된다.

라이히는 충동욕구와 사회질서 사이의 대립에 주목하게 된다. 라이히에 따르면 사회질시는 가족을 통해 개인의 심리구조 안에 변화를 가져오며 처벌 불안이 도덕적 금기가 된다. 충동과 외부세계 사이의 갈등은 충동자아와 초자아 사이의 갈등이 된다. 여기서 쾌락을 향한 합리적 노력에 기여하는 모든 유아적 · 충동적 행위는 억압의 운명을 겪을 때 비합리적인 행위로 된다고 보았다.

이러한 사유 속에서 라이히의 욕망론의 주요 개념은 오르가즘 능력으로 요약된다. 라이히에 따르면 오르가즘 능력이란 어떤 억제도 없이 생물학적인 에너지 흐름에 몰입할 수 있는 능력, 즉 본능적인 쾌락적 신체경련을 통해 막혀 있던 성 흥분을 완전히 방출할 수 있는 능력이다. 오르가즘 능력은 인간이 모든 생물과 똑같이 가지고 있는 원초적이고 근본적인 생물학적 기능이다. 모든 자연감각은 이러한 기능으로부터 혹은 이러한 기능에 대한 동경으로부터 나온다. 양성 모두에게서 오르가즘은 성기 흥분의 정점이 서로 일치할 때 더욱 강렬하다. 사랑관계가 내외적으로 방해받지 않는 경우에는 의식적인 환상활동은 완전히 중단된다. 자아는 자신이 완전히 집중하고 있는 쾌락감각을 흡수하게 된다. 많은 모순에도 불구하고 정서적 인성 전체를 오르가즘 경험에 집중할 수 있는 능력은 오르가즘 능력의 또 다른 특성이다. 그에 반해 오르가즘 불능, 즉 성울혈은 신경증의 에너지 원천이다. 따라서 정신병(신경증)의 치유는 오르가즘 능력의 회복 여부에 달려 있다고 본다.

오르가즘에 이르는 과정을 연구하면서 라이히는 오르가즘을 생체전기적 기능으로 이해하기 시작한다. 그리고 오르가즘의 생체적 기능에 관한 정식을 만들었는데, '기계적 긴장 → 생체전기적 충전 → 생체전기적 방전 → 기계적 이완'으로 요약된다. 라이히는 이러한 오르가즘 정식을 점점 더 다양한 생물의 활동을 이해하는 데 적용해나갈 수 있다고 생각하였다.[6]

3) 성욕망의 다양성: 마그누스 히르슈펠트의 연구

라이히가 성정치 운동이나 성혁명을 주장할 때 실제 독일에서는 마그누스 히르슈펠트(Magnus Hirschfeld)라는 굉장히 특이한 의사가 하나 있었다.[7] 이 사람이 바로 동성애운동을 최초로 한 사람이었다. 이 사람의 관심은 특이한 성애를 가진 사람, '비정상적인' 성애 형태였고 이에 대해 많은 연구서를 냈다. 이미 1910년대에 의사로서 다양한 성 형태에 대해서 연구하고 1920년대에는 성전환수술까지 시술했다. 이 사람보다 약간 뒤에

6 라이히, 윤수종 옮김, 『오르가즘의 기능』, 그린비, 2005.

7 Wolff, *Magnus Hirschfeld: A Portrait of a Pioneer in Sexology*, Salem House Publishers, 1987.

활동을 했던 라이히는 오르가즘론에 입각해서 성충동을 교접을 통해서 방출함으로써 건강한 인간이 될 수 있는 생각을 한 데 비해, 히르슈펠트는 온갖 다양한 성애 형태들을 연구하였다. 그 당시에는 라이히도 이 사람을 '부르주아적 · 퇴폐적'이라고 판단하였다. 그런데 라이히의 그러한 판단은 마르크스주의가 그 사람에 대해 판정내린 것과 똑같다. 더 나아가 역설적이게도 마르크스주의는 라이히까지도 그렇게(프롤레타리아의 관심을 소부르주아적인 것으로, 퇴폐적인 것으로 끌고 간다고) 판정 내렸다.

그런데 지금에 와서 보면 오히려 히르슈펠트의 다양한 성 형태에 대한 연구가 중요하다. 라이히는 '자연스러운(이성애적) 성충동'을 설정하고 오르가즘론을 펴지만 자연스러운 것 위에서 올바른 형태(이성애적 교접)만을 상정하게 되고 다른 형태들은 왜곡된 것으로 규정 내리게 된다.

그런데 이런 논지로 나가면 성소수자 논리는 설자리가 없다. 라이히도 성소수자 문제를 부정적으로 본다. 라이히는 당시의 동성애운동을 알았기 때문에 다른 사람들을 해치거나 불편하게 하지 않는 한 동성애에 대해 관용적 태도를 보였다. 그러나 동성애에 대한 그의 설명은 프로이트와 비슷하였다. 발달단계에서 뭔가 지체가 돼서 퇴행했기 때문에 동성애가 생기고, 그래서 이성애적인 성 자유가 확산되면 동성애는 줄어들 것이라고 보았다. 그 시대의 한계일까?

그런데 그 당시에 그 자신이 동성애자였고 여성적인 남성을 좋아했던 히르슈펠트는 성과학연구소를 세우고 의사들을 모아서 강연하고 색다른 성정치 운동을 했다. 이미 1910년대 말에 동성애운동(남성동성애를 범죄화하는 독일 형법 175조를 폐지하려는 법률청원운동)을 벌여나갔고, 다양한 성에 대한 자료들을 수집하고 대중에게 알렸다.[8]

---

8 Steakley, James D., *The Homosexual Emancipation Movement in Germany*, Arno Press, 1975.

성욕망의 다양성이란 측면에서 히르슈펠트의 연구는 오히려 라이히보다 앞서가는 측면이 있었다.

4) 가타리의 욕망론

라이히가 남녀의 교접을 통한 오르가즘론에 입각하면서 다양한 성욕망을 설명하기가 어려웠고, 특히 성욕망의 문제를 에너지론으로 정리해가면서 너무 일원론적인 설명으로 끌고 갔다. 현상적으로는 오히려 히르슈펠트의 연구가 탈근대 시대에 다양한 성욕망에 대해 설명해줄 수 있는 측면이 있다.

가타리는 라이히의 논지를 많이 받아들이지만 라이히의 에너지론이나 일원론으로 가지 않고 모든 것을 복수화한다. 그 복수화의 방법은 주변적인 것이나 소수적인 것을 끌어들이는 것이다. 당연히 동성애에 관한 논의를 많이 하고, 특히 이성애 · 동성애 등의 고정된 성주체성을 상정하는 개념을 비판하면서 횡단성애라는 개념을 제시한다. 이렇게 성욕망의 다양성과 복수성을 인정하는 것을 넘어서 가타리는 '성해방이 아니라 욕망해방'[9]이라고 말한다. 또한 프로이트나 라이히, 히르슈펠트가 지닌 욕망 개념을 신체에서 해방한다.

프로이트나 라이히는 신체에 붙박인 성적인 욕망 개념을 주로 쓰는데, 가타리에게는 그런 욕망은 부분 욕망에 지나지 않는다. 가타리는 훨씬 다양한 다른 욕망들이 있다고 보며, 욕망을 사회적인 기호체계 속에서 엮여서 움직이는 흐름으로 파악한다. 물론 성충동적인 욕망도 그 중에 하나라고 본다.

가타리라면, 자본주의 아래에서 성충동 욕망은 장동건을 닮은 남자를

---

9 가타리, 윤수종 옮김, 『욕망과 혁명』, 문화과학사, 2004, p. 40.

흠모하는 어떤 것으로 나타난다. 그럼 내가 그런 성충동 욕망을 채택해서 나도 나의 성파트너를 볼 때 그런 틀에서 욕망한다는 것이다. 나의 신체로부터 발산되는 고유한 욕망 형태를 가지고 욕망하는 것이 아니라, 사회의 다양한 욕망흐름(욕망하는 기계들) 속에 내가 편입되기도 하고 벗어나기도 하고 취사선택하면서 욕망한다는 것이다. 이러한 욕망론을 제기하면서 가타리는 얼마나 표준화된 욕망에서 벗어날 수 있는가에 주목한다. 자본주의적 욕망포획장치에서 벗어나기 위해서 말이다.

4. 주체성생산의 방향

가타리는 주체성생산은 사회의 다양한 시설들이 생산되듯이, 공장에서 어떤 제품이 생산되듯이, 사회적 장(배치) 속에서 어떤 제품처럼 생산된다는 점을 강조한다. 그렇다고 기계에 의해 찍어내듯이 생산되는 것이 아니라 기계들의 작동 속에서 이질발생적으로 생산된다는 점을 강조한다. 물론 과학적 방식으로보다는 오히려 예술적 방식으로 생산된다고 강조한다.

1) 예술적 생성

예술도 여러 가지 형태가 있다. 캔버스에 그리는 것, 벽에다 그리는 것 등. 캔버스에 유화로 그리는 것은 너무 돈 있는 사람들이 사다가 본다고 해서 멕시코 벽화운동에서처럼 대중이 봐야 된다고 대중이 지나다니는 곳에 그린 벽화그림도 있다. 그런데 역시 그런 그림에는 행동하는 주체가 빠져 있다. 일단 그리는 시간에만 있다. '아니다, 그럼 대중이 모여서 그리자'라는 움직임도 있다. 마을 만들기에서 하는 어린이집 아이들의 거리 그림그리기 등이 있다.

가타리는 거기서 더 나가서 스스로 움직이다가 터져서 없어지는 그런 자동폭발기계 예술품처럼 인간이 개입해서 어떻게 변형시킬 것인가라는 관점에서 예술을 보려고 한다. 베이컨이 하듯 개입하고 호흡하고 서로 변형하는 방식을 생각하니까, 행위예술이 가장 먼저 떠오르게 된다. 행위예술을 하더라도 가타리라면 옆에는 그림 전시도 하고, 음악도 흘러나오고, 시도 낭송하고, 술도 마시는 등등, 한꺼번에 같은 공간을 넘나드는 여러 예술형식의 공존을 추구한다(실제로 그런 전시회를 열기도 했다).

주체성이 그런 이질적인 것의 카오스모즈적 경련 속에서 형성되는 것이고 변형과정 속에 있다고 생각하는 것이다. 달리 말하면 주체형성은 여러 가지 풍경 속에서 아주 중층적으로 횡단적으로 엮어져서 만들어지는 것이다. 바로 예술적 방식으로. 예술적 방식이란, 철학처럼 개념을 생산하는 것이 아니라, 과학처럼 현실의 자료들을 개념과 대조해나가는 것이 아니라, 새로운 것을 만들어내는, 즉 생성으로 나아가는 것을 말한다.

(1) 추상표현주의

가타리(들뢰즈)는 추상표현주의를 아주 싫어한다. 추상표현주의의 기법은 손을 안 대고 그림을 그리는 것이다. 붓을 안대고. 절대 캔버스에, 캔버스도 아니다. 바닥에 깔고 뿌리니까. 물감을 바닥에 뿌리거나 그냥 붓는다. 흔들어대면서. 결정적으로 일단 뿌려진 것은 변형이 불가능하다. 붓으로 그리는 경우에 하다가 마음에 안 들면 다른 식으로 그릴 수 있다. 그런데 뿌렸는데 그걸 변형시키려면 손이 닿아야 한다. 손을 안 대려 하니까 추상표현주의 화가들은 변형시키려면 그 위에다가 또 뿌릴 수밖에 없었다. 이런 한계에 처해 있는 추상표현주의 유파는 뭔가를 재현한다는 발상을 깨트리는 데는 혁혁한 공을 세우지만, CIA가 돈 대주는 이유가 있는 것이다.[10] 메타(변형)하고는 굉장히 거리가 있는 방식이며 주체성생산의 방향에는 어울리지 않을 것이다.

(2) 야만적 폭력성: 프란시스 베이컨

거기에 대항해서 들뢰즈는 베이컨이라는 사람을 얘기한다.[11] 프란시스 베이컨은 주류 미술계에서 인정받고 그의 그림값은 천정부지로 치솟았다. 이 사람은 학교교육도 못 받고 집에서 엄마 팬티를 입고 돌아다니다 발각되어 쫓겨난 인간인데 말이다. 굉장히 흉측한 그림들을 그렸다. 그런데 이 사람은 추상표현주의와 정반대로, 그러니까 그림을 붓으로 그리는데 어떤 목표를 가지고 뭘 그리겠다고 정하지 않고 그리다가 어느 시점에서 변형을 시킨다. 그렇게 그려놨는데 마음에 안 들면, 화장지 같은 걸로 지워버린다(물론 찢어버린 그림들이 많다). 그 지운 자국을 그대로 놔둔다. 가타리는 이러한 방식을 '희박화' 방식이라고 말한다. 특이한 개입 방식인 것이다.

추상표현주의는 대상에서 완전히 떨어져 나왔다면 베이컨은 대상에 폭력적이라고 할 정도로 개입한다.[12] 자화상을 그리는데 절대로 모델을 앞에 놓고 그리지 않았다고 한다(그는 대게 사진을 보고 그렸다고 한다). 아마 모델이 있었다면 화가 나서 도망쳤을 것이다. 멋있는 모델을 흉측하게 다 망가뜨렸기 때문이다. 삼면화가 베이컨의 주요한 그림 형식인데, 인물화를 그리면서 앞모습만 그리는 것이 아니라 옆모습, 뒷모습도 그린다. 이를 통해 인간을 정형화하지 않고 여러 갈래로 뻗쳐 있는 양상을 그리려고 하였다. 가타리가 좋아할 만한 방식이었다.

멋있는 사람을 그대로 드러나게 그리는 것(재현)이 보통 회화인데 나중

---

10 양희정, 「냉전 이데올로기와 미국 미술계」, 『진보평론』 8호, 현장에서 미래를, 2002.
11 들뢰즈, 하태완 옮김, 『감각의 논리』, 민음사, 1995.
12 베이컨, 최영미 옮김, 『화가의 잔인한 손』, 강, 1998.

에 이렇게 잘 그려논 다음에 지워버리니까 윤곽이 흐려진다. 그런데 윤곽이 흐린 게 갖는 작용(기능)은 사람들로 하여금 윤곽을 찾아서 몰입하게 한다. '희박화'시켰는데 사람들이 더 가까이 가려고 덤빈다. 그러니까 보통은 강하게 표현함으로써 밀도 있게 소통할 수 있다고 생각한다. 그런데 베이컨은 희박화 방법을 통해서 오히려 소통할 수 있다는 것을 보여준다. 정신과 관련해서도 마찬가지일 수 있다. 어떤 사람을 생각할 때, 분명한 모양으로 떠오르는 게 아니라 흐릿흐릿한 기억들이 떠오르면서 그 사람에 대한 상을 만들어갈 수 있다. 연애 해보면 알지만 그 인간의 분명한 어디가 좋은 게 아니라 불분명한 것이 좋고 그러다 보면 다 좋고 보이는 것마다 다 나를 애타게 만들었다가 즐겁게 만들었다가 한다.

그 외에도 조각을 만들다가 던져가지고 깨트리고 깨트린 채로 작품화한다든가, 백남준도 했던 방식이지만 두드려 부수고, 그 다음에 자동기계라고 해서 조각품을 만들어서 그 안에 자동장치를 만들어서 스스로 움직이다가 터져서 조각품이 사라지게 만드는 조각가도 지목한다.[13] 그 작품은 없어져야 의미가 있다는 것이다. 가타리가 이런 작품활동을 하는 사람들을 예로 들면서 하고자 하는 얘기는, 우리는 항상 볼 수 있는 것과 명확한 것에만 집착하는데 오히려 볼 수 없는 것과 없어지는 것과 사라지는 것에 대해 알아보자고 제안하는 것이다.[14]

(3) 횡단적 예술: 데이비드 보야나로비치(David Bojnarovich)

가타리는 어쨌든 기존의 텍스트와 담론과 매체를 넘어서 사유하고 탐색하려고 하였다. 그리고 예술과 관련해서는 행위예술, 퍼포먼스를 강조

---

13 세자르의 압축, 잔 탱글리의 '메타기계학', 해프닝기계, 정신착란기계 등. 가타리, 윤수종 옮김, 『카오스모제』, 동문선, 2003, p. 61.

14 페르바르트, 윤수종 옮김, 「'볼 수 없는 것'의 생태학」, 『세 가지 생태학』, 동문선, 2003.

하였다. 그런 생각에서 가타리가 접속한 화가(?)로 데이비드 보야나로비치(David Wojnarowitz)라는 사람이 있다.[15]

이 사람은 그림을 그리는 데 사진도 이용하고, 문자텍스트도 이용하고 뭐든 이용하였다. 또 그라피티, 즉 벽에도 그렸다. 더욱이 그라피티보다 한 단계 더 나아갔다. 그라피티는 몰래 그리고 도망가서 다른 사람들이 지나가면서 보게 하는 것이다. 이 사람은 자기가 그려놓고 그 그림들 앞에서 행위예술을 한다. 그러니까 거리 그림을 그려놓고 거기서 점프를 하고 그걸 다시 사진으로 찍어서 보여주는 것이다. 결국 이 사람은 사진, 그림, 문자 등 온갖 것을 섞어가지고 작품을 만들고 작품과 행위를 결합시키는 것이다.

그리고 보야나로비치는 실제로 음악밴드도 했고, 그림도 그렸고 영화도 만들었다. 37세에 죽었는데, 미국의 에이즈운동 중에 ACT-UP에서 제일 전투적인 운동가이기도 했다. 예술가들이 운동에서 어느 정도 퇴조하던 1980년대에 가장 전투적으로 나섰던 사람으로 가타리가 그에 대한 글을 쓰기도 했다.[16]

온갖 예술 장르 간의 횡단을 강조하고 그런 전시회를 열기도 했던 가타리는 주체성생산도 바로 이러한 횡단적인 상호침투(오즈모즈) 과정을 통해서 이루어진다는 것을 강조하고자 하였다.

2) 새로운 윤리-미학적 패러다임

(1) 패러다임의 전환

가타리는 카오스모즈 속에서 새로운 방향을, 새로운 패러다임으로의

---

15 Dan Cameron ed., *Fever: The Art of David Wojanarowicz*, New Museum Books, 1999.

16 Félix Guattari, "David Wojnarowicz", *Rethinking Marxism*, vol 3. no 1. 1990(원문은 1989).

전환을 생각할 수 있다고 한다. 텍스트적인 것뿐만 아니라 음성적인 것, 구강적인 것, 시청각적인 것, 볼 수 없는 것들을 강조하면서 이전과는 다른 방향, 새로운 미학적 패러다임이 출현할 수 있다고 강조한다. 이것이 가타리가 전통적인 좌파들과 구분되는 논점이기도 하다.

흔히 가타리를 아나키적이라고 생각하는 사람이 많다. 왜냐하면 가타리가 설정하는 욕망의 문제를 '모든 것은 욕망으로부터 출발하여 전개된다'고 생각하기 때문이다. 욕망아나키즘? 가타리가 주장하려는 것은 결코 그런 논지가 아니었다. 뭔가 하나로부터 출발한다는 것은 말이 안 된다. 특히 가타리에게는. 그럼에도 불구하고 다른 사람들과 구별되는 점이 욕망론이다. 그래서 다른 사람들이 생각하기를, 가타리가 뭔가 순수한 욕망이 있다고 설정하고 그 순수한 욕망을 끝까지 추구해나간다고 추정한다. 그러니까 그는 정말 파시스트가 아니냐라고 하는 사람도 나타난다. 욕망파시즘? 그렇게 되면 도덕이고 뭐고 없지 않느냐, 책임문제 등을 어떻게 말할 수 있느냐고 반박한다. 욕망의 자기 전개를 상정하는 것이다. 헤겔을 생각나게 한다. 실제로 헤겔을 선호하는 사람들이 자기 생각을 빗대어서 이런 이야기를 한다.

그런데 가타리는 그런 순수한 욕망도 없을 뿐만 아니라 욕망이 단선적으로 움직이는 것이 아니라 항상 집합적인 과정 속에서 과정적으로 편성되어가는 것인데 무슨 소리냐고 반박할 것이다. 그리고 오히려 집합적인 과정이기 때문에 개인적인 법적 책임보다는 집합적인 책임이 필요하며 그 방향성과 관련해서 새로운 미학적 패러다임을 생각할 수 있다고 한다. 예를 들어 전형적인 좌우 구도가 아니라 여성의 지위를 높여야 된다라는 새로운 미학적 패러다임이 있다는 것이다. 68혁명 이후 새로운 욕망투쟁들의 등장이야말로 새로운 패러다임의 출현을 알린다고 할 수 있을 것이다.

대안을 생각하면 이제는 생태적인 고려를 하는 한국의 대안운동실험도 색다른 패러다임을 지니게 된 것이라고 볼 수 있다. 그것을 개인적인 욕망에 따라서 설명하기보다는 개인들이 갖는 다양한 표출방식이 있는데 전에는 계급이해관계에 따라서 표현했지만 이제는 미래를 걱정하고 눈에 보이지 않는 다양한 생태문제를 집합적으로 제기하기 시작했다고 보는 것이다. 그래서 당연히 욕망의 문제를 집합적인 실천과 집합적인 책임으로 연결시켜간다. 욕망은 개인적이고 사적인 것으로서 마음대로 하고 마는 어떤 것이 아니라 집합적 과정이며 집합적 책임의 문제로 연결되는 것이다. 가타리는 요나스나 몇몇 사람들 얘기를 끌어들인다.

한국 사회에서는 1987년 이전에는 생태적인 고려는 예외적인 것이었고 명상이나 영성이나 종교적 성향의 실험에서나 나타난 것이었다. 그런데 지금은 일반화됐다. 패러다임이 분명히 달라졌다.

어쨌든 가타리가 새로운 윤리-미학적 패러다임이란 문제를 제기하는 것은, 서로 분리된 것 같고 다른 것같이 보이는 것들을 횡단하면서 그것들과 다른 것을 만들어내거나 지향할 수 있는 그런 가능성을 탐색하려는 것이다.

(2) 대의제의 극복과 대안 탐색

서구에서는 1980년대를 생태시대라고 할 수 있다. 녹색시대. 그 이전에 대안을 생각하는 사람들은 대부분 레드였다. 진보하면 레드라고 생각하였다. 68혁명 이후 1970년대를 거치면서 다양한 자율운동과 소수자운동이 전개되었고, 여성운동과 생태운동 또한 대중적으로 확산되어왔다. 1980년대는 좌파적인 사람들도 다 그린, 녹색 옷을, 생태 옷을 한 번씩 입는다. 그린과 레드가 섞이면서 새로운 문제제기가 나타나게 된다.

사회운동이 그런 모습으로 갔음에도 불구하고 제일 난감한 문제가 결국은 대의제 메커니즘으로 빠져 제도화되는 것이다. 녹색 흐름이 엄청난 대중적인 운동을 동반하며 성공적이었던 독일의 녹색당 운동처럼. 서구에서 기존의 양당 체제를 확실하게 변형시켰던 것은 유일하게 독일의 녹색당밖에 없었다. 그 정도로 굉장한 운동이었음에도 불구하고 당 형태에 집중하고 대의제로 기울어가면서 대안적인 성격이나 대안적 실험으로서의 의미를 잃어갔다.

어떻게 하면 대의제에 대한 대안을 찾을 것인가? 선거정치가 아닌 직접 정치? 그래서 뭐 촛불시위? 이렇게 연결시키는 사람도 있는데, 물론 그것도 한 가지 흐름이다. 대의제의 대안이 꼭 촛불시위만 있는 것은 아니다. 지금 대의제에 대해 일반적으로 받아들여지고 있는 대안은 직접행동이다. 그런데 직접행동은 대의제에 대한 대안방식으로는 미약한 측면이 있다. 대체로 직접행동하고 끝나고 나면 수습할 때는 대의제 하는 사람들이 '그래 우리가 정리해야지' 하고 들어선다. 서구의 68혁명이 정비된 방식이다. 물론 이런 제도화 앞에서 자율운동이 활성화되어왔다.

어쨌든 대의제를 축소시켜가는 대안적 공간을 만들어나갈 수 있는가 하는 것이 쟁점이 될 것이다. 당연히 대안적인 사유가 필요할 것이다. 대안제도, 대안 연결망을 만드는 것이다. 가타리가 실험했던 것들이 바로 이런 것이고 이러한 운동 속에서 주체성생산의 지형도와 방향이 달라질 수 있다고 생각한다.

물론 가타리는 대안이 정답이라고 생각하지 않는다. 다른 것들이 얼마나 서로 섞일 수 있는가를 중요하게 생각한다. 특히 운동에서도. 그렇게 섞일 수 있어야지 아주 주변적이고 소수적인 것을 받아들일 수 있다는 것이다. 단지 대의제 비판과 대안 찾기로 정리하는 것이 아니라 이질적인 것들을 어떻게 섞어나갈 수 있는가, 그리고 그 위에서 주변적이고 소수적인 것을 포괄하면서 어떤 새로운 패러다임을 추구할 수 있는가에 관심을 두게 된다.

그런데 이런 발상들에 대해서 대의민주주의 발상에 있는 사람들은 항상 아나키즘이라는 오명을 씌우고 싶어 한다. 그런데 가타리는 끊임없이 조직형태를 탐색한다. 젊었을 때에도 여러 가지 조직형태들을 탐색하였고, 또한 한 군데 가입하는 것을 참지 못했다. 그래서 공산당에도 가입하고 트로츠키당에도 가입하고 또 다른 모임에도 가입하고 그러면서 오히려 거기서 각각 할 수 없는 새로운 것을 만들어냈던 것이다. 물론 그런 방식으로 활동하니까, 기존의 조직들에서는 계속 배척당하곤 하였다. 1991년 지방의회 선거에서도 녹색당과 생태세대라는 두 당에 동시에 속한 채로 출마 리스트에 오르기도 했다.

양당 체제로 굳어진 서구의 대의제를 돌파할 수 있는 횡단적 실험이 필요할 것이다.

(3) 접속

가타리는 녹색당원이었지만 '생태세대'라는 또 다른 녹색당에도 들어가 있었고 두 군데에 관계하면서도(이중 가입) 항상 생태 흐름을 지지하는 다수대중과 어떻게 관계를 맺어야 할 것인가에 더 관심을 가졌다. 그래서 두 당 형태와 관련해서, '생태세대'는 라롱드라는 사람의 쇼맨십으로 넘어가고 녹색당은 자신들은 근본적으로 다르다고 다른 당하고 접촉 안 하고 고립된다고 비판하였다. 물론 그런 상황을 벗어나기 위하여 광범한 적록동맹을 결성하려고 시도하기도 하였다.[17]

어떻게 섞일 것인가. 섞여서 새로운 것이 나오지, 고립되어서는 안 된다는 것이 가타리의 기본 발상이었다. 세 가지 생태학의 공통성을 찾아서

17 네그리, 윤수종 옮김, 『귀환』, 이학사, 2006.

나간다는 것은 잘못하면 보편을, 공통적인 것을 뽑아내서 만든 패러다임을 지향할 수 있다는 것을 의미할 수 있다. 가타리의 생각은 그런 것이 아니다. 새로운 패러다임으로 나아가기 위해서는 어떤 하나에 매몰되어서는 안 되고 세 가지를 엮으면서 환경, 사회, 정신세계, 나아가 네 가지 생태철학적 대상, 물론 n가지 존재론적 차원들을 원을 그려가듯이 조립해 나가는 것, 그 존재론적 차원들을 횡단하는 흐름을 만들어내야 한다는 것이다. 그렇게 해야 새로운 윤리-미학적 패러다임을 생각할 수 있다는 것이다.

그리고 실제로 생태학 개념도 나중에 몇 개 더 붙인다. 세 가지만 아니라 실제로 n가지 생태학으로 얘기할 수 있는 것이다. 그리고 가타리의 책을 읽으면 굉장히 불편하게 나열을 많이 한다. 그게 다 이유가 있을 것 같다. 단순화되는 것 때문에 형용사를 굉장히 많이 나열한다. 무슨 형용? 어떤 명사를 놓고 형용사를 무수히 늘어놓는다. 사실 가타리가 중요하다고 생각하는 것은 형용사지 명사가 아닌 것 같다.

이와 관련하여 가타리가 기능주의에 대해 얘기하는데, 기존에 미국식의 (파슨스류의) 구조기능주의가 아니다. 가타리가 주목하는 기능주의는 기계에 대한 열정이라고 표현할 수 있다. 가타리는 기계적 작동이라는 개념에, 작동(작용)이라는 데 방점을 두고 기계들이 서로 얽혀서 움직이는 연결관계(배치)를 강조한다. 그때 가타리가 쓰는 기계적(machinique)이라는 말은 고립된 채로 경직되게 움직이는 기계상태가 아니라 온갖 기계들이 서로 연결되어서 돌아가는 상을 그리는 것이다. 이질적인 것들의 접속을 이루며 말이다.

3) 탈영토화된 역사: 미래의 구성

가타리는 역사가 단선적으로 진보한다고 보는 것에 대해 상당히 비판하고, 탈영토화라는 관점에서 본다.[18] 우리는 보통 로마제국이 망했다고 표현한다. 그것은 현실적으로 권력체계가 망했다는 것이다. 백제가 망했다고 할 때에도 현실적인 국가권력체제로서 백제가 망했다는 것이다. 그런데 로마제국 동안에 발달했던 연금술, 통치방식이 있다면, 누가 그걸 전파하려 하지 않았는데도 다른데서 다른 국가에서 그것이 나타나서 그대로 또는 다르게 이어진다고 한다. 그러니까 같은 지역에서 같은 종류의 사람들에 의해 역사(역사적 업적들)가 계승되는 것만이 아니라 여기저기서 다른 사람들에 의해서 전유되면서 이용될 수 있다고 한다.

또 아주 고대적인 것이 탈근대 시대에 어떤 요소로서 들어와서 엮인다고 본다. 가타리가 일본을 설명할 때, 아주 고대에 있었던 어떤 신앙적인 측면, 신토불교와 같은 요소들, 주인과 노예 비슷한 오야붕-꼬붕 관계, 그런 고전적인 요소들이 현대 자본주의에 들어와서 기업별 노사, 노조에 결합되어서 움직인다는 것이다. 물론 그런 요소들이 자본주의적 경영에 효율적이라고 생각하여 모두 일본을 따라 배우기 시작했었는데, 그것은 잘못이라고 본다. 가타리는 탈영토화된 요소들이 여기저기서 다른 것들과 결합하면서 전진적으로 갈 수 있는 그런 역사를 강조한다.

당연히 진화적인 역사관을 비판한다. 또 (자주)민족이란 관점에서 보면 볼 수 없어도 좀 더 세계적인 관점에서 보면 여기저기서, 눈에 보이지 않는 연결고리들이 있고 연결되어 있다는 것이다.

그래서 약간 황당한 것처럼 들리지만, 주체성과 관련해서 하는 얘기 가운데, 어떤 농부가 신이니 이런 거 배우지 않았는데 어느 날 갑자기 신내림을 받는다(미친다?). 그래서 방언을 하고 마법사 같은 판단과 예언을 하고 전혀 배운 적이 없는 일을 해낸다는 것이다. 그런데 어느 날 신내림 상

18 가타리, 윤수종 옮김, 『욕망과 혁명』, 문화과학사, 2004, pp. 67~68.

태가 정지되면 그 농부는 아무 일 없었다는 듯이 아스파라거스를 재배하러 나간다는 것이다. 어떻게 그런 일이 일어나는가에 대해서 대개 신비적인 설명을 한다. 보통은 설명이 안 되니까 신내림이라고 얘기하곤 한다. 가타리는 그 어떤 상황이 다른 시기에 다른 곳에 있었는데 그것이 그 순간 그 사람에게 들어왔다(그 사람은 탈영토화되었다)고 해석한다.

그런 현상을 신내림이라고 할 때, 항상 위에서 또는 외부에서 또는 신(절대자)에게서 뭔가 특이하게 개인에게 주어졌다고 하는데, 가타리는 이것이 역사적으로 현실로서 있었던 것들이 횡적으로 개인에게 그런 순간에 현현할 수 있다는 식으로 설명한다. 신을 인간과 다른 것이 아니라 인간들이 갖고 있었던 다양한 실존 영토들이 그 개인에게 이전되어 들어왔다 나왔다 할 수 있다는 것으로 설명한다.

가타리가 어떻게 그런 생각을 할 수 있는가 하면, 정신적으로 특이한 사람들(정신병자들)과 함께 살면서 겪은 것에서 나온 것 같다. 흔히 정신병자 가운데 지능적으로 아주 떨어져 있다고 생각되는데, 어떤 다른 요소들이 개화(접속)되면 갑자기 상상할 수 없는 능력을 발휘하곤 한다. 그러면 보통 이 사람이 과거에 그런 걸 배운 적이 있거나 경험한 적이 있는가를 따져본다. 뭔가 있었나? 아무것도 없는 경우가 있다는 것이다. 어느 날 한 환자가 갑자기 피아노를 기막히게 잘 연주한다. 그는 피아노를 배운 적이 없다. 합리적으로 생각할 수 없는 사례인 것이다. 그런데 가타리는 그것을 가능한 일로 생각한다. 그런 일이 일어난다는 것이다. 인과론이나 진화적인 발상에서 보면 도저히 설명할 수 없는 것이다.

일본 사회에서 고대적인 요소가 현대 자본주의에서 섞여서 사용된다는 것, 로마시대의 어떤 기술적인 부분이나 사회관계적인 부분이 전혀 다른 곳인 남미 같은 데서 채택되어 사용된다고 말하면서, 가타리는 주체에게서도 그런 이전이 가능하다고 얘기하려 한다. 그것이 역사상에서 건너뛰어 그런 것이 아니라 내재되어 있다가 다른 사회 속에서 수용될 수 있다는 것이다. 고대 · 현대가 분리될 수 있었던 것도 아니고, 고대와 현대로 나눠 생각할 것이 아니라, 일본 사람들이 갖고 있는 통시적인 어떤 것이 있고, 그 안에서 횡단 가능성을 보자는 것이다.

보통 우리는 일본도 서양식의 발달단계를 거쳐왔고, 또 근대화되거나 탈근대화되면 이전의 요소들이 대부분 정비되면서 다음 단계로 넘어가는 것으로 생각한다. 천황제 같은 것도 분명히 민주주의와는 모순적이면서도 민주주의 권력에 하나의 요소로서 정착해서 남는다. 이렇게 예전 것으로부터 이전되는 것을 설명하는 데서 횡단과 탈영토화 개념을 사용한다. 그러한 설명은 인과론적 설명이나 계승통로를 실증하려는 기존의 역사학자들이 보면 황당하다고 할 것이다.

예를 들면 랭보 같은 경우 프랑스혁명 때 아주 어린 나이에 혁명 과정에 참여하고 시를 쓰고 하다가 어느 순간부터는 아프리카에 가서 장사를 한다. 어떤 의미에서 지속성이나 가시적 연결에 갇혀 있는 인식에서 벗어나야 이러한 현상을 이해할 수 있고, 가타리는 그러한 것을 촉구하려고 하는 것 같다. 횡적으로 들고 나는 것에 대해서 강조하려고 의도적으로 그런 얘기를 하는 것이다.

문제는 미치지 않으려고(다른 것들과 접속하지 않으려고) 노력을 하기 때문에 사람들이 자기 변화가 안 된다는 것이다. 미친 척하면 정말 다른 사람이 될 수 있을 것이다. 그만큼 색다른 주체성생산은 탈영토화의 방향에서 이루어진다. 모든 것을 납작하게 만드는 자본주의적 주체성생산에 대항하여 자율적 주체성생산이란 더 이상 예속화가 아니라 주체화이며, 특이화와 집합적 언표행위배치의 새로운 구성을 향한다. 변형, 되기(devenir)의 문제인 것이다.

제9장

가타리의 실천활동

앞 장들에서 가타리의 제도분석, 욕망과 혁명, 분자혁명, 분열분석, 카오스모즈의 생태학, 주체성생산에 대해 살펴보았다. 가타리의 이러한 혁명사상은 그의 실천활동과 밀접하게 연결되어 있다. 오히려 실천활동 속에서 이러한 사상을 가다듬어갔다고 할 수 있겠다. 그러면 그의 사상을 배태해온 그의 실천활동에 대해서 살펴보자.[1]

피에르-펠릭스 가타리(Pierre-Félix Guattari)는 1930년 4월 30일에 태어났다. 그는 파리 북서부의 노동자계급 지역인 비에뇌브-레-사블롱(Villeneuve-les-Sablons)에서 성장하였다. 가타리는 일찍부터 마르크스주의 정치운동에 깊숙이 개입했다. 고등학생 시절부터 유스호스텔운동에 참여하였고 여러 청년 사회주의 단체에서 활약하였다. 나중에 그가 의학(약학)과 철학을 공부하던 대학생 시절에도 이러한 정치활동을 계속하였다.

1 이 부분은 윤수종, 「가따리의 삶과 사상」, 『비판』 3호, 1998의 2절, 「가타리의 삶과 실천」을 보완하여 재구성하였다.

그러나 표준적인 관점에서 보면 가타리는 '낙오자'였다. 그는 상업적인 약학 공부를 포기하였고 소르본에서 철학을 공부하면서도 학사학위를 결코 받지 않았으며 정신분석에서 경력을 쌓기 위한 공부를 집어치웠다.[2]

가타리는 15살 때인 1946년에 페르낭 우리(Fernand Oury, 1920~1998, 장 우리의 형)를 통해서 장 우리(Jean Oury, 1924년생)를 만났고 20세가 될 때까지 장 우리의 휘하에 솜리(Saumery)의 정신병원에 자주 드나들었다. 그 뒤에 가타리는 보르도 병원에서 기반작업을 하는데 돕게 되었고 병원이 개원한 1953년에 병원의 기본원칙에 대한 강령과 같은 것('원년의 구성' Constitution de l'An 1)을 쓰는 것을 도왔다.

1. 유스호스텔운동

그런데 가타리는 어떻게 16세에 전사가 되었는가? 가타리는 1947년에 유스호스텔통일연합(Fédération Unie des Auberages de Jeunnesse)으로 알려진 유스호스텔운동에 참여하였다. 그것은 페르낭 우리와의 만남을 통해서였다.

유스호스텔운동은 1930년대 초에 설립되었고 호스텔을 인민전선정부 아래서 유급휴가를 위한 숙소로 사용하면서 이후 10년간 동력을 얻었었다. 전쟁 직후의 무거운 분위기를 벗어던진 청년들을 위한 비종교적이고 준학술적인 활동들이 우리 형제들과 같은 전사들과 혁신가들에 의해서 촉진되었고 자율성과 독립성을 강조하는 일련의 실천들을 만들어냈다. 부적응 청년들에 관한 전문가였던 페르낭 우리는 파리 교외에서 교사로

2 Gary Genosko, *Félix Guattari: An Aberrant Introduction*, continuum, 2002, pp. 1~4.

있었는데, 비이론적이고 일상적인 실천을 강조하는 셀레스탱 프레네(Célestin Frenet)의 몇 가지 방법을 적용하였다. 특히 집단적으로 만든 잡지를 인쇄하여 그것을 학급과 학교 간의 학술적인 훈련의 기본 자료로 사용하고 육체적이고 지적인, 개인적이고 집단적인 작업을 위한 조직원리로 삼았다. 우리는 이러한 것을 '제도적 교육학'이라고 하였다.[3] 그는 이러한 실천들로부터 영감을 얻고 거기서 얻은 교훈들을 초등학교와 중등학교에 적용하였다.

우리는 프랑스에서의 유스호스텔운동을 위해 라 가렌느-콜롱브(La Garenne-Colombes)의 파리 교외에서 자신이 조직한 여름 '캬라반'에 가타리로 하여금 참여하도록 하였다. 가타리는 언젠가 이렇게 말하였다. "이 영역[보르도 병원에서 병원내부위원회를 세우는 일]에서 나의 주제넘은 능력은 16살 이래 내가 '유스호스텔' 같은 조직들에서, 그리고 온갖 극좌파 활동들에서 항상 '전사'였던 사실에 기인한다."[4]

보르도 병원을 세우기 전에 정신의학자인 장 우리도 생탈방(Saint Alban) 병원(1947~1949)에서 '붉은 정신의학자'인 프랑쇼와 토스켈[5] 아래에서 훈련받았고 나중에는 솜리 병원(Saumery, 1949~1953)[6]에서 진료하였

3 Jean Oury, *Vers une pedagogie institutionnelle*, Matrice, 2003.

4 Félix Guattari, ed., Sylvere Lotringer, *Chaosophy*, Semiotext(e), 1995, p. 189.

5 프랑쇼아 토스켈(François Tosquelles, 1912~1992)은 스페인 내전 때 POUM(마르크스주의 통일노동자당)이란 스탈린주의자로부터도 아나키스트로부터도 배척당한 독립 마르크스주의 조직이 있었고 토스켈은 10대 후반부터 거기에서 활동하였다. 그는 1940년에 프랑코에게 사형선고를 당하여 프랑스로 망명하였다. 프랑스와 스페인의 국경, 피레네산맥을 넘으면 남프랑스 산중에 생탈방이라는 작은 마을에 정신병원이 있었다. 토스켈은 거기에 머물면서 정신치료제도들이 지닌 감옥이나 수용소 같은 구조를 거부하고 '제도적 정신치료' 의 길을 열었다. Félix Guattari(avec J. Oury et F. Tosquelles), *Pratique de l'institutionnel et politique*, Matrice éditions, 1986.

6 솜리 병원은 12개의 침상에서 50개로 확대하였지만 작은 병원이었다. 장 우리는 나중에 라 보르도에서 더 큰 규모로 하게 될 것을 작은 규모로 시도하였다. 환자들을 위한 준독립적인, 병

다. 가타리는 오랫동안 솜리 병원에 있는 장 우리를 방문하였다고 한다. 솜리 병원은 또한 가타리가 정신의학에 진입한 곳이기도 하다. 바로 이 시기 동안에 우리는 가타리에게 그의 상업적인 약학 공부를 포기하도록 설득하였다.

2. 이스파노를 중심으로 한 청년조직운동

1940년대 말 가타리는 유스호스텔운동에 적극적으로 참여하고, 차츰 'PCI'(국제공산당)(Parti communiste internationale, 1951년 분열 전의 트로츠키주의 당)에 접근해갔다. 가타리는 매년 50명이나 그 이상의 규모로 자연탐방 '캬라반'(caravane)팀을 만들어 유럽을 히치하이크로 돌아다녔다. 이 과정에서 가타리는 이스파노 쉬이저(Hispano-Suiza) 공장에서 일하던 레이몽(Raymond Petit)과 친숙해졌다. 레이몽은 공장 안에서 많은 동료들을 결집하여 활동하고 있었다.

가타리가 개입했던 청년조직인 이스파노 집단[7]은 이스파노 쉬이저 공장에서의 전투적 활동 경험을 토대로 레이몽 프티를 중심으로 활발히 움직였다. 이스파노의 '청년집단'과 그 집단의 중심을 이루었던 정치적 활동가들은, 이른바 '대중'과의 관계에서 스탈린주의적인 실천 및 사회민주주의적인 실천과 의식적으로 분명하게 단절한 활동방식을 노동자 세계에 들여오려고 하였다. 이러한 성향으로 인해 이들은 트로츠키주의자들

원 내부 치료클럽 만들기와 같은 선구적인 혁신들 몇 가지를 수행하였다. 이러한 것들은 생탈방에서 토스켈이 처음 시도한 지리-정신치료적 실험들을 계승한 것이었다.

7 가타리, 윤수종 옮김, 「레이몽과 이스파노 집단」, 『정신분석과 횡단성』, 울력, 2004, pp. 451~463.

과 접맥되었다.[8] 그런데 공장의 당 지도부는 이들이 자신들의 명령을 따르지 않고 자율(독자)적으로 움직이는 것에 대해서 경계하고 나섰다.

그 즈음 가타리는, 고교를 졸업하고 대학생으로서 레이몽의 전술적 신중함에 비해 더 적극적인 자세를 견지하고 있었다. 1950년에 가타리는 장기간의 현장학습과 적성검사 후, PCI의 당원증을 받았다. 가타리는 이스파노 청년집단의 자율적인 활동방식을 확산시키고 있었고 당의 명령에 따르기보다는 독자적인 '가입전술'(entrisme) 노선을 수행하고 있었다. 그러나 1951년 PCI의 분열로 각 소집단들 또한 분열되었다. 그때부터 가타리는 레이몽과 실제로 이른바 '가입주의'적인 자율적인 정치집단 구성에 착수하였다.[9] 특정한 조직이나 특정한 당에 소속하여 명령을 따라 활동하는 것이 아니라, 여러 조직에 걸쳐 있는 자율적인 분자들의 횡단적인 조직구성에 들어간 것이다.

이러한 상황 속에서 가타리는 1951년 유스호스텔 전국대회가 열리고 있는 중간에 빠져나와서, 당시 로와르에쉐르(Loir-et-Cher) 지방의 솜리 병원을 지휘하고 있던 장 우리와 접촉하였다. 그리고 이때 정치 · 정신분석 · 정신의학 · 문학 등 모든 것에 대해서 서로 토론하였다. 그 후 1953년에 가타리는 우리가 주도하여 설립한 보르도 병원에서 의사로서 일하게 된다. 보르도 병원은 가타리의 평생의 현장이 된다. 가타리는 처음부터 보르도 병원에 있었지만 그의 개입은 1955년 이후 증가하였고 병원

8 전후 프랑스에서 트로츠키주의자들은 몇몇 기업에 거점을 가지고 있었다. 그러나 그들은 고립되고 궁지에 몰린 활동가들이었으며 그 때문에 당연히 분파주의적이어서, 일을 깊이 파고들 수 없고 항상 방어적이고 자기 완결적인 논쟁가들이었다. 물론 종종 훌륭한 육체적 용기를 나타내기도 했지만 말이다.

9 이 집단은 세 부류의 인물들로 구성되어 있었다. 1) 예전부터 지역 유스호스텔 집단에 소속되어 있던 사람들. 2) 이스파노 청년 집단의 지도적 중추. 3) 소르본의 학생—주로 PCF의 '철학세포' 의 회원(이들은 나중에 가타리와 가까웠던 뤼시앙 세바그[Lucien Sebag]에 합류하게 된다).

내 내부클럽(la grille)을 발전시키는데 힘이 되었다. 가타리는 보르도 병원에서 일하기 시작한 1953년부터 라캉이 주도했던 격월 세미나에 참석하기 시작하였다.

다른 한편 1951년부터, 가타리는 동료들과 당 내의 다양한 분파, 예를 들면 '프랑스-중국 우호부'(레이몽은 1953년에 중국을 방문한 최초의 프랑스인 가운데 한 사람이었다)나, '관광과 노동'이라는 조직 속에서 독창적인 행동을 전개하고 있었다. 거기에서는 학생과 젊은 노동자 활동가가 실제로 뒤섞일 수가 있었다. 그러나 당 지부의 관료들과 이스파노 및 지역 세포의 관료들은 당의 명령을 따르지 않는 가타리를 비롯한 독자적 행동에 대해 압박을 가하고 레이몽에 대해서는 현장 활동을 못하도록 다른 부서로 배치하기도 하였다. 그러나 PCI에 가입한 채로 가타리는 동료들과 PCI 지도부에는 누설되지 않도록 하면서 프랑스공산당(PCF) 내부에 반대파의 기관지 『토론논단』(*Tribune de discussion*)을 창설하였다. 앙리 르페브르를 비롯한 수십 명에 이르는 당의 지식인이 『토론논단』에 관련하게 되었고 사르트르도 적극적인 지지자였다.

1956년은 여러 가지 일이 얽힌 해였다. 소련공산당 제20차 대회, 알제리 전쟁의 발발과 알제리 해방에 대한 PCF의 적대적 행동, 수에즈 운하의 이권을 둘러싸고 (프랑스를 포함한) 강대국들의 수에즈 파병 문제, 헝가리의 자유화에 대한 소련의 무력행사(부다페스트 사건), 『뤼마니테』(프랑스공산당 기관지) 본부의 화재, 썰물의 시작……. 이런 분위기에서 또 다른 반대파가 『토론논단』에서 갈라져나가 『불꽃』(*L'Etincelle*)을 창설하였다. 이 분파에는 트로츠키주의자들도 관련하였는데 내부 분열로 공산주의 반대파는 이윽고 갈가리 찢어지게 된다.

이러한 분열된 상황에서 PCI는 1958년 기관지 『공산주의의 길』(*La Voie communiste*)을 확보하는데(1958년 1월에 제1호를 간행), 그것은 두 개의 선구적 회보가 융합한 결과로, 부제로 『불꽃』과 『논단』을 "계승"한다는 선전 문구를 붙였다. 사실 『공산주의의 길』은 주로 PCF의 '소르본 문학부' 세포의 활동가들이 이끌고 있던 『새로운 길』(*Les Voies nouvelles*)에 대항하기 위한 것이었다. 그리고 또 하나의 기관지인 『공산주의의 논단』(*Tribune du communisme*)은 당시 막 건설되고 있었던 통일사회당(PSU)에 합류하게 되었다. 이러한 당조직과 기관지의 설립과정에서 가타리는 토로츠키주의자들의 중앙집중적인 집착에 적응할 수 없어 당을 이탈했으며(추방됨) 비분파적인 개방적 집단을 재구성하려는 생각을 계속 가지고 있었다.

그러나 가타리는 『공산주의의 길』을 49호까지 내는(1958년 1월부터 1965년 2월까지) 과정은 실로 일종의 서사시였다고 평가한다. 가타리의 평가에 의하면 이 기관지를 중심으로 한 활동은 알제리해방투쟁을 편견노 방설임도 없이 지지하는, 최소한의 대중적인 지지를 얻은 유일한 마르크스주의운동이었다고 한다. 그리고 총회를 제외하면, 이 잡지를 중심으로 한 활동가 집단은 뿔뿔이 흩어져 살고 있었다. 이스파노의 동료들과도 실제로는 거의 접촉이 없었다. 그러나 대부분의 성원이 프랑스공산당이나 노동총동맹(CGT) 속해 있던 이 집단은 『공산주의의 길』 수십 부를 공장 속에 은밀하게 배포했다.

알제리 전쟁이 종결되면서, 총붕괴 사태가 일어났다. 『공산주의의 길』은 갈가리 찢어져 고립 상태로 떨어졌다. 이 당시 가타리는, 기관지의 방향을 통제하고 중국공산당의 신노선[10]에 의해 열린 '가능성'에 적지 않은 환상을 받아들이기 시작한 사람들(활동적 중심)에게 거리를 두고 있었다.

가타리는 그때, 조직적인 위기 상황에서 헤어나지 못한 채 악전고투하고 있던, 전(全)프랑스학생연합(UNEF) · 공산주의학생연합(UEC) 활동가들

10 1961년 제22회 당대회에서 채택한 노선이다.

과 깊이 연결되어 있었다. 이윽고 이 활동가들과 『공산주의의 길』 등에 있었던 활동가들이 결집해서, 비공산당 반체제 연합인 '좌익반대파'(OG, Opposition de Gauche), 즉 보다 폭넓고 개방적인 비의회좌파 운동을 만들어냈다. 좌익반대파는 학생 사이에서 활동할 뿐만 아니라, 베트남전쟁 반대투쟁에 개입하였고 남미에서의 투쟁에 개입하기도 하였다. 이때 베트남 · 라틴아메리카 · 아프리카 등 제3세계와의 관계가 본격적인 활동 반경에 들어왔다. 가타리를 비롯한 이스파노 집단은 이 좌익반대파와 결합하면서 활동을 계속하였고, 집단적인 정치방침을 결정하는 토론에 참가했다. 그 성과인 '좌익반대파 테제'는 1966년 초에 팸플릿 형태로 간행되었다.[11]

가타리는 이 좌익반대파에서 활동하면서 1968년 5월 혁명과 연결되었다. 가타리가 주재하는 '제도교육조사연구센터'(CERFI) 본부에서 다니엘 콩방디(Daniel Cohn-Bendit)와 영화감독 고다르(Godar) 등이 참가한 가운데 '오데온극장 점거'(68혁명의 창조성을 상징하는 사건, 5월 15일)가 결정되었다. 특히 이스파노 집단의 활동가는 5월 초부터 낭테르의 '3월 22일 운동' 집회에 참가하면서 68혁명의 사태를 진전시키는데 기여했다.[12] '3월 22일 운동' 집단은 베트남전에 대한 반대운동으로 시작하면서 68혁명과정에서 당조직의 중심이 하는 활동과는 다른 활동을 했다. 이 운동에는 마오주의자들, 트로츠키적인 혁명적 공산주의청년단원들, 아나키스트들, 제도연구연합(FGERI) 소속 사람들 등 다양한 사람들이 모여서 조직 내 민주주의를 실행해가면서 며칠 만에 대중적인 지지를 이끌어냈다.[13] 가타

---

11 가타리, 윤수종 옮김, 「좌익 반대파의 9가지 테제(요약)」, 『정신분석과 횡단성』, 울력, 2004, pp. 175~225.

12 편집부 엮음, 『프랑스 5월 혁명』, 백산서당, 1985를 보라.

13 René Viénet, *Enragés and Situationists in the Occupation Movement, France, May '68*, Autonomedia, 1992, pp. 22~23.

리는 이때 자신과 동료들이 한 중요한 역할은 전통적인 혁명적 활동가주의가 지닌 무의식적인 성벽(性癖)과 작위적 수법을 가능한 한 찾아내어 분쇄하고 극복하는 것, 즉 일종의 탈신비화를 위한 분석적 작업이었다고 평가한다. 그런 과정에서 레이몽과 이스파노 집단[14]의 몇몇 노동자 활동가는 정신분석과 정신의학으로 관심이 기울었다.

3. 반정신의학운동: 정치와 정신분석의 결합

가타리는 이처럼 마르크스주의적 실천운동에 개입하면서도 정신분석이 지닌 분석적 힘을 활용하였으며, 이후 정신병원 의사로서 또 다른 실천을 계속하였다. 가타리는 프랑스공산당이 주도적인 지식인들을 주기적으로 축출하는 것, 헝가리 사건에 대해 보인 태도, 1956년과 1957년에 있었던 알제리 독립운동을 배반한 것, 그리고 1950년대에 일어났던 반스탈린운동을 끈질기게 훼방하는 행위를 목격하였다. 그는 국가권력의 억압에 대해서만이 아니라 정당한 정치활동을 억압하는 프랑스공산당의 대도에 대해서도 줄곧 저항하였고, 특히 프랑스공산당과 같은 조직들의 억압적인 구조를 탄핵하였다. 당에서 추방될 즈음(1958년) 가타리는 프란츠 파농도 만나고 알제리해방운동의 투사들을 지원하는 프랑스인 조직인 '샹송'의 일원으로 활동하기도 하였다. 가타리가 의사로 있던 보르도 정신병원이 트로츠키스트에서 아나키스트에 이르는 다양한 활동가들의 모임장

14 이스파노 집단은 활동가들 간의 관계가 지닌 관습적 구조를 철저하게 타파하는 절단의 장이 되었다고 한다. 또한 이스파노 집단은 누구 한 사람(대표)을 통해 이해할 수 없는 하나의 뼈와 같은 것이었다고 한다. 가타리는 자신들을 내부의 표현으로 '분석집단'(groupe analytique)이라고 불렀다. 이러한 실천적 경험은 가타리의 횡단성 개념의 근거가 된다.

소로 이용된 것도 이즈음이었다. 또한 가타리는 노동조합 안에 특별한 연구 집단을 조직하고 노동자의 정신위생 상황을 분석적 수법으로 조사하였다.

가타리가 사회제도의 정치적 차원에 대해 특히 민감했던 것은, 1953년 이래 참여하고 있던 실험적 정신병원인 보르도 병원에서의 경험에 힘입은 바 크다. 전후 해방기에 이르러 장 우리를 비롯한 정신의학자들은 포로수용소와 흡사했던 전통적인 정신병원의 기능과 구조에 대해서 의문을 제기하기 시작하였다. 그들은 보르도 병원에서 아주 인간적이고 창조적인 치료형태와 환자와 의사 사이의 보다 덜 위계적인 관계를 수립하고자 했다. 가타리는 이 병원에서 심리적 억압과 사회적 억압 사이의 관계에 관한 이론을 개발하기 시작하였으며, 제도 안에서의 권력관계를 연구하는 여러 단체들에 참여하였다. 또한 이 무렵 가타리는 제도분석이나 정신치료의 환경을 강조하게 된다. 제도분석이 중요하게 여긴 것은 제도적 맥락 자체를 분석해야 한다는 것이었다. 가타리는 전투적인 활동가 조직에 참여하면서도 다른 한편으로 반정신의학 운동과 조사연구 활동을 위한 횡단적인 조직을 결성하려고 노력하였다.

이것을 위해 치료사들과 교육자들의 다양한 집단이 토스켈과 우리 형제 주위에 모여들어 1960년에 '심리학 및 제도사회학 연구회'(GTPSI)를 만들어 제도의 문제, 제도의 생산, 창조적인 조직적 해결책을 통한 제도의 수정 등에 대해 토론하였다. 당연히 가타리는 이 모임을 결성하는데 적극적으로 개입하였다.

'심리학 및 제도사회학 연구회'(GTPSI)는 1965년에 더욱 광범위한 단체인 '제도심리학회'(SPI)로 통합되었다. 가타리는 또한 1965년에 약 300명의 정신의학자 · 심리학자 · 교사 · 도시공학자 · 건축가 · 경제학자 · 영화감독 · 교수들이 참여했고, 제도적 억압형태의 분석에 몰두했던 '제도

연구연합'(FGERI)의 결성을 돕기도 했다. '제도연구연합'은 다시 '제도교육조사연구센터'(CERFI)의 모태가 되었으며 이 센터는 가타리가 편집을 맡은 『르세르슈』(*Recherches*)의 발간을 지원하였다.

그리고 이스파노의 동료들은 가타리가 주도하여 만든 '제도교육조사연구센터'의 틀 속에 '노동자운동에 관한 연구와 작업 집단'(GETMO)을 창설했다. 여기에 결집한 노동자 활동가나 교사·학생·정신위생 노동자들은 실제로 꽤 오래전부터 서로 아는 사이였는데도, 이 집단에서 처음으로 진정한 대화를 할 수 있었다. 이렇게 전혀 다른 다양한 사람들이 결집하여 새로운 관계를 만들어가려는 방식은 1968년 5월에 일어날 것(분자적 폭발과 결집)을 미리 보여주고 있었다.

가타리가 이러한 활동을 하던 1960년대에, 프랑스에서는 라캉의 주도로 정신분석이 부상하였다. 68혁명 이후 특히 마르크스와 프로이트를 접목시키고자 했던 정치적 급진주의자들에게 정신분석은 중요한 이론적 주제가 되었다. 가타리는 1953년 이래 라캉이 주도했던 격월 세미나에 참여하였다. 1962~1969년에는 라캉과 공동 작업을 하였으며 1969년에는 라캉이 결성한 '파리프로이드학파'에 참여했다. 1950~1960년대에 가타리는 보르도 병원에서 정신병 환자들을 대체로 정신분석적인 틀에서 치료하려고 하였다.

물론 우리나 토스켈 등과의 접촉을 통해 가타리는 새로운 정신의학적 실험을 하려고 하였다. 이러한 과정에서 가타리는 제도분석을 제창하게 되었고, 그 방법으로서 조사연구를 강조하게 되었다. 특히 가타리는 정신분석이 지닌 이데올로기적 역할을 감지하면서(특히 68혁명의 수습에서) 라캉에 점차 비판적이고 적대적이게 되었다. 1969년 들뢰즈를 만났을 때 그는 이미 비라캉적인 용어들을 통해서 사회적·정치적 무의식에 대한 이론을 구성하기 시작하였다.[15] 가타리는 들뢰즈와 함께 그러한 이론을 구성해나가기 위해 정신분석에 대한 비판을 제시하였으며(『앙티 오이디푸스』, 1972), 그 후 역사유물론적인 새로운 사유방식을 제시하기에 이르렀다(『천 개의 고원』, 1980).

이처럼 가타리는 1950년대부터 1960년대에 걸쳐서 국제공산당(트로츠키당, PCI), 그리고 프랑스공산당 내의 이단파, 즉 좌익반대파 분파와 관계를 맺고 활동하면서도 제도에 대한 실천적 조사 연구를 하며 정치와 정신분석의 결합, 정치변혁과 정신변혁의 동시적 수행을 지향하게 되었다. 그리고 그 과정에서 만난 68년 5월 혁명에서 기존의 운동과는 다른 활동방식과 운동방향을 감지하였고, 그 후 이 5월 혁명의 체험을 반추하면서 정치와 정신분석을 결합시킨 다양한 활동을 전개해갔다.

4. 네트워크운동

1968년 이후 가타리는 물려받은 유산으로 프랑스 중부 산악지대의 산기슭에 있는 낡은 수도원을 사서 다양한 모임 장소로 제공하였다. 그리고 1970년대 초에 가타리가 창설한 '제도교육조사연구센터'는 다양한 연구자의 공동연구의 교차로로서 역할을 하였고, 건축가 · 의사 · 심리학자 등의 협력 속에 새로운 도시구성을 위한 기초연구를 해나갔다. 이 센터를 중심으로 한 연구자들이 만들어낸 잡지 『르세르슈』는 1970년대에 프랑스에서 여러 가지 쟁점들을 확산시키고 토론을 불러 일으켰다.

68혁명의 영향 아래 가타리는 행동위원회, 정신의학적 대안, 여성운동, 동성애운동, 감옥정보운동 등에 적극 개입하게 된다. 즉 가타리는 68

15 가타리, 윤소종 옮김, 「기계와 구조」, 『정신분석과 횡단성』, 울력, 2004, pp. 405~418.

혁명에서 제기되었던 문제들을 발전시키고 확산시키는 것을 중요한 과제로 생각하였다. 『르세르슈』를 중심으로 한 활동을 보면, 가타리는 동성애자의 사회적 해방을 다룬 특집을 꾸며 당시 퐁피두 정부로부터 '풍속 문란죄'로 고소당하기도 하였다. 구체적으로는 1973년 3, 4월 '30억의 도착자들: 동성애대백과사전'이란 제목의 『르셰르쉐』 12호[16]를 간행하여 '풍기문란죄'를 범했다는 이유로 재판을 받고 600프랑의 벌금을 내라고 판결받았다. 그 호는 법정에서 '타락과 일탈에 대한 자세한 묘사'와 '도착된 소수자의 리비도적인 분출물'로 묘사되었다. 가타리는 재판에 관한 노트에서 이렇게 썼다. "사람들이 자신들이 느끼는 대로 사태들에 대해서, 자신들의 말로, 자신들의 감정에서, 자신들의 지나침[분출]에 따라 말하도록 하는 것이 정말로 위험한가?" 그는 결코 벌금을 물지 않았다.

또한 『르세르슈』에서는 정신의료시설에 대한 개혁계획을 발전시켜 정부의 정신병원 건설 방침에 대립하였다. 감옥처럼 외부세계와 단절되고 (건설업자들을 위한) 대규모 건설로 향한 정부의 정신병원 건설계획을 비판하였으며, 이 과정에서 이탈리아 반정신의학 흐름과 접속하였다.[17] 그리고 그 잡지는 어린이에 대한 특집 호('소외된 아동기의 나날들')를 발간하였고 여기서 사회적 시설(équipement)[18]이 어린이들을 특정한 기호화 양식으로 포획하는 과정을 다루었다. 이 과정에서 영국의 반정신 의학 흐름에 있던 렝과 쿠퍼 등과도 접속하였다. 그러나 가타리는 렝과 쿠퍼가 너

---

16 거기에 실린 일부가 가타리, 윤수종 편역, 『욕망과 혁명』, 문화과학사, 2004에 번역되어 있다.

17 프랑코 바살리아(Franco Basaglia), 지오반니 제르비스(Giovanni Jervis), 프랑코 밍구치(Franco Minguzzi) 등과 접촉하였으며, 이들과 함께 나중에 국제 대안정신의학 네트워크를 만들어간다.

18 초코드화해가는 다양한 제도 및 장치, 예를 들어 학교 · 교회 · 유치원 등과 같은 제도나 매스미디어 · 영화 · 비디오 등과 같은 것.

무 가족주의적인 틀로 치우쳐 있다고 비판하면서 이탈리아 흐름(바살리아)으로 기울어진다.

1975년에는 모니 엘켕이 주도한 '국제 대안정신의학 네트워크'(Réseau International d'Alternative à la Psychiatrie)의 창설을 도왔으며 그 활동적인 성원으로 꾸준히 참여하였다. 정신의료에 대한 민중적 대안이란 전망은 진단 · 낙인 · 폭력적 치료를 탈맥락화하는 것을 거부하고 치료클럽들, '능동적 방법 훈련센터'(CEMA: Centre d'entrainement aux méthods active)에 의한 정신치료간호사들의 훈련의 정치화와 같은 방식들을 따르고 갱신하려고 하였다. 이러한 새로운 실험을 해온 사례들을 가타리는 『분자혁명』에서 소개하고 있다(이탈리아의 레지오 아밀리아에서 지오반니 제르비스, 프랑코 바살리아와 정신건강피고용인연합의 민주적 정신치료협회, 독일의 하이델베르크에서 사회주의적 환자집단[SPK], 스페인에서 인턴의사들이 벌인 정신의료 투쟁, 정신치료에서 살아남은 사람들에 관한 「광인의 해방」과 같은 이탈리아 영화, 그 외 다른 집단들에 대한 이야기들[19]).

5. 자유라디오운동

한편, 가타리는 이탈리아 아우토노미아운동이나 자유라디오 등의 실험적 운동에서 68혁명의 계승을 보고 그 운동을 지원하였다. 가타리는 1970년대 중반부터 1970년대말까지 이탈리아에서 활성화된 자유라디오 운동을 소개하고,[20] 1970년대말부터 1980년대초까지는 프랑스에서 '자

19 가타리, 윤수종 옮김, 『분자혁명』, 푸른숲, 1998, pp. 171~185.
20 Collectif A/Traverso, *Radio Alice, radio libre*, J. P. Delarge, 1977.

율무선(자유라디오) 운동'에 참여하였으며, 이를 통해 국가의 무선국(방송 · 매체) 통제에 대항하는 운동을 전개하였다. 가타리는 「라디오 토마토」란 자유라디오방송에 직접 개입하였고, 또한 자신의 아파트에 본부를 둔 '자유라디오지지집합체'(Collectif de Soutien aux Radios Libres)의 대표가 되었으며, 이탈리아의 볼로냐에 있는 라디오 알리체(Radio Alice)와 '민중자유라디오' 캠페인을 벌였다. "전파를 둘러싼 이 일상적인 게릴라전은 [……] 청취자들과 방송 팀 사이의 진정한 피드백 체계의 설립이었다. 전화에 의한 직접적 개입을 통해서, '스튜디오'의 문을 개방함으로써, 청취자들이 만든 카세트에 기반한 인터뷰나 프로그램들을 통해서" 말이다.

가타리의 영향으로 브라질과 일본에서도 자유라디오운동이 일어났다. 프랑스에서는 사회당 정권이 집권하면서 자유라디오운동이 급속히 쇠퇴하였다. 사회당 정부가 위원회를 설치하여 자유라디오의 주파수를 분재하는 방식을 취했던 것이다. 사회적 실천과 새로운 지성을 준비한 집단에 방송을 허가하는 대신에, 즉 이 새로운 커뮤니케이션 형태를 부여하는 대신에 라디오가 가진 많은 가능성을 광고 · 선전집단, 종래의 전통적인 정치단체 혹은 종교단체에 배분해버렸다. 그래서 자유라디오가 출발시점에서 가지고 있던 사회적 실천의 요소를 제거해버렸다.[21]

그러나 브라질과 남미에서는 그 뒤에 자유라디오운동이 활발하게 전개되었다. 가타리는 1985년 말에 브라질을 방문하여 자유라디오운동가들과 만났고, 1986년에는 일본에 와서 활동가들과 만나기도 하였다.[22] 가타리는 자유라디오 문제는 5월 혁명의 문제도 1960년대의 새로운 문화의

---

21 프랑스의 자유라디오운동에 대해서는 Dalle, Matthieu Stephane, *Unchained airwaves: A cultural analysis of free radio in France, 1977–1981*(French text), The Pennsylvania State University, 2002를 참조.

22 ガタリ 外, 『東京劇場: ガタリ, 東京を行く』, UPU, 1986, pp. 33~59.

문제도 아니고 오늘의 문제라고 강조하였다. 그러면서 가타리는 포스트미디어(탈매체) 시대로의 진입을 이야기하였다. 자유라디오운동에서 의도하는 것은 매스미디어에 의해서 만들어진 일종의 주체성으로부터 벗어나는 것이라고 한다. 자기관리적 자기준거적인 주체성을 만들어내기 위해서 커뮤니케이션이나 정보의 전달에 관하여 새로운 테크놀로지의 가능성을 시도하는 것이기도 했다. 음악 · 말 · 정보관리라는 자유라디오방송 안에서 할 수 있는 모든 것을 통해서 새로운 주체성을 만들어내는 특이한 요소를 찾으려는 것이었다. 이처럼 자유라디오의 문제는 바로 새로운 표현—전화 걸기, 청취자의 직접적 참여, 개인이 좋아하는 음악을 소개하기, 사투리 쓰기, 상투화되지 않은 토론, 지역사회 소개 등— 형식을 찾아내는 것이었다.

6. 자유의 새로운 공간 찾기

가타리는 1970년대 후반에는 이탈리아의 아우토노미아 활동가로 프랑스에 망명한 프랑코 피페르노(Franco Piperno) 등을 옹호함과 동시에 이탈리아에서 투옥된 안토니오 네그리의 석방을 위해 분주하였다. 가타리는 이탈리아의 '역사적 타협' 상황에서 자율운동이 꽃피는 것을 보고, 그것을 반자본주의적이고 반사회주의적인 탈영토화하는 잠재력을 지닌 새로운 집합적 협동형식과 표현형식으로 평가하고 분자적 정치라고 열광하였다.

또한 가타리는 들뢰즈와 함께 1977년경 적군파인 바더-마인호프(Baader-Meinhof) 집단에 동정적인 독일 변호사 클라우스 크로이산트(Klaus Croissant)의 추방에 반대하여 '억압에 반대하는 연대위원회'(Comité de liason contre la répression)를 대표하여 발언하였다.

1979년에는 '자유의 새로운 공간을 위한 발의 센터'(Center d'iniatives

pour de nouveaux espaces de liberé, CINEL)를 설립하였다. 그 위에서 가타리는 클라우스 크로이산트의 추방에 반대하는 캠페인, 자유라디오운동, 온갖 종류의 행동위원회들을 연계하여 국가가 지지하는 미시파시즘에 그리고 보수적인 '신철학자들'의 성장에, 연구의 국가센터화(CNR: Centre national de la recherche scientifique)와 자율운동 과정에서 이탈리아 국가의 억압에 반대하였다. 가타리는 붉은여단을 빌미로 한 자율운동에 대한 이탈리아 정부의 탄압에 대응하여 '이탈리아에서 억압에 반대하는 프랑스 지식인 선언'에 동참하였다. 특히 1979년 토니 네그리를 비롯한 수많은 좌파 지식인들이 테러리스트 범죄에 연루되었다는 죄명으로 체포되었다. 가타리는 네그리를 공개적으로 지지하였다. 대중의 운동을 억압하고 좌파 지식인들과 교수들을 투옥하는 이탈리아 국가에 대항하여 선언을 발표하고 여러 학자들의 서명을 받아 유포시키고 신문에 공개 편지들을 보내고 유럽 전역에 걸쳐 인터뷰들을 하고 볼로냐에서 모임을 개최하였다.

나아가 가타리는 더욱더 다양한 행동위원회들에 참여하게 된다. 1979년에는 '니콰라구아 인민과 연대위원회'(Comité de solidarité avec le peuple du Nicaragua) 결성에 참여하였고, 1981년에는 '남한민주주의를 위한 총회',[23] '프랑스의 인종차별 반대'(Non à la France de l'apartheid, 1981)에 적극적으로 개입하였다.

우익, 인종주의, 민족주의, 탈근대론, 좌파의 해체, 급진주의의 에너지 소모를 보인 1980년대 초반 동안에 가타리는 일본과 남미를 방문하기 시작한다. 이러한 방문은 죽기 직전까지 계속된다. 특히 일본에 대해서 가

23 ガタリ, '我我の運動はいかなる國家權力にも從屬しない', 小田實 · 郭東儀 編, 『韓國に自由と正義を!: 81韓國民主化支援緊急世界大會』, 第三書館, 1981. 가타리는 일본에서 열린 대회에 참석하여, 전두환의 쿠데타로 체포된 김대중에 대한 지지 및 한국의 민중운동에 대한 지지를 밝히고 있다.

타리는 고대적인 것과 근대적인 것의 결합에 대해서 생각하고, 남미에 대해서는 전지구적 자본운동에 주목하게 된다. 그러면서 '통합된 세계자본주의'라는 개념을 더욱 확정해나간다.

1980년대 들어서서는 신체적 위협을 무릅쓰고, 아무런 증거 없이 테러리스트로 판결받아 프랑스로 망명한 이탈리아의 반체제주의자들을 변호하였다. 가타리는 이 시기 서구의 운동에서 나타난 테러리즘을 국가주의에 기운 것으로 비판하고 새로운 방향으로서 아우토노미아운동(즉 분자적 운동, 분자혁명)을 강조한다. 그러면서도 동시에 전지구적인 동향에 주목하고 전지구적인 운동에 개입한다. 이러한 활동을 총괄하면서 생태학적 문제설정을 정리해간다. 1981년에는 저명한 코미디언 코뤼슈(Coluche)[24]의 대통령선거 출마를 지지하는 운동을 전개하기도 하였다.

1981년 미테랑이 대통령에 당선되고 사회당이 2, 3년 내에 우경화되자 가타리는 상당히 실망하였다. 미테랑 정권 때 대통령 관저로 지식인들을 불러들이곤 했는데 가타리도 불려간 인물 가운데 하나였다. 문화부장관이 되고 바스티유에 새로운 오데온 오페라극장을 만든 자크 랑(Jack Lang)이라는 사람이 있었는데, 그는 브로우라는 보르도 병원에 가까운 도시를 선거 모체로 하여 국회의원이 되었다. 그래서 가타리와 친했고 가타리를 믿어서 문화정책에 관한 제언을 하도록 하고 가타리의 텍스트를 읽었다. 가타리도 마음에 들어 사회당정권에 기대했고 협력하였다. 그러나 그 즈음에 미테랑 주위의 정치가들의 부패로 신경증에 걸릴 지경이 되었다. 또

24 Coluche. 본명은 Michel Colluci(1944~1988). 프티부르주아 사회를 내파시키는 신랄한 웃음의 창작과 연기로 알려진 프랑스의 코미디언으로, 1981년 대통령선거 때 그를 후보로 추천하는 운동이 있었고 가타리도 추천인에 이름을 올렸다. 가타리는 그가 매우 자신에 찬 사람이었고 상황을 빠르게 파악하는 예외적인 감식력을 지닌 사람이었다고 평가한다. Félix Guattari, *Chaosophy*, Semiotext, 1995, pp. 27~35. 1985년에 홈리스에게 무료로 식사를 제공하는 '마음의 식당'을 제창한 것으로도 알려져 있다. 1986년 교통사고로 죽었다.

한 그 시기에 가타리는 자유라디오운동에서 떨어져나왔다. 합법화되고 대부분 상업방송으로 되었기 때문이었다. 사회당 정권이 들어서면서 다양한 대중운동이 급속히 쇠락해갔다.

7. 생태운동—전지구적 운동

스스로 '인동의 시대'(Les Années D'hiver)[25]라고 한 1980년대 초중반에는 자유라디오운동이 제도화되자 가타리는 다른 곳으로 눈을 돌렸다. 그동안 분자혁명으로 정식화했던 문제제기를 더욱 넓은 틀에서 이해하고자 한 것이 생태적인 문제설정이었다. 물론 가타리는 생태운동에 참여하면서도 다양한 연대를 모색해나갔다. 그 상황을 네그리의 입을 빌려 알아보자. 네그리가 프랑스에 망명했을 때, "가타리는 나[네그리]와 함께 곧바로 여러 가지 일들을 고안하기 시작했습니다. 이론적인 관점에서뿐만이 아니었습니다. 독일녹색당원들에게 도움을 청하여 우리는 프랑스에서 최초의 '녹색'조직을 설립했습니다. 펠릭스는 대니 콩방디와 친구였고 특히 그의 동생과 친구였습니다. 나는 독일인 친구가 있었는데, 그는 1968년에 창당된 녹색당의 당원이며 정치활동가로도 잘 알려진 인물이었습니다. 그들을 통해서 우리는 첫 번째 모임을 조직했습니다. 우리는 개신교의 후원 아래 이브 코세(Yves Cochet)에서 크리빈느(Krivine)에 이르기까지 프랑스극좌파 전체를 파리에 결집시켰습니다. 1984년에서 1986년까지 지속된 이 모임은 공산주의자들과 녹색당원 사이의 적록동맹을 창출하려는 목표를 가지고 있었습니다."[26] 물론 이러한 적록동맹 움직임은 트로츠

25 Félix Guattari, *Les Années D'hiver 1980-1985*, Editions Bernard Barault, 1985.
26 네그리, 윤수종 옮김, 『귀환』, 이학사, 2006, pp. 66~70.

키주의자들의 반대로 결실을 보지는 못하였다고 한다.

가타리는 또한 브라질 사회와 정치에 관심이 많았고[27] 프랑스의 암울한 시기인 1980년대초에 브라질로 영구 이주를 생각했었다고 한다. 1982년에 상파울루에 방문한 동안에 노동자당의 지식인들에게 그의 이름이 알려지게 되었고 나중에 인터뷰가 브라질노동자(PT)당의 이론적 기관지인 『이론과 논쟁』(*teora e debate*)에 실렸다. 거기서 가타리는 당의 분자적 잠재력에 대해서 상당한 관심을 가지고 자신의 이론적 용어들을 가지고 탐색하였다. 그리고 브라질노동자당의 반자본주의적 성격과 그 개방성에 깊은 관심을 가졌다. 브라질노동자당은 레닌적인 조직구도를 지니고 있음에도 불구하고 대중성과 개방성을 지니고 있어서 모든 당원들이 쟁점별 집합체들을 결성하여 당내에서 활동할 수 있도록 함으로써 다양한 사회운동과 극좌파적인 경향들을 묶어낼 수 있는 기능을 갖고 있었기 때문이다.[28]

1983년에는 체코의 지식인이자 망명자인 야샤 데이비드(Yasha David)와 카프카의 탄생 1백 주년을 기념하기 위해서 파리의 퐁피두센터에서 몇 가지 거대한 전시회 작업을 하였다. 이 외에도 가타리는 예술가들과 교류하면서 색다른 전시회를 열어나갔다. 음악과 그림과 행위예술이 어우러진 횡단적인 전시회를 기획하고 예술가들과 함께 수행해나갔다.

1980년대 중반 동안에 가타리는 레바논의 팔레스타인캠프가 있던 사브라와 샤틸라에서의 대학살을 추적하면서 『팔레스타인연구비평』(*Revue d'études Palestiniennes*)에 글을 쓰기도 하였다. 또한 가타리는 토니 네그리와 함께 코뮤니즘을 재발명하려고 하였다. 그들은 공산주의를 '모든 차

27 Félix Guattari et Suely Rolnik, *Micropolitiques*, Les Emêcheurs de penser en rond/Le Seuil, 2007.

28 Gary Genosko, *The Party Without Bosses*, Arbeiter Ring Publishing, 2003, p. 7, 8, 17.

원에 걸친 의식과 현실—정치적인 것과 사회적인 것, 역사적인 것과 일상적인 것, 의식적인 것과 무의식적인 것—의 변형으로 이끄는 다양한 사회적 실천들의 모음'으로 규정하면서, 지금까지와는 다른 방식으로 생각하고, 살고, 실험하고 투쟁하라고 외쳤다.[29]

1987년에 들어서 가타리는 들뢰즈와 잡지 『괴물』(*Chières*)을 창간하였다. 이 잡지를 통해서, 그리고 강좌를 통해서 가타리는 분열분석적 무의식 연구를 더욱 진행시켜나갔다(『분열분석적 지도제작』, 1989년으로 출간). 그리고 그러한 연구를 생태적 문제설정과 결합하여 '카오스모즈'라는 생성론을 만들어낸다.[30]

1980년대 후반과 1990년대 초반에는 파시스트적이고 인종차별적인 국민전선의 르 팽(Le Pen)에 반대하여 '저항전선'(Front de résistance)에서 활동하였다. 가타리는 『세 가지 생태학』(1989)에서 좌우를 넘어서는 생태적 이론을 가공하였고 걸프전(1991)에 반대하여 '사회주의적 평화주의자들'에 참여하였다. 그리고 인종청소의 공포에 대항하여 이전의 유고에서 '평화를 위한 지중해-횡단 대화'에 개입하였다. 또한 가타리는 '시민총회'(Assemblée des citoyens)에 참가하여 이전의 유고에서 '인종청소'에 반대하는 호소문에 서명하였다.

그리고 이 시기에 가타리는 생태운동에 적극적으로 참여하면서 일본과 브라질 등을 방문하며 자신의 생각을 세계화하였다. 국내에서는 녹색당의 당원으로서 생태운동에 새로운 지평을 열기 위한 이론적 실천적 활동을 정력적으로 전개하였다. 1992년 3월 실시된 프랑스 지방의회 선거에서는 생태파의 후보자 리스트 끝에 들어가기도 했지만(이중 가입), 가타리

29 네그리 · 가타리, 조정환 옮김, 『자유의 새로운 공간』, 갈무리, 2007, p. 56, 105.
30 가타리, 윤수종 옮김, 『카오스모제』, 동문선, 2003.

의 생태운동에서의 역할은 녹색당과 생태세대[31]라는 두 가지 흐름(당)으로 나뉘어 있는 프랑스 생태운동에 사상적 가교 역할을 한 것이었다. 가타리는 양쪽의 성원으로서 뭇사람에게 인정받는 거의 유일한 사람이었다고 한다.

가타리는 행동연구와 같은 대안적인 조사연구에도 관심을 가졌다. 전문가들이 하는 것이 아니라 문제를 마주하고 사는 사람들이 집단적으로 틀 지우고 가공해가는 연구 말이다. 가타리는 브라질 친구들과 함께 혁신적인 실험들을 이끌어갈 대안적인 연구센터를 가지고 브라질 판자촌에서 작업하기도 하였다. 프로그램들을 재정지원하고 교육 · 건강 등에 적용하려고 하였다.[32] 또한 가타리는 세르지오 빌라(Sergio Vilar)와 함께 학제적 조사연구의 작동에 관해서 유네스코 부사무총장에게 보고서를 썼다.[33] 가타리는 그 보고서에서 이견을 배제하는 탈근대적인 연구조건들을 넘어서는 메타방법론의 과제의 전망에 대해서 제시하였다.

가타리는 1992년 8월 29일 62세의 나이로 보르도 병원에서 심장마비로 갑자기 죽었다. "그 다음날 병원 본당에서 우리 의사가 환자들에게 펠릭스의 죽음을 알렸을 때 환자들이 울었다. 그날 밤 환자들 가운데 많은 사람들이 이리저리 방황하며 잠을 이루지 못했지만 그들은 정중하고 부

---

31 1980년대 들어 널리 확산된 생태(에콜로지)적 관심을 기반으로 전통적인 정당 구도를 통해 권력을 추구해나가는 녹색당이 있다. 가타리는 녹색당에 비록 많은 활동가들이 결합되어 있지만 녹색당이 여전히 당 구조를 통한 명령체계를 유지해나가는 운동방식에 대해서 비판을 가한다. 그리고 녹색당에 가입하지는 않았지만 생태적 관심을 보이는 새로운 세대들이 있는데 이들과 어떻게 결합할 수 있는가 하는 문제를 제기한다. 이러한 선상에서 '세 개의 생태학' 이라는 문제를 제기한다.

32 Gary Genosko, *The Party Without Bosses*, Arbeiter Ring Publishing, 2003, pp. 22~25.

33 그 보고서의 제목은 "From Pluridisciplinarity to Transdisciplinarity Via Interdependent Hypercomplexity"이다.

드러웠으며 어떤 소란도 일으키지 않았다. 그날 밤은 조용했다."[34]

이렇게 뜨겁던 가타리의 그 열정적인 신체는 1992년 '영도(零度)의 기관 없는 신체'로 돌아갔다. 그러나 그 '기관 없는 신체'가 우리의 정신생태에 남긴 뜨거운 사상과 실천은 우리를 달구고 있다.

가타리는 욕망의 미시정치, 분자적 정치를 주창하면서도 항상 폭넓은 연대 형태를 창출해내려고 노력하였다. 미시적이고 분자적인 증식을 통해서 권력과 이원론을 깨나가려고 하면서 또한 다양한 영역의 횡단을 통한 새로운 연합(소통, 코뮌)을 추구하였다. 물론 당과 같은 중심조직이나 매개조직을 거부하면서 말이다. 1980년대 들어서 강조한 생태적 문제설정은 바로 이러한 조직적 방향과 관련하여 어떻게 자율적 주체성을 생산하는가 하는 문제에 주목하고 있다.

민주집중제와 아나키즘이라는 대당 속에서 결국은 서로를 닮아가는 정치가 아니라 그 양자를 횡단하면서 실험해갔던 가타리의 실천 속에서 우리는 색다른 조직화의 방향들을 읽어낼 수 있을 것이다. 분자혁명과 전지구적 연대를 향해.

34 'Félix Guattari: A Chronolgy', Félix Guattari(trans., Ian Pinder and Paul Sutton), *The Three Ecologies*, The Athlone Press, 2000. p. xv에서 재인용.

제10장

결론:
한국 사회운동에 대한 함의

이상과 같은 가타리의 사유는 사회운동과 밀접한 관련을 지니고 있다. 또한 가타리의 사유는 68혁명 이후 전개된 새로운 사회운동을 강조하면서 더욱 철저한 변혁을 요구하는 방향으로 나아간다. 그의 사유가 한국 사회운동에 대해 지닌 함의들을 몇 가지 정리하면서 결론을 대신하겠다.

1. '국가와 혁명'에서 '욕망과 혁명'으로

사회가 정치에 집중되고 정치는 권력으로 집중되어 국가권력이 그 사회의 지배장치라는 마르크스주의 지배분석에 기초하여, 레닌은 '국가와 혁명'을 생각하였다. 혁명을 하려면 권력의 집중장치인 국가를 어떻게 장악하고 새롭게 재편(파괴와 구성)할 것인가 하는 것이 중요하였다.[1] 국가는 화해 불가능한 계급적대의 산물로서, 화해할 수 없는 계급대립을 화해시

1 레닌, 김영철 옮김, 『국가와 혁명』, 논장, 1988.

키려고 하면서 한 계급이 다른 계급을 통치하고 지배하는 기관이며 동시에 계급갈등을 조절함으로써 억압을 정당화하고 영속화하는 기관이라고 레닌은 주장한다. 그는 피억압계급을 착취하기 위한 도구인 이러한 국가를 폭력혁명을 통해서 사멸시켜갈 수 있다고 생각하였다.

여기서 중요하게 등장하는 것이 국가권력 장악테제이다. 물론 장악테제는 '기존의 국가장치를 파괴하고 타도해야 하며 단순히 기존 국가를 장악하는 것에만 머물러서는 안 된다'고 하는 파괴테제로 넘어간다. 문제는 기존의 현실사회주의 국가들이 국가를 사멸시키는 방향으로 나아가기는커녕 국가를 강화하는 방향으로 나아갔다는 것이다. 이것은 사실 세계혁명의 상에 배치되는 것이었고 제국화의 구도 속에서 일국 사회주의라는 반동적 방향으로 나아가는 길이었다.

권력장악 테제와 관련하여 푸코의 연구는 전혀 다른 방향을 제시해주었다. 권력은 국가에 집중되어 있다기보다는 장치와 설비들에 미시물리적으로 편재되어 있으며 관계망 속에서 작동한다는 푸코의 권력분석은 이러한 레닌식 국가장악 테제에서 벗어나도록 해주었다. 푸코는 권력이 모세혈관처럼 퍼져나가며 엮여 있는 그물망 형태로 작동한다고 분석한다. 생체권력을 통해 육체 자체에까지 손을 뻗친다는 것이다.[2] 이러한 권력을 집중화된 조직으로 장악하여 관리한다는 것이 어떻게 가능하겠는가?

가타리는 그러한 권력의 물리학 위에서 권력보다는 저항을, 자본보다는 노동을 강조하면서 욕망의 미시정치를 주장한다.[3] 물론 가타리는 거시정치를 무시하지 않는다. 다만 권력을 만들어가는 미시적 작동을 바꾸어 나가지 않고는 거대한 권력작용을 물리칠 수 없다는 것이다. 가타리는 더

---

2 푸코, 이규현 옮김, 『성의 역사』, 나남, 1990, pp. 150~161.

3 Félix Guattari, "Microphysique des Pouvoirs et Micropolitique des Désirs", *Les Années d'hiver 1980-1985*, Barrault, 1986.

나아가 장치와 설비들이 움직이는 기계들에 초점을 맞추면서 이 기계들을 경직되고 집중화되는 방식이 아니라 유연하고 분산되는 방식으로, 즉 권력을 만들어가지 않는 방식으로 작동시켜갈 수 있는지에 대해 탐색해 나간다. 그래서 더 이상 '10월 혁명'(봉기를 통한 권력혁명)을 기대하는 것이 아니라 삶을, 생활을 바꾸어가는 영구혁명을 생각하게 된다. 그리고 이러한 혁명은 바로 욕망해방을 전제로 하는 것이다.

권력의 미시적 작동을 파괴하고 욕망의 미시적·분자적 작동을 넓혀감으로써 권력을 점차 해체해가는 과정 없이는 권력장악은 깜짝쇼로 전락할 수 있다. 권력장악은 권력해체 과정의 부산물일 뿐이어야 한다. 권력장악(혁명)은 해결책이 아니다. 영원한 개량(분자혁명)을 통해 권력해체를 가져오는 지난한 과정이 진정한 혁명인 것이다.

가타리는 욕망의 문제를 제기하면서 결국 이념으로 무장된 일사불란한 조직이 이루어내는 혁명이 아니라, 노동자 계급을 비롯한 다양한 층들이 서로 엮여 있는 관계상태(배치)를 모든 곳에서 다른 흐름들로 만들어냄으로써 기존의 구조를 변형시켜나갈 것을 강조한다. 권력의 문제에서 욕망의 문제로 초점을 옮겨가자는 것이다.

가타리는 이제 혁명은 10월 혁명 같은 형태로, 봉기에 의해 기존의 국가권력을 장악하고 전국적 회계와 통제에 의해 새로운 사회를 건설해가는 과정으로 나타나지는 않을 것이라고 본다. '넘치는 것'으로서 욕망은 기존의 제도화된 것들을 끊임없이 변형시켜 새로운 제도화를 가져온다. 이러한 욕망의 흐름을 따라 매개를 거치지 않는 다양한 통로들을 만들어가고 서로 횡단적으로 엮어나가는 방향을 생각하게 된다.

여기서 '욕망과 혁명'이란 문제설정은 레닌의 '국가와 혁명'과는 전혀 다른 혁명상을 제시하게 된다. 이제는 혁명을 생각하면 바로 욕망에너지를 해방하는 문제가 전면에 등장하는 것이다. 더 이상 대체권력을 만들어가는 방식이 아니라 색다른 작동방식을 만들어가자는 것이다. 그러기 위해서는 기존의 틀들을 벗어나서 새로운 기계들을 만들어나가야 할 것이다. '넘치는 것(욕망)'의 선을 따라서 다양한 실험들을 전개해나가야 할 것이다.

여기서 욕망과 배치라는 발상이 나오게 된다. 가타리의 생각에 빗대어 설명해본다면, 이러한 발상은 어떤 대상의 내용보다는 그 대상을 둘러싼 작동(기능작용)을 바꾸어가는 방식(실천)에 천착하게 된다. 예를 들어 경찰기구와 한 운동가는 전혀 다른 대상이다. 경찰기구가 그 운동가로 하여금 감시의 눈초리를 느끼게 한다. 그러면 그 운동가는 경찰기구의 감시를 의식하면서 자신의 활동을 조정해간다. 그 운동가는 경찰기구 장치의 한 부품이, 기계가 되어가는 것이다(전에는 경찰기구와 가장 적대적인 사람으로 생각되었던 그가). 이와 반대로 한 운동가가 기존의 조직구도와는 (경찰기구가 예상하는 것과는) 전혀 다른 방식으로 운동을 하면(다른 기계가 되면) 경찰기구는 기존의 조직구도로 파악하던 방식으로는 그 운동가를 파악하지 못하여 결과적으로 그 경찰기구는 제대로 기능하지 못하게 된다. 이것이 경찰기구를 무력화시키는 방식이다. 예를 들면 무장집단은 엄격한 명령하달체계에 입각하여 움직이는 조직이라고 생각하는 경찰기구가 분산된 폭력을 행사하는 자율주의적 활동가들을 어떻게 잡아들일 수 있겠는가?

그렇다면 레닌적 집중화 도식에서 강조하였던 동일자(통일) 논리에 대항하여 차이의 논리를 강조하는 것은 당연하다고 하겠다. 통일 논리(변증법 논리)에 따르는 전통적인 좌파들은 결국은 이념을 우위에 두고 헤게모니를 관철하려는 자세에 서게 된다. 인민대중의 동의를 얻는 헤게모니일지라도 헤게모니를 관철시키려는 것은 어쨌든 욕망의 선을 따르는 움직임이라기보다는 어떤 하나의 선 또는 주도적인 선을 따라 모든 것을 배열하는 방식인 것이다. 그러다보니 그 헤게모니적 흐름에서 벗어난 것을 배제함으로써 새로운 위계를 강화하게 된다. 또한 인민대중의 다양한 욕망의 흐름을 코드화하거나 초코드화하는 경향을 지니게 된다.

이제 욕망해방을 생각하면, 차이의 논리에 따른 조직화를 생각하게 된다. 기존의 좌파들은 차이를 강조하고 다양성을 인정하는 것은 좋지만 그렇게 해서 어떻게 공통성을 만들어갈 수 있겠느냐고 반박한다. 그래서 결국은 헤게모니론으로, 당조직으로 되돌아간다.

그렇지만 차이의 논리를 강조한다고 해서 공통성을 만들어가지 못하란 법이 있는가? 그것은 공통성을 동질성으로만 이해하기 때문이다. 개별자(특이성, singularité)들이 서로의 동질적인 측면(사실은 추상적인 공통성)을 모아서 어떤 대표나 매개체에 그것을 위임해야 구성이 가능하다는 것이 기존의 대표제 논리이자 구성방식에 대한 사유였다. 이 경우 개별자의 특이성은 무시되게 되어 있다. 그렇게 해서 만들어낸 공통성은 개별자들의 소통의 폭을 넓히기보다는 소통의 폭을 좁히고, 단조롭게 만든다. 그 공통성은 개별자들이 지닌 동질성의 산술적 합계이기 때문이다. 이렇게 해서는 제3의, n번째의 것을 만들어낼 수 없다.

차이의 논리에 입각한 스피노자적 욕망(소통)의 정치는 바로 차이를 넓혀가면서도 공통성을 만들어감으로써 소통폭과 공통성을 더욱 넓히자는 것이다. 점점 더 달라지면서 함께 할 수 있는 것(특이화)에 대해 왜 생각하지 못하는가? 동일해져야만 같이 할 수 있다는 생각은 상당히 위험한 발상이다. 달라짐으로써 새로운 것들이 구성될 가능성이 더 많아지지 않을까? 당이나 국가 같은 매개체는 바로 이러한 생성의 가능성을 제한하고 어떤 경우에는 억압하기 때문에, 경유해야 할 것으로 생각하지 않는다. 분권운동이 아니라 오히려 국가로부터 더욱더 이탈하는 운동, 당으로부터 더 멀어지는 운동을 통해서 대중의 구성의 폭과 가능성을 넓히는 '구성권력'의 전략이 필요하다. 가타리의 욕망의 미시정치(분자혁명론)는 바로 이러한 길로 나아가는 구체적인 경로들을 분석해내려고 한다.

2. 이질적인 주체들이 결합한 운동

가타리는 항상 가장 소수적인 집단들과 같이 운동하고 그들의 쟁점에 개입하면서 동시에 가장 글로벌한 네트워크에 개입하기도 한다. 보통 다양한 운동들이 전개되면 통일전선이든 통합된 것이든 뭔가 만들어야 한다는 얘기를 많이 한다. 가타리는 그런 부분을 염두에 두지만, 다양한 것들이 가지고 있는 공통성을 뽑아서 연결(통일 · 통합)하는 것이 아니라 서로 달라지면서 결합할 수 있는 방식을 생각한다. 이질적인 것들의 공존과 색다른 것의 생성. 여기서 핵심 개념이 특이화 개념이다. 특이화 개념이란 다른 사람과 내가 점점 더 달라지면서는 정말 소통할 수 있다는 것을 함의한다. 우리는 항상 서로 비슷해져야지 소통할 수 있다(코드화)고 생각한다. 하지만 점점 달라지면 소통을 위해서 소통 폭을 넓혀야 된다. 똑같아지면 같은데 무슨 소통이 필요한가? 소통이 필요한 것이 아니라 명령(복종)이 내려지게 된다. 그런 명령–복종 체계와는 다른 방식을 추구하려고 하는 생각에서 나오는 개념이 특이화다.

가타리가 했던 활동이 특이화의 방향에 있다고 생각된다. 가장 소수적인 입장에서 하는 활동들이 체제 전체를 바꾸는 운동선상에서 어떻게 결합될 수 있는가? 최근의 예로는 대안세계화 운동을 들 수 있다. 가장 이질적인 사람들이 모여서 했던 운동으로서 대안세계화운동을 보면, 거기에는 깡보수기독교우익들도 오고, 생태주의자들도 오고, 좌파들도 오고, 아나키스트들도 와서 함께 시위를 조직하고, 블랙블록도 섞여서 자본 주도의 세계화에 대한 대안을 찾으려고 노력하였다.

네그리의 논지를 빌린다면 대중(multitude)이라고 이야기할 수 있겠다. 좀 더 구체적으로, 주체와 관련하여 대중이라고 할 때 사회의 모든 구성원을 말하는 것은 아니다. 어쨌든 스스로 색다른 것을 만들어낼 수 있는 역능을 지닌 사람들 및 집단을 말하는 것이다. 예를 들어 다른 사람들 및 집단들이 만들어내는 창의성을 포획하기만 하는 국가장치나 관료집단은 대중에 속한다고 할 수 없을 것이다. 네그리의 논의와 『제국』을 전후로 하여 쓴 다른 글들을 보면 '가난한 자'에 대한 얘기가 자주 등장한다.[4] 대중의 상을 새롭게 정의해나가면서 '자기 노동에 기초한 가난한 자'에 착목하려고 한다. 근대 시기에는 가난은 착취를 의미했지만 탈근대 시대에는 가난은 공통을 만들어나가는 것이라고 정의한다. 이쯤 되면 마르크스주의의 계급개념과는 상당히 달라진다. 객관적 지위에 따른 계급개념보다는 공통성을 만들어가려는 집합체를 의미하는 것으로 전환되는 것이다.

가타리는 네그리보다도 주체 문제를 더 복잡화한다. 욕망의 문제를 적극적으로 끌어들임으로써 객관적 존재조건뿐만 아니라 실은 주체들의 의식적 · 무의식적 정신 문제를 포괄해나가려고 한다. 따라서 개별 주체나 법적 주체 또는 노동자계급이 아니라 집합적 배치로서의 주체성에 대해 이야기하는 것이다. 그 집합적 배치 속에서 색다른 주체성이 이질적인 구성요소들의 카오스모즈적인 경련을 통해 생산되며, 다양한 흐름들을 만들어내고 연합할 수 있다

그러나 전통적인 의미에서 단일전선으로 모이는 것은 불가능하다. 물론 소수적이고 분자적인 운동들의 자율적인 흐름을 지지하면서, 다양한 선들을 지닌 채(자신의 독립성, 자율성을 지닌 채) 새로운 쟁점을 중심으로 함

4 Antonio Negri and Michael Hardt, *Multitude: War and Democracy in the Age of Empire*, New York: The Penguin Press, 2004; 네그리 · 하트, 조정환 · 정남영 · 서창현 옮김, 『다중』, 세종서적, 2008.

께 결합하여 해나가는 운동의 방향을 생각할 수는 있을 것이다.

또한 가타리는 실천 주체들을 한정하거나 경계 지으려는 것이 아니라 기존 제도나 체계의 경계나 제한들을 돌파해나가는 측면(내부의 주변성, 외적으로는 노마드)을 강조한다. 여기서 탈주와 되기(생성) 얘기가 나올 수 있을 것이다.

3. 되기(탈주)

기존의 조직운동을 경험한 많은 사람들은 가타리의 이상과 같은 주장에 대해 심히 불쾌감을 느낄지도 모르겠다. 세계적 금융공황 속에서 정리해고가 판을 치는 상황에서 노동운동을 비판하고 노동자계급 중심성을 부정하고 있으니 말이다! 물론 가타리가 계급투쟁 전선의 싸움을 부차적이거나 이차적인 것으로 미루자고 하는 것은 아니다. 가타리의 주장은 서구에서 68혁명 이후 대중의 욕망 분출을 적극적으로 평가하는 흐름에 서 있다.[5] 우리의 경우 아주 다른 역사적 경험을 가지고 있지만, 이미 87년 노동자농민대투쟁 이후 욕망투쟁이 확산되어오고 있다.

가타리가 제기하는 것은 인식 상으로는 변증법에 기운 우리의 통합적 · 종합적 · 통치적 발상에 대한 비판이다. 또한 욕망하는 기계와 분열분석이란 제안은 집중제와 아나키즘이라는 인식 및 조직 대당을 넘어서려는 것이다. 변증법이 권력을 만들어가는 논리 및 인식이었다는 반성 위에서, 권력을 만들어가지 않는 방식을 제기하는 것이다. 특히 위에 있는

5 Félix Guattari, "Extraits de discussions: fin juin 1968", *Psychanalyse et Transversalité: Essais d'analyse institutionnelle*, Editions de Maspero, 1972, pp. 215~229.

권력과 국가, 장치와 구조라는 상에 대한 밑으로부터의 권력비판과 권력장악, 새로운 건설이라는 상과 방식이 가져온 현실적 결과들은 또 다른 권력을 만들어냈었다. 그런데도 여전히 같은 방식으로, 대표를 통해 무언가 해결해갈 수 있을까?

권력을 만들어가지 않는, 권력의 방식과는 전혀 다른, 대중의 욕망에 기초한 유연한 기계들을 설립하자는 것이 가타리의 제안이다. 지배와 지배 장치는 우리 위에, 사회의 상층부에, 그렇게 저 멀리 있어서 우리가 그것을 파괴하고 아래를 내려다보면 달라지는 것이 아니다. 또한 지배와 지배 장치는 멀리 있는 것이 아니라 우리 속에 우리와 가까이 있는 각종 기계들과 함께 움직이며 욕망에 붙어 있는 것이다. 이러한 욕망의 흐름을 해방한다는 것은 다수자적인 동일자의 초코드화로, 권력 만들기로 나아가는 것이 아니라, 소수자적인 방향으로, 특이한 개별자들을 전면적으로 발전시키는, 따라서 횡단적이고 분자적인 움직임을 만들어가는 것이다.

욕망의 미시정치에 근거한 욕망투쟁과 일상투쟁을 통해서 욕망에너지를 해방함으로써 권력에서 탈주하는 흐름을 만들어내 되기(생성)의 흐름으로 만들어가자는 것이다. 그 탈주의 방법은 분열분석적이고 탈주의 원칙은 인민의 직접적 책임, 즉 자율성이다.

4. 자율운동과 소수자운동

필자는 분자혁명의 상 위에서 제국시대의 대중운동을 대안세계화운동, 자율운동, 소수자운동, 보이지 않는 운동으로 제기한 바 있다.[6] 물론 무수

6 윤수종, 「제국시대의 대중운동」, 『마르크스주의 연구』, 창간호, 2004, pp. 342~355.

히 많은 색다른 운동들의 접속 속에서 권력해체과정이 영구적으로 진행될 것이다.

가타리의 사상에 비추어볼 때 다양한 자율운동과 소수자운동을 강조하게 된다. 가타리 자신이 실천해왔던 분자혁명적 실천방안으로서 여성 되기, 동성애자 되기, 흑인 되기, 어린이 되기 등은 소수자 되기로 연결된다. 여성운동 · 동성애자운동 · 흑인운동 · 어린이운동 등은 그 자체로 자율운동의 성격을 띠며 전통적인 좌파운동의 지형도를 풍부하게 할 것이다. 또한 가타리가 직접 개입하였던 반정신의학운동 · 교육운동 · 자유라디오운동 등은 언제 어디에서나 형태나 수단을 달리하면서 전개될 수 있을 것이다.

자율운동이란 지형 위에서도 가타리의 사상에 비추어보면 특히 소수자운동을 강조하게 된다. 전통적인 좌파운동은 소수자운동으로 하여금 자신의 휘하에 들어와 활동하도록 강요해왔다. 물론 그 이면에는 헤게모니를 지니고 지도한다는 발상이 놓여 있었다.

그와 관련하여 소수자운동과 전통적인 좌파운동의 결합(?)의 드문 사례를 이탈리아 여성운동의 경험에서 볼 수 있다. 전통적인 좌파정치를 변형시키는 일이 바로 여성운동에 의해서 이루어진 것이다.

대개의 나라들에서 마르크스주의(노동운동)와 여성운동은 따로따로 진행되었다. 특이하게도 이탈리아에서는 여성운동과 좌파운동이 결합하면서 노조페미니즘이란 흐름을 만들어내기도 하였다. 이러한 흐름 위에서 자율주의적인 여성운동이 발전하게 되었다.

1970년대 이탈리아의 자율주의적 여성운동은 바로 권력의 집중성에 착안하여 집중화된 대중봉기를 통해 권력을 장악하여 사회를 바꾸어나가겠다던 레닌적 실천의 방향에 대해 강력한 비판을 전개한다. 이탈리아 여성운동의 경험은 더 이상 집중화된 방식이 아니라 분산적인 방식을 통해 다양한 자유공간, 다양한 미시코뮌을 만들어가는 방향을 제시하였다. 이념에 따라서, 이론 중심인 당의 지도를 따라서가 아니라, 자기의식화 위에서 집단적 주체성을, 색다른 주체성을 생산해가려고 하였던 것이다. 네트워크 형태를 강조한 이러한 자율운동은 권력장악이 아니라 대중의 힘 자체를 대중 스스로 키워가는 다양한 방식을 제기하였다. 그리고 그때 대중이란 소수자들을 포함한 다양한 주체들을 의미하였다.

이렇게 얘기하면, 운동가들은 대개 거대권력의 문제를 어떻게 해결할 것이냐고 반박한다. 마치 소수자운동은 권력 문제를 비켜가는 것처럼 말이다. 국가권력과 '대결'하면서(대결하는 척하면서) 스스로 권력 형태를 모방해가면서 말이다. 물론 이러한 질문 속에는 좌파정치의 핵심은 진보적 계급에 의한 권력장악이라는 발상이 들어 있다. 권력과의 싸움을 추상적인 저 멀리 있는 것이 내리 누르는 것으로 생각하거나 국가장치를 통해 행사되는 것으로 파악한다. 물론 이럴 경우에도 국가장치 외부의 정치라는 생각을 할 수도 있을 것이다. 그러나 좌파정치는 기본적으로 이중권력 상황을 만들고 권력장악을 하려는 데 머문다. 물론 현실 속에서는 선거를 통한 권력장악이라는 것으로 구체화된다.

전통적인 좌파정치에서는 특정한 주체(예를 들어 노동자계급)가 주도하여 다른 집단들 및 계급들을 이념적으로 획득(포획?)해나가면서 기존의 지배권력을 파괴한다는 것이었다. 그 결과는 주도 집단의 특권화였다. 소수자운동은 일단 그러한 헤게모니를 인정하지 않는다. 그것은 곧 권력화를 의미하기 때문이다. 그러나 현실적으로는 몇몇 부문 운동이나 영역 운동이 주도적으로 운동을 이끌고 나갈 수 있을 것이다. 그래서 과도적으로는 다기능적 중심을 설정할 수 있을 것이지만, 그 중심이 다른 것에 대해 헤게모니를 행사하는 것으로 가서는 안 될 것이다.

그리고 최근 소수자운동이 활성화되면서 노동운동권에서는 마치 소수자운동이 기존의 노동운동을 부정하고 헤게모니적인 것으로 되기라도 한 듯이 말한다. 물론 소수자운동으로는 해결이 안 된다는 식으로 폄하하지만 말이다. 소수자운동은 절대 노동운동을 부정하지 않는다. 전체 운동에 대해서 헤게모니를 행사하려고 하지도 않는다. 문제는 운동의 방식인 것이다. 즉 마르크스주의여성운동(이론)에서 주장하듯이 계급이 해소되면 여성문제가 자동적으로 해소된다는 식의 발상이 아니다. 소수자운동은 바로 모든 곳에서 모든 것이 변형되어야 한다는 점을 드러낸다. 소수자가 처한 상황과 소수자와 다수자의 관계 자체(배치)를 바꾸어가려고 하는 것이다. 노동운동에 대해서는 노동자 내부의 소수자적 특징을 배제하지 말고 오히려 포괄해나가도록 촉구하는 것이다. 그래서 '노동자'운동을 넘어서 '사회'운동이 되라고 촉구하는 것이다. 집중화된 권력을 만들어내는 것이 아니라 대중이 스스로 구성해나가는 권력을 만들어가는 지난한 과정을 제기하는 것이다. 그러려면 주도적 이념에 입각한 국가권력장악의 방식으로는 안 된다는 것을 제기하는 것이며, 또한 어떤 주도적 주체를 설정해서도 안 된다는 것이다.

권력과의 관계에서도, 주도적 이념이 없으면 오히려 다양한 소수자운동이 각자 자율성을 지니면서 지배권력과의 싸움에서 연대전선을 펼 수 있을 것이다. 더 나아가 다양한 수평적 네트워크를 만들어냄으로써 지배권력이 자의적으로 개입해 들어올 수 없게 하면서 국가(제국)의 지배력을 약화시켜나갈 수 있을 것이다. 국가권력장악을 직접적으로 시도하지 않으면 아나키스트로 폄하하거나 혁명을 포기한 것으로 폄하하는 일은 없어야 할 것이다. 다양한 혁명이 있을 것이기 때문이다. 물론 어디에서나.

어쨌든 국가권력 장악테제는 현재 한국에서 좌파 내부의 차이를 나타내는 중요한 잣대가 되는 것 같다. 기존 권력이 집중되어 있다는 레닌식 발상에서 결국은 대항권력도 매개체로서 당을 설정하고 대중운동이나 다양한 조직들을 정비해나간다는 방식과, 대중이 구성해가는 역능을 확장함으로써 권력을 점차 해체해가는 방식의 차이로 나타난다고 할 수 있겠다. 분자혁명이나 미시적 작동을 바꾸어나가는 과정을 권력장악의 부수적 고리로 배치하는 경우 타협의 여지가 있지만 말이다.

어쨌든 가타리의 생각에 비추어보면 혁명은 더 이상 대체권력을 만들어가는 방식이 아니라 색다른 작동방식을 만들어가는 것이다. 그러기 위해서는 기존의 틀들을 벗어나서 새로운 기계들을 만들어나가야 할 것이다. '넘치는 것(욕망)'의 선을 따라서 다양한 실험들을 전개해나가야 할 것이다. 소수자운동은 바로 이러한 운동의 전환을 잘 나타내준다고 생각된다.

소수자가 지닌 생성의 가능성, 창소의 가능성을 열어가는 것은 다양한 욕망 흐름을 개방하는 것이고, 이것은 대안적 삶의 형태들을 만들어낼 수 있게 한다. 이러한 대안적 방향은 기존의 강제적 결혼과 권위주의적 가족에 대하여 다양한 가족 형태를 제시하였고, 기존의 제도교육에 대해서도 대안적인 교육형태, 공동육아 등을 제시하였다. 여성운동에서의 새로운 공동체들을 모색하려는 움직임 또한 마찬가지이다. 자율낙태운동 등에서 드러나는 대안적인 의료체계의 구성 등은 기존의 의료체계에 대한 강력한 문제제기이자 새로운 협동형태의 실험인 것이다.

이러한 대안적 형태들의 구성은 또한 구성방식에 있어서도 새로운 방식으로 나아간다. 지금까지 정치학은 권력 중심을 생각하고 대중들의 권리를 양도하여 대표를 만들어 중심으로 모아가는 방식이었다. 소수자적인 구성권력 형성방식은 대표제 모델을 거부하고 각 개인들 및 집단들이 지닌 특이성을 강화하고 다양한 방식으로 집합체들을 만들어나가며 연결망을 확장해가는 방식이다. 개인과 집단, 개인과 사회, 나아가 개인과 국가가 대립하는 구도가 아니라, 개인을 포괄해내는 집단 · 사회를 만들어나감으로써 국가란 단지 행정집행장치로 되어가는 사회를 지향하는 새로운 정치학의 길로 나가고 있다.

5. 대의제의 파괴와 코뮌 실험

서구에서는 1980년대를 생태시대라고 할 수 있다. 녹색시대. 그 이전에 대안을 생각하는 사람들은 대부분 붉은색이었다. 대안은 진보와 통했고 진보는 붉은색과 통했다. 68혁명 이후 1970년대를 거치면서 다양한 자율운동과 소수자운동이 전개되었고, 여성운동과 생태운동 또한 대중적으로 확산되어왔다. 1980년대는 좌파적인 사람들도 모두 녹색 옷을 한 번씩 입어본다. 녹색과 붉은색이 섞이면서 새로운 문제제기가 나타나게 된다.

가타리는 생태운동에 개입하게 되면서, 당운동에도 참여하지만 운동의 축은 대중의 자율적 움직임에 있다고 보았다. 유럽에서는 생태적 인식 위에서 대중의 다양한 각성과 욕망투쟁이 일어났고 그 위에서 녹색운동이 나타났다. 그럼에도 불구하고 제일 난감한 문제가 결국은 대의제 메커니즘으로 빠져 제도화되는 것이다. 녹색 흐름이 엄청난 대중적인 운동을 동반하며 성공적이었던 독일의 녹색당운동처럼 말이다. 서구에서 기존의 양당 체제를 확실하게 변형시켰던 것은 유일하게 독일의 녹색당밖에 없었다. 물론 그 녹색당운동이 그렇게 성공적일 수 있었던 것은 무엇보다도 아우토놈(자율)운동이 있었기 때문이라고 생각한다. 어쨌든 그 정도로 굉장한 운동이었음에도 불구하고 당 형태에 집중하고 대의제로 기울어가면서 자율적인 성격이나 대안적 실험으로서의 성격을 잃어버리게 되었다.

어떻게 하면 대의제에 대한 대안을 찾을 것인가? 선거정치가 아닌 직접 정치? 그래서 뭐 촛불시위? 이렇게 연결시키는 사람도 있는데 물론 그것도 한 가지 흐름이다. 대의제의 대안이 꼭 촛불시위만 있는 것은 아니다. 지금 대의제에 대해 일반적으로 받아들여지고 있는 대안은 직접행동이다. 그런데 직접행동은 대의제에 대한 대안방식으로는 미약한 측면이 있다. 대체로 직접행동하고 끝나고 나면 수습할 때는 대의제 하는 사람들이 '그래 우리가 정리해야지' 하고 들어선다. 서구의 68혁명이 정비된 방식이다. 물론 이런 제도화 앞에서 서구에서는 자율운동이 활성화되어왔다.

어쨌든 대의제를 축소시켜가는 어떤 대안적 기계들, 공간들을 만들어나갈 수 있는가 하는 것이 쟁점이 될 것이다. 당연히 대안적인 사유가 필요할 것이다. 대안제도, 대안 연결망을 만드는 것이다. 가타리가 실험했던 것들이 바로 이런 것이고 이러한 운동 속에서 주체성생산의 지형도와 방향이 달라질 수 있다고 생각한다.

물론 가타리는 대안이 정답이라고 생각하지 않는다. 다른 것들이 얼마나 서로 섞일 수 있는가를 중요하게 생각한다. 특히 운동에서도. 그렇게 섞일 수 있어야지 아주 주변적이고 소수적인 것을 받아들일 수 있다는 것이다. 단지 대의제 비판과 대안 찾기로 정리하는 것이 아니라 이질적인 것들을 어떻게 섞어나갈 수 있는가, 그리고 그 위에서 어떤 새로운 패러다임을 추구할 수 있는가에 관심을 두게 된다. 단순히 대안적 정책이나 대안제도에 머무를 것이 아니라, 기존의 제도나 기구들 속에서 해당 주체들의 욕망에 근거한 자기조직화 과정(구성권력과정)을 강조하게 된다.

그런데 이런 발상들에 대해서 대의민주주의의 발상에 있는 사람들은 항상 아나키즘이라는 오명을 씌우고 싶어 한다. 그런데 가타리는 끊임없이 조직형태를 탐색한다. 젊었을 때에도 여러 가지 조직형태들을 탐색했고, 한 군데 가입하는 것을 참지 못해 하였다. 그래서 공산당에도 가입하고 트로츠키당에도 가입하고 또 다른 모임에도 가입하고 그러면서 오히려 각각으로는 할 수 없는 새로운 것을 만들어냈던 것이다.

이러한 것을 볼 때 제국의 더욱 넓어져가는 지배체제에 대항하여 자율적 주체를 만들어가야 하지 않겠는가? 물론 자율적 주체의 형성은 다른 삶 형식들, 코뮌들을 만들어갈 것이다. 가타리 사상의 함의를 요약적으로 말한다면, 다양한 욕망을 지닌 이질적인 집합체인 대중이 자기조직화를 통해서 자신들의 자유의 공간(코뮌)을 만들고 확장해나가는 것이라고 할 수 있겠다.

부록

서평 1: 욕망의 형이상학에 거는 탈주체적 정치(학)의 탈근대적 모험/이구표

서평 2: 아주 특이한 '프로이트마르크스주의'/서관모

서평 1

욕망의 형이상학에 거는 탈주체적 정치(학)의 탈근대적 모험

—펠릭스 가타리 지음, 윤수종 옮김, 『분자혁명』, 푸른숲, 1998

『진보평론』 제1호, 1999, pp. 408~412

이구표
인천대학교 교수(정치학)

『분자혁명』(1977)은 가타리가 들뢰즈와 함께 『안티-오이디푸스: 자본주의와 정신분열』(1972)을 출간한 직후 수년간에 걸쳐 쓴 다양한 논문, 인터뷰, 토론 요약, 연설문 및 강연록, 노트 등을 한데 묶어 편집한 책이다. 따라서 이 책에 실린 글들은 그 용어, 개념 및 주제에 있어서 기본적으로 『안티-오이디푸스』에서 제시된 차이와 욕망의 정치(학)의 틀을 크게 벗어나지 않는다는 점에서 그다지 새로울 것이 없어 보일 수도 있다. 하지만 이 책은 철학자 들뢰즈의 명성에 가려 자칫 간과될 수 있는 정신분석가이자 정치운동가 가타리의 독자성을 제대로 평가하고, 『안티-오이디푸스』가 전통적 좌파들에게 촉발시켰던 충격과 논란을 그의 독특하면서도 전투적이며 급진적인 시각에서 새롭게 재음미해볼 수 있는 기회를 제공하고 있다.

가타리는 1950년대 이래로 프랑스 공산당을 포함한 좌파 정치조직들에서의 활동과 정신치료 기관들에서의 실험작업을 통해 무의식의 사회적 구성 및 동학(動學)과 집단의 리비도적 성격을 밝히는 이른바 욕망의 사회 이론을 발전시켜왔다. 그의 이러한 작업은 『안티-오이디푸스』에서 물질적 및 생산적 욕망의 개념을 통해 마르크스주의와 정신분석을 제휴시켜 새로운 차원의 급진적 정치(학)을 모색하는 시도로 나타났다. 들뢰즈도 인정했듯이, 비(非)유기체적 '기계'로서의 욕망과 관련된 주요 용어와 개념들은 원래 가타리의 기여였다. 그러나 무엇보다도 가타리의 사상의 근본적 차별성은 그의 '집단적 주체' 개념에 놓여 있다고 할 수 있는데, 이 개념은 상대적으로 개인지향적인 들뢰즈와 비교할 때 그의 입장에 강한 정치개입적 성격을 부여하며 또한 들뢰즈의 것과도 구별되는 독특한 탈근대적 정향을 갖게 하는 것으로 보인다(집단적 주체성에 대한 그의 이론적 · 실천적 추구는 이탈리아의 급진주의자 네그리와 공저한 『자유의 새로운 공간』을 거쳐 현재까지 지속되고 있다). 곧, 이 개념은 기존 좌파의 관료주의와 정신분석의 오이디푸스적 가족주의에 대한 그의 지속적 비판의 근거가 되고 있을 뿐만 아니라, 그로 하여금 근대적 주체를 탈중심화하면서도 구조주의 및 후기구조주의자들이 빠졌던 결정주의와 정치적 비관주의의 함정을 벗어나 새로운 혁명적 주체성의 생산을 긍정적으로 모색하는 방향으로 한 걸음 더 나아갈 수 있게 한다.

『분자혁명』은 주체성생산에 대한 가타리의 관심이 잘 반영되어 있으며, 그는 통합된 합리적 주체의 근거인 자아와 초자아를 역동적 · 분열적 무의식 개념으로 해체하면서 무의식적 욕망을 사회적 장 안에 위치시키며("분열분석"), 탈영토적인 분자적 욕망의 흐름들의 집합적 투여 및 배치를 가능케 할 조건을 탐색함으로써 분산되고 다양화된 새로운 유형의 주체성의 출현을 촉진시키고자 한다("욕망의 정치학"). 이 책의 핵심을 이루면서도 가장 큰 논란의 여지를 안고 있는 「제1장: 분자혁명과 계급투쟁」에서 가타리는 욕망의 미시정치(학)를 혁명의 거시정치(학)와 제휴시키고자 한다. 그의 이러한 작업은 단순히 프로이트-마르크스주의에 머무는 것이 아니라 전통적 마르크스주의의 근대적 이분법들(주체/객체, 개인/구조, 생산/소비, 사용가치/교환가치, 토대/상부구조 등)을 와해시킨다는 점에서 마르크스주의를 포스트모더니즘(탈근대론)에 이론적으로 접목하려는 시도로 이해할 수 있다. 그는 계급투쟁과 미시정치적 투쟁은 "서로 배타적일 수 없으며"(p. 45), 이 두 투쟁을 "결합할 수 있고 결합해야 한다"(p. 33)고 주장한다. 하지만 이것은 단순한 수평적 결합이 아니다. 우선, 가타리는 억압과 해방의 궁극적 소재지로서의 무의식/욕망의 우선성에 의거하여 마르크스주의의 정치경제를 욕망경제의 영역으로 끌어들이고 혁명개념을 리비도화한다. 곧, 혁명은 국가권력이나 이데올로기의 문제가 아니라 욕망과 그것의 무의식적 투여의 문제이다. 혁명은 무엇보다도 욕망에너지를 먼저 해방시키지 않으면 불가능하며, 그 성패는 "욕망을 열어젖히는 물질적 · 사회적 힘들을 모든 수준에서 배치할 수 있는 능력"에 달려 있다(pp. 81~82). 그런데, 여기서 그는 마르크스주의적 개념 범주들을 자유로이 차용하면서 혁명투쟁에 대한 욕망해방의 선차성의 이론적 근거를 근대 자본주의 경제의 동학에서 찾는다. 곧, 가타리는 마르크스를 따라 근대성을 자본주의적 근대성으로 보면서 역사적으로 가장 미분화(微分化)된 사회구조로서의 자본주의라는 관점을 채택한다. 자본주의의 "근본적인 물질적 과정"은 한편으로 욕망의 분자적 에너지를 해방("탈코드화" 및 "탈영토화")시킬 수밖에 없는 "명백히 불가역적"인 혁명을 가져오지만, 이와 동시에 욕망의 분열적 흐름을 재영토화해야 할 필요성 때문에 "억압형태 또한 분자화하지 않을 수 없다"(p. 72, 80). 바깥으로부터의 노동력의 착취와 억압을 넘어서 "피착취자들의 욕망경제 속으로 스며들어가" 그들의 주체성을 장악하지 않으면 자본주의는 자신의 재생산을 확보할 수 없기 때문이다(p.

45). 자본주의 체제에서 특히 가족은 욕망을 오이디푸스화함으로써 초자아를 내면화한 전형적 주체들을 생산하는 중요한 사회적 통제의 기능을 담당한다.

그러므로 오늘날 투쟁은 "단일한 전선에, 자본주의와 노동자계급 간의 유일한 대결에 한정"시킬 수 없으며, "자본주의에 오염된 욕망경제의 모든 수준(개인, 부부, 가족, 학교, 활동가 집단, 광기, 감옥, 동성애 등)"에서, 곧 "우리 자신의 대열 속에서 우리 자신의 내부의 경찰을 상대로," 미시파시즘에 대한 일상적 투쟁으로 전개되어야 한다(p. 38, 50, 53). 미시정치적 투쟁은 궁극적으로 대중의 다양한 주체성 형성의 집단적 과정으로서의 "분자혁명"을 촉진시키는 데 있으며, 이 점에서 가타리는 기존 좌파의 투쟁형태가 과연 진정으로 혁명적이었는지에 대해 의문을 던진다. 그는 "노동자들의 객관적 이해를 그들의 욕망과 동일시할 수는 없다"고 주장한다. 노동운동은 계급이해의 관점에서는 혁명적일 수 있지만, 욕망의 관점에서는 "객관적으로 파시스트적"일 수 있으며, 또한 주변적 소수자들의 욕망과 관련하여 "전적으로 억압적"일 수 있기 때문이다(p. 53). 또한, 좌파 조직의 레닌주의적 · 국가주의적 모델은 관료적 통제와 위계적 조직화를 통해 권력의 질서를 그 자체 안에 재생산함으로써 오히려 혁명적 주체성의 구성을 가로막아왔다고 비판한다. 그는 모든 형식의 정치를 거부하는 대부분의 포스트모던 이론가들과는 달리 사회적 행동과 해방을 위한 미시정치적 전략, 프로그램 및 조직 형태들을 적극적으로 모색한다. 일상적 · 사회적 실천의 장소와 제도 속에서 일어나는 "주체집단들"의 미시적 시도의 실례들로서 다양한 반정신의학적 실험과 운동들, 주변적 소수자들의 대안적인 자율적 운동 및 공동체들, 욕망하는 기계로서의 영화, 소수자(어린이 · 부랑자 · 동성애자 · 여성) "되기," 이탈리아의 자율무선(라디오)운동 등을 소개 및 분석하는 데 『분자혁명』의 많은 부분을 할애하고 있다.

가타리의 욕망의 정치학에서 주체(곧, 자기동일적 주체로서의 근대적 개인)의 경계는 철저하게 와해되며, 전(前)개인적이며 몰인격적인 분자적 단위로서의 신체 부분들("욕망하는 기계들")과 그것들의 집단적 배치("사회적 기계들")가 그것을 대체한다. 그에게 있어 욕망의 기계적 배치야말로 진정한 세력관계이며, 그렇기 때문에 그것은 욕망의 탈영토적인 흐름들 사이에 횡단적 접속을 형성하는 새로운 집단적 주체들의 생성을 가능케 하는 조건이기도 하다. 곧, 혁명적 주체성은 통합하고 전체화하는 이해의 전(前)의식적 투여에 앞서 무수히 다양하고 분산된 분자적 욕망들의 무의식적 배치와 투여에서 나온다. 가타리는 욕망의 정치학을 "욕망의 현동적 강렬도를 장악하며 역사적 · 사회적 현실과 접촉하여 욕망하는 기계주의로 구축되는 실험의 정치"로 정의한다(p. 279). 『안티-오이디푸스』와 더불어 그의 작업은 한마디로 탈주체적 정치(학)의 가능성에 대한 탈근대적 모색이라고 볼 수 있으며, 이미 존재하고 있는 주체의 역사적 구성에 대한 구체적 분석(이것은 권력문제를 중심으로 하는 푸코의 작업이다)이기보다는 미래에 생성될 주체의 가능 조건에 대한 철학적 탐색의 성격을 강하게 띠고 있다. 그는 실제로 존재하는 주체와 그것을 구성하는 실천들이 어떻게 변형될 수 있으며 새로운 주체성 구성의 구체적인 역사적 조건들이 무엇인가 하는 등등의 "현재"의 문제들에 집착하기보다는, 자신의 욕망의 분열적 흐름이 이끄는 탈주선을 따라 앞으로 나아가고 있다. 의심할 나위 없이, 순수한 흐름 및 강렬도로서의 욕망과 욕망의 집합적 역능(진보적 잠재력)에 대한 그의 긍정과 낙관적 기대는 욕망의 본질주의라는 형이상학을 그 밑에 깔고 있다. 그러나 누가 (절대적) 진리와 철학에 집착하는가? 푸코가 『안티-오이디푸스』 서문에서 열거하고 있듯이, "정치적 금욕주의자들,

슬픈 투사들, 이론의 테러리스트들……, 혁명의 관료들과 진리의 공복들"이 바로 그들이다. 가타리는 들뢰즈와 더불어 철학에 집착하지도 철학하기를 두려워하지도 않는다. 그들은 철학을 단순한 표상적 인식론을 넘어서 새로운 개념과 사유 자체의 생산도구로 적극적으로 변형시켜 현실 변혁의 실제적 효과를 산출해내고자 한다. 그들의 말을 따르자면, 결국 문제는 철학을 "어떻게 이용(착취)하느냐" 하는 것이며, 따라서 『분자혁명』 역시 『안티-오이디푸스』와 마찬가지로 "다시 읽을 것이 아니라 무엇인가 다른 것을 해야 하는" 것이 중요하다.

서평 2

아주 특이한 '프로이트마르크스주의'

—펠릭스 가타리, 윤수종 편역, 『욕망과 혁명』, 문화과학사, 2004

『진보평론』, 22호, 2004년 겨울, pp. 309~317

서관모
충북대학교 교수(사회학)

가타리와 네그리를 정력적으로 소개해온 윤수종 교수가 가타리 저작을 또 한 권 편역하여 출간하였다. 이번의 편역서 『욕망과 혁명』은 실린 글들의 주제 및 집필시기의 면에서 보면, 편역자 자신이 말하듯이 가타리의 『분자혁명』(1977: 윤수종 옮김, 1998, 푸른숲) 제2권이라 할 수 있는 책이다.

가타리(1930~1992)는 고등학교 시절부터 청년사회주의 단체에서 활동하였으니 태생이 투사인 셈이다. 그는 1953년 이래 라캉의 세미나에 참여하고 파리프로이트 학파에 참여하였으나 68운동 과정과 그 이후에 라캉의 정신분석이 새로운 흐름을 반동적으로 회수해가는 것을 보고 정신분석의 이데올로기적 역할을 감지하면서 라캉에게 비판적이고 적대적인 입장을 취하게 된다.

가타리가 라캉과 결별한 뒤 1969년 들뢰즈를 만남으로써 들뢰즈/가타리의 '욕망의 형이상학'이라고도 불리는 노마돌로지가 탄생한다. 68혁명 이후 대중의 다양한 욕망 분출에 주목하고 '욕망의 미시정치'를 제기한 가타리의 정치노선을 요약하는 단어가 '분자혁명'이라고 할 수 있다. 이를 통하여 그는 국가장치를 중심으로 한 혁명적 실천을 기계적 작동과 욕망해방이라는 방향으로 바꾸어나가고자 한다.

가타리의 『분자혁명』(1977)은 프로이트마르크스주의의 전통에서 빌헬름 라이히와 허버트 마르쿠제의 뒤를 잇는 마지막 걸작으로 평가받는 들뢰즈와 가타리의 『안티 오이디푸스: 자본주의와 정신분열증』(1972)과 『천 개의 고원: 자본주의와 정신분열증 2』(1980) 사이의 저작이다. 들뢰즈와의 공저들이 좀 더 철학적인 저작이라면 『분자혁명』은 좀 더 정치적인 저작으로, 가타리의 실천적 · 정치적 노선이 잘 드러난다. 1980년에 가타리는 1977년 3월 볼로냐 반란으로 촉발된 이탈리아의 상황에 관한 글들과 욕망의 미시정치에 관한 글들, 그리고 자본과 자본주의에 대한 글들을 첨가하여 『분자혁명』 제2판을 간행한다. 『욕망과 혁명』은 이 『분자혁명』 제2판에 추가된 글들을 중심으로 편집되어 있다.

5개의 부로 구성되어 있는 『욕망과 혁명』의 제1부 「욕망과 혁명」은 이탈리아 공산당의 이른바 '역사적 타협'에 반대하여 '노동자 아우토노미아'가 주도한 이탈리아의 볼로냐 반란(1977년 3월)과 그에 대한 탄압이 있은 지 몇 달 뒤 아우토노미아 활동가인 베르테토 및 비포와 행한 대담 기록이다. 대담자가 마르크스주의자인 아우토노미아 활동가들이었기 때문에 '노동자계급', 노동자운동, 조직문제 등에 대한 가타리의 생각, 그리고 분자혁명과 전통적인 혁명과의 관계에 대한 가타리의 태도가 잘 드러난다.

예컨대, 노동자계급은 "혁명과정의 주체"이지 "여성, 동성애자 등의 옆에 있는 많은 혁명주체들 가운데 하나"라고 믿지 않는다는 비코의 주장에 대하여, 가타리는 현실의 노동자계급은 개량주의적 · 경제주의적이라고 단언한다. 가타리는 노동자 주체성에 대하여 '주체적 · 기계적 배치들, 탈중심화된 주체화 형식들'을 대치시키고, 국가권력 장악을 목표로 했던 종래의 혁명모델에 '분자혁명'을 대치시킨다.

특이하게 제2부는 가타리가 주도한 잡지 『르셰르슈』[탐구] 동성애 특집호(1973)에 실린 어느 동성애자(게이)의 글 「똥꼬에 열광하는 사람들」과 또 한 사람의 무명씨의 글 「신체에 대한 압살을 끝장내기 위하여」로 구성되어 있다.

제3, 4, 5부는 대부분이 『분자혁명』 초판(1977) 발행 이후 쓰여 제2판(1980)에 수록된 글들로 구성되어 있다.

제3부 「유럽에서의 탄압/폭력과 자유의 새로운 공간」에는 볼로냐 반란 및 그에 대한 탄압과 관련한 6편의 글이 실려 있다.

제4부 「욕망의 미시정치」에는 「욕망해방」, 「욕망은 역능, 역능은 욕망」 등 욕망의 미시정치와 관련한 6편의 글이 실려 있다.

제5부 「분자혁명과 계급투쟁」에는 「권력구성체의 적분으로서 자본」, 「지구계획」 등 분자혁명과 관련한 5편의 글이 실려 있다.

『분자혁명』(1977, 1980)은 1969년의 이탈리아의 '뜨거운 가을' 이래의 뜨거운 1970년대 유럽이라는 배경 속에서 나온 저작이다. '인동(忍冬)의 세월'이라고 부른 1980년대 들어 가타리는 아우토노미아 이론가 네그리와 접촉하고 『자유의 새로운 공간』(이원영 옮김, 갈무리, 2007)이라는 공저를 내기도 한다. 다른 한편 1980년대 들어 생태운동에 가담한 가타리는 자신의 분자혁명적 사고를 생태학적 틀 속에서 확장해나간다(1989, 『세 가지 생태학』, 윤수종 옮김, 동문선, 2003). 이러한 변화, 발전 이전에 간행된 『분자혁명』은 가타리의 정치노선인 '욕망의 미시정치학'을 가장 전형적으로 드러내주는 저작이라고 할 수 있다. 이제 『욕망과 혁명』이 출간됨으로 해서 『분자혁명』이 온전히 소개된 것이다.

전통적 마르크스주의자들에게 혁명이 근본적으로 국가권력의 문제라면 가타리에게 혁명은 근본적으로 욕망의 문제이다. 파시즘은 거시적인 수준에서뿐만 아니라 세포적 수준, 분자적 수준에서 작동한다. 그리하여 "분자적 수준에서 미시파시즘과 싸우는 한에서만, 미시파시즘이 거대한 정치집단들의 수준에서 발생하는 것을 막을 수 있다."

혁명에 대한 가타리의 논의는 분자적 수준에서 작동하는 대중의 혁명적인 욕망에서 출발한다. 그에게 "혁명이란 모든 소외관계—노동자·여성·어린이·성소수자의 소외, 색다른 감수성이나 소리 그리고 색채나 사상의 기호(嗜好)의 소외—와 절단하는 문제"로서, "어떤 영역에서도 혁명은 먼저 혁명에 의해 욕망에너지의 해방이 있어야 한다." 분자혁명은 "욕망에서 출발하여 욕망을 준예술적으로 새롭게 형성"하는 혁명이며, "자신의 신체, 자신의 감각, 감수성, 성애의 재전유"로서 "분자적 구성요소들의 일종의 자치실행"이다(『욕망과 혁명』, p. 26, 30).

이러한 분자혁명의 관점에서 가타리는 프로이트주의와 마르크스주의의 문제를 다음과 같이 진단하고 대안을 제시한다.

> 욕망이론의 첫 번째 임무는 프로이트 이래 전개되었던 사적인 정신분석 치료라는 의사(擬似)신비주의적 실천을 승인하는 것보다는, 사회적 장으로 돌파해 들어갈 수 있는 길을 찾는 것이다. 상관적으로 현재의 계급투쟁을 담지하고 있는 어떤 이론도, 그런 투쟁이 욕망하는 생산과 대중의 창조성에 개방되도록 하는 데 일차적으로 관심을 가져야 한다. 마르크스주의는 모든 형태에서 욕망을 결여하고 있으며, 관료주의와 인간주의로 경도됨으로써 그 본질을 잃어버리고 있다. 반면 프로이트주의는 처음부터 계급투쟁과 관계가 없었을 뿐 아니라, 더 나아가 무의식적 욕망을 지배질서의 가족적이고 사회적인 규범에 수갑을 채운 채 속박

함으로써 지속적으로 무의식적 욕망과 관련된 초기의 발견을 왜곡했다. (『분자혁명』, p. 33)

혁명적 노동운동이 직면하고 있는 문제는 계급투쟁 수준에서 표면상의(apparent) 세력관계와 대중의 현실적인 욕망투여 간에 어긋남이 있다는 것입니다. 자본주의는 노동자계급의 노동력을 착취하고 생산관계를 자신에게 유리하게 조종하는 동시에, 피착취자들의 욕망경제 속에 스며들어갑니다. 따라서 혁명투쟁을 표면상의 세력관계의 수준에만 한정할 수는 없습니다. 혁명투쟁은 자본주의에 오염된 욕망경제의 모든 수준(개인, 부부, 가족, 학교, 활동가집단, 광기, 감옥, 동성애 등의 수준)에서 전개되어야 합니다. (『분자혁명』, p. 45)

이 분자혁명은 분자적이지 않은 혁명들, "사회적, 경제적 혁명"과(1980년대에 와서는 "생태적 혁명"과) "결합되고 접속되는 영구혁명"이다. 양자의 결합 일반으로 이야기가 끝난다면 가타리의 프로이트마르크스주의는 라이히의 그것과 본질적으로 다르지 않은 프로젝트가 될 것이다.

발리바르의 평가대로, 라이히의 프로이트마르크스주의(즉, 마르크스와 프로이트의 종합)는, 1960년대가 아니라 이미 19세기말에 시작되고 1930년대 전면화된 마르크스주의의 위기와 관련하여 "정당한" 것이다. 라이히의 프로이트마르크스주의는 마르크스주의의 맹점, 즉 "'계급의식'이라는 그 자신의 신화, 그리고 또 상관적으로 그 스스로 '이데올로기'라고 부르는 것에 대한 그 자신의 몰이해와 부인"을 문제 삼는다는 점에서, 즉 마르크스주의의 "자신의 존재조건들에 대한 '의식'과는 구별되는 대중의 정서적 또는 감정적 구조로서의 이데올로기의 물질적 힘"에 대한 부정, "따라서 계급적 조건과 대중의 운동들 사이의 환원 불가능한 편차에 대한 부정"을 문제 삼는다는 점에서 "정당"하다(에티엔 발리바르, 「프로이트마르크스주의의 교훈」, 『문화과학』 3호, 1993). 역사유물론의 이러한 문제를 해결하기 위하여 라이히가 도입하는 것이 '성경제' 즉, 계급투쟁과 성욕의 본원적인 통일성이라는 요소이다. 이러한 통일화의 사고방식은 라이히의 프로이트마르크스주의를 "필연적으로 불가능"하게 만든다. 시기에 따라 다양한 조류들이 구별되어야 하지만 프로이트마르크스주의는 공통적으로 총체화의 유토피아를 내포한다. 루디네스코의 표현대로 그것은 "인간이 스스로를 하나의 총체성으로 생각하게 되는 자멸적인 실패의 징후"일 것이다(엘리자베트 루디네스코, 「프로이트마르크스주의의 역사」, 『문화과학』 3호).

다른 프로이트마르크스주의자들과 마찬가지로 가타리는 프로이트와 마르크스를 나름의 방식으로 결합한다. 그에 따르면 "정치경제와 욕망경제를 분리하는 것은 자본에 봉사하는 이론가의 임무"이며, 사회적 생산과 욕망의 생산(욕망하는 생산)의 이분법은 "여성, 어린이, 마약중독자, 알코올중독자, 동성애자 등에 대해 가족주의적 억압이 작동하는 곳이라면 어디서든 혁명투쟁의 표적이 되어야" 한다. 가타리는 이러한 투쟁에 대하여 '미시적 계급투쟁', '미시혁명'이라는 용어를 사용한다. 물론 계급투쟁과 욕망투쟁 가운데 가타리가 중점을 두는 것은 욕망투쟁이다. 그는 "모든 것을 고려한다면 우리는 아마도 자본주의의 '가장 약한 고리'를 정치경제 쪽에서보다는 욕망의 집합적 배치 쪽에서 찾을 수 있다"고 말한다. "대규모 계급투쟁을 욕망투쟁 뒤로 미루어야 한다는 것"은 아니지만 말이다(『분자혁명』, p. 95, 219).

그러나 가타리는 프로이트와 마르크스의 종합, 즉 총체화를 거부하는 특이한 프로이트마르크스주의자이다. 이 점에서 그는 라이히, 마르쿠제는 물론 프로이트마르크스주의자였던 초기 알튀세와도 구분된다(알튀세 역시 이데올로기의 일반이론의 구성이라는 총체화 시도를 하지만 결국 이러한 총체화 기획을 포기한다). 그러면 가타리는 어떠한 방식으로 프로이트와 마르크스를 결합하는가?

가타리는 이론적 언표를 소비하는 두 방법 가운데 "텍스트를 전체적으로 취하거나 버리는" "대학의 방법"에, "자신에게 편리하게 텍스트를 조작하고, 자신의 좌표를 밝혀주고 자신의 삶의 방향을 지시하도록 사용하면서, 텍스트를 취하면서 동시에 버리는" "정열적 애호가의 방법"을 대치시킨다.

> 유일한 문제는 텍스트가 작동하도록 하는 것이다. 이러한 관점에서 마르크스주의와 프로이트주의에 항상 생생한 것은 그 언표의 일관성이 아니라, 절단된 언표행위, 즉 그 이론이 헤겔주의, 부르주아 정치경제학, 강단심리학, 현대 정신의학 등을 일소하는 일정한 방식이다.
>
> 마르크스주의와 프로이트주의라는 두 분리된 신체의 연접(conjonction)이라는 생각 자체가 시각을 왜곡한다. 해체된(dépecé[잘게 자른]) 마르크스주의의 조각들은 욕망에 기초를 둔 이론이나 실천과 함께 나아갈(concourir à) 수 있고 함께 나아가야 한다. 그리고 해체된 프로이트주의의 조각들은 계급투쟁에 기반을 둔 실천과 함께 나아갈 수 있고 함께 나아가야 한다. (『분자혁명』, p. 33).

가타리는 프로이트주의와 마르크스주의의 체계를 버리되 그 해체된 조각들을 자유롭게 함께 사용하는 방식으로 프로이트와 마르크스를 활용한다. 1978년에 와서도 그는 "혁명적 변혁의 전망"이 완전히 가능함을 주장하면서 여기서 근본적인 문제는 "1) 일상생활투쟁, 욕망투쟁, 2) 전통적인 노동자계급투쟁, 3) 민족해방투쟁 및 소수민족해방투쟁"을 "발전시키고 쇄신하고 접합하는 것"이라고 주장한다(『욕망과 혁명』, p. 339). "번개와 같은 가타리"(들뢰즈)의 사고는 논리적으로 엄격하다기보다는 이렇게 분방하다. 1970년대말의 노동자운동과 관련하여 "거대한 탈주운동", "고

삐 풀린 욕망의 대중적인 분자적 변이"에 대하여 말하는 가타리가 동시에 '전통적 노동자계급투쟁과 욕망투쟁의 접합'에 대하여 말하는 것이다. 아마도 이것은 들뢰즈의 경우라면 있을 수 없는 일일 터인데, 단적으로 노마돌로지의 경전이라고 할 들뢰즈, 가타리의 공저 『천 개의 고원』에는 계급투쟁이라는 단어가 한 번도 나오지 않는다.

이러한 분방함이 바로 가타리의 매력이다. 욕망, 성욕이 계급투쟁 못지 않은 물질성을 지니고 있음을 승인하며 계급투쟁과 "그 물질성이 또 다른 장면(예컨대 무의식) 위에서 발휘되는 바의 과정들"과의 접합의 필요성을 주장하는 발리바르의 경우와 대비시켜보자.

> 마르크스주의(알튀세르를 통하여)와 정신분석(라캉을 통하여)에 대한 이중적 준거에 의해 교육받은 우리들은 이 두 개의 이론들의 종합, 즉 원하든 원하지 않든 구조주의를 수단으로 하여 쇄신된 새로운 '프로이트마르크스주의'를 추구합니다. [……] 지금 나는 이 두 개의 문제설정들 각자가 다른 것에 의해 연구되는 어떤 규정들을 일정하게 '괄호 속에 넣는 것'을 그 조건으로 하는 만큼 그러한 종합이란 불가능하다고 생각합니다." (에티엔 발리바르, 『알튀세르와 마르크스주의의 전화』, p. 365)

발리바르는 다만 "나는 정신분석과 마르크스주의에 의해 제기되는 질문들을 가능한 한도 안에서 서로에게 작용하게끔 한다"고 말할 뿐이다. 가타리와 비교하면 얼마나 소심해 보이는가! 반면 처음부터 프로이트주의와 마르크스주의의 '종합' 같은 것은 생각하지도 않는 가타리는 얼마나 대담하게 양자를 활용하는가! 양자의 종합을 추구하지 않는다는 점에서만 본다면 가타리는 사실 프로이트마르크스주의자가 아니다.

"국부적이고 미세한 욕망의 입장에서 출발하여 점차 자본주의 체계 전체를 문제삼아라"라는 자신의 '강령'(『분자혁명』, p. 142)에 대한 가타리의 충실도를 잘 보여주는 글들이 『욕망과 혁명』 제5부의 글들, 특히 「권력구성체의 적분으로서의 자본」과 「지구계획」이다. 편역자는 이것들을 각각 네그리의 『마르크스를 넘어선 마르크스』와 『제국』의 내용을 선취하는 것으로 높이 평가한다. 나로서는 가타리가 목적론을 절대 용납할 수 없었을 들뢰즈의 동업자이자, 또한 적어도 어떤 면에서 분명한 목적론자인 네그리의 동업자일 수 있었다는 것이 약간 의아할 지경이다.

네그리는 자본에 의한 노동의 실질적 포섭의 최고 단계로 출현하지만 동시에 자본주의적 분업을 전도시킨다는 '사회적 노동의 지식화'라는 현상에 주목하며, 그것으로부터 "'사회적 노동자'의 '의식화'를 통해 자본주의적 노동의 조직화의 종말목적으로서의 공산주의가 도래한다는 결론, 즉 마르크스주의적 진화주의를 강화시키는 결론을 도출한다"(발리바르, 「공산주의 이후에 어떤 공산주의가 오는가?」, 1998). 이러한 진화론은 보완물로서 결단론을 수반한다. 다른 면에서는 변증법에 대한 적대자인 네그리가 여기서는 마르크스의 변증법적 저작 『정치경제학비판 요강』의 '일반적 지성'에 대한 논의에 의존하는데, 가타리 역시 마르크스의 같은 저작에 의거하여 자신의 진화론을 전개한다.

> 자본주의의 기계적 제어는 [……] 자신의 효과를 전도시키고 마르크스가 완전히 감지한 새로운 유형의 **기계적 잉여가치**를 밝히는 데 이를 수 있다(인간종족의 가능한 감속, 인간의 **욕망이나 창조성의** 지평의 끊임없는 쇄신)." "자본가계급은 모든 인간활동을 자신의 기호망에 입각하여 유일하게 교섭가능한 등가물로 전면적으로 전환하려는 자신의 기획에서 어떤 **한계**에 부딪치는가? 그러한 전면적 침투체계 속에서 혁명적 계급투쟁을 어느 정도까지 구상할 수 있는가? 분명히 그 한계는 전통적인 혁명운동을 오래전부터 괴롭혀온 것에서 찾아야 하는 것은 아닐 것

이다! 혁명은 외관상 명백한 정치적 담론의 수준에서 일어날 뿐만 아니라, 욕망의 변화와 **과학기술적 · 예술적 변화**의 측면에서 훨씬 분자적인 차원에서 일어나기도 한다. [……] 현재의 자본주의는 자신의 힘의 **정점**에 이르고 있지만, 아마도 동시에 극단적인 취약지점에 이르고 있다. (『욕망과 혁명』, p. 319, 322쪽. 강조는 인용자).

나는 가타리가 네그리와 교류하지 않았다면 이러한 진화주의적 도식에서 훨씬 더 자유로웠을 것이라고 생각한다. 사회적 관계로서의 자본을 욕망경제의 견지에서 분석하려 하는 가타리보다 "몰적, 가시적, 대규모 혁명이 욕망경제를 포함한 분자혁명들의 확대와 분리할 수 없게 되었다"라든가, "앞으로 다가올 사회혁명은 따라서 분자적이든가 그렇지 않으면 혁명은 오지 않을 것이다"라는 진술에서 멈추는 가타리가 더 가타리답다. 욕망경제와 정치경제의 총체화적 분석과 자본주의의 발전경향에 대한 진화론적 파악은 모종의 혁명적 낙관주의에 토대를 제공할 것이다(「혁명적 변혁의 전망은 완전히 가능하다」, 『욕망과 혁명』, p. 339). 그러나 이론적 근거가 박약한 낙관주의보다는 그람시의 '지성의 비관주의'가 나을 것이다.

혁명적 수사로 가득 찬 네그리의 변혁이론에는 거짓선지자의 목소리가 스며 있다. 그에 비해 가타리의 '분자혁명' 이론은 순수하고 아름답다. 그것에 찬성하든 반대하든 간에, 분자혁명 이론은 모든 종류의 혁명적 공산주의자에게 우회 불가능한 이론적 기념비이다. 이 이론의 온전한 면모를 파악할 수 있게 해주는 『욕망과 혁명』의 출간은 기쁜 일이다. 구하기 어려운 자료들을 구하여 편역한 윤수종 교수의 노고에 경의를 표한다.

강렬도(intensité): 모든 현상은 고정된 것이 아니라 자체가 지닌 힘에 의해 다양한 방향으로 나아갈 수 있으며, 따라서 지금 있는 '어떤 것'은 항상 여러 방향으로 움직일 수 있는 내재적 리듬을 가지고 있다. 이러한 리듬은 다른 것과 접속하면서 새로운 것을 만들어갈 수 있는 근거가 되는데, 이 리듬을 강도, 강렬도라고 한다. 강도는 순수 차이를 포착하기 위해, 그것을 대립이나 모순으로 환원하지 않기 위해, 그리고 힘의 변환을 통해 문턱을 넘는 변이와 생성을 포착하기 위해서 중요하게 사용하는 개념이다.

개성원리(heccéité): 개체가 지닌 개별고유성. 이 개념은 스콜라철학에서 나온 용어이다. 들뢰즈와 가타리는 이 개념을 둔스 스코투스학파가 존재의 개체화를 지칭하기 위해 자주 사용하던 용어라고 말하면서, 이를 특별한 의미로 사용한다. 다시 말해 물건의 개체화도 사람의 개체화도 아닌 사건의 개체화라는 의미로 사용한다(바람, 강, 날, 혹은 한 날의 어떤 시간).

계보학(archéologie): 특수한 징후들을 만들어내는 힘들에 대한 연구.

계열(série): 계열이란 각각의 항이나 요소, 부품들이 다른 것과 접속하여 만들어지는 것이다. 각각의 항이나 요소는 그 자체로는 아무런 의미도 지니지 않으며, 오직 어떤 계열에 들어감으로써(계열화됨으로써), 이웃한 항들과 관계를 통해 의미가 만들어진다. 반대로 동일한 부품이나 요소도 접속되는 항, 이웃하는 항이 달라지고 다른 계열에 들어가면, 다른 의미를 지니게 된다.

계열체(paradigme): 어떤 공통성을 지닌 기호요소들의 집합(소쉬르). 기호요소들의 선택을 가능하게 해주는 기호요소의 명세서. 예를 들면 한글 자모는 하나의 계열체다. 여기에는 자음 계열체(ㄱ, ㄴ, ㄷ, ㄹ…… ㅎ)와 모음 계열체(ㅏㅑㅓㅕ…… ㅣ)가 있다. 이 계열체로부터 ㄱ, ㅏ, ㅌ, ㅏ, ㄹ, ㅣ라는 기호요소를 선택하여 '가타리'라는 낱말을 만들 수 있다. 어떤 공통성을 지닌 한 벌의 기호를 가리킨다. 집안의 옷장에는 양복의 계열체, 팬티의 계열체, 양말의 계열체, 넥타이의 계열체 등이 있다. 하나의 계열체는 공통적 속성을 지니며 그 계열체 안에 있는 각 단위기호는 다른 것과 구별되는 고유성을 지니고 있다.

계통[문門](phylum): 같은 어원의 어휘를 공유하기 때문에 동족관계에 있다고 추정되는 언어군(群).

공리계(axiomtique): 공리는 수학이나 논리학에서 증명 없이 자명한 진리로 인정되며, 다른 명제를 증명하는 데 전제가 되는 원리를 말한다. 들뢰즈와 가타리는 지배권력이나 자본이 자명한 듯 사용하는 관계틀 및 그 관념을 공리계라고 말한다.

공시성(synchronie): 상이한 또는 대립되는 논리적 또는 심리적 관계들이 어떤 하나의 체계(예를 들어 연설자의 마음이나 텍스트) 속에 공존하는 상태를 가리키는 말이다. '양과 음' '양지와 음지' '좋은날과 궂은날' 같은 표현에서 서로 대립되는 개념들이 동시성을 띠면서 공존하고 있는 상태를 가리킨다.

과도적 환상(fantaisie transitionnelle): 주체집단과 관련하여 나타나는 환상으로 고정되지 않고 영원하지 않은 환상을 말한다.

과정(processus): 어떤 행위라든가 조작이 다른 행위라든가 조작을 차츰 연속적으로 발생시키는 것. 과정은 안정된 균형과의 영속적인 단절이라는 이상을 동반한다.

기계(machine): 가타리는 기계개념을 라캉의 구조개념에 대해 공격하면서 제시한다. 모든 주체적 움직임을 틀 지우는 구조 개념에 대항하여, 가타리는 이른바 '구조'라고 하는 것은 사실상 다양한 부품들이 조립되어서 작동하는 것이라고 보았다. 또한 흔히 정신적인 것이라고 하는 것이나 무의식 등도 특정한 모델에 묶인 채 움직이는 것이 아니라 다양한 방향에서 다양한 다른 것과 접속하면서 움직인다(작동한다)고 생각한다. 그것을 나타내기 위해서 '기계적'(machinique)이라는 말을 사용한다. 들뢰즈와 가타리는 결정론적인 의미의 기계학(mécaniqe, mécanisme)과는 달리 이러한 기계적 작동을 강조하기 위해 기계론(machinisme, machine)을 내세운다. 기계론은 기계들의 접속에 초점을 맞추고, 그래서 기계들이 서로 밀어내고 선택하고 배제하는 새로운 가능성의 선을 출현시키지만, 기계학은 상대적으로 자기 폐쇄적이고 외부 흐름과 단절된 코드화된 관계만을 지닌다. 기계는 서로 밀어내고 선택하고 배제하는 새로운 가능성의 선을 출현시키기도 한다. 넓은 의미에서 기계는 기술적 기계뿐만 아니라 이론적 · 사회적 · 예술적 기계를 포함하는데, 고립되어서 작동하지 않고 집합적 배치로 작동한다. 예를 들어 기술적 기계는 공장에서 사회적 기계, 훈련기계, 조사연구기계, 시장기계 등과 상호 작용한다. → 혁명기계 · 전쟁기계 · 문학기계 · 표현기계.

기계적 명제(proposition machinique): 논리계산식이 아니라 현실의 구성요소 가운데서 가장 탈영토화된, 따라서 어떤 의미에서는 현실보다 더욱 현실적인 분절에 직접 관계하는 추상적 본질체를 말한다. 논리적 명제와 대립된다고 할 수 있겠다.

기계적 이질발생(hétérogenèse machinique): 단일한 결과를 만들어내기 위해 협력하는 다양한 다른 구성체들 사이의 만남에서 하나의 실체가 복잡하게 출현하는 과정.

기계적 핵(noyau machinique): 분자적 정치를 통해서 내놓게 되는 것. 배치 속에서 움직이면서 어떤 흐름을 주도하는 것으로 배치의 자유도를 결정한다. 이것이 없으면 몰적인 정치로 기울고 반대로 기계적 핵이 생겨나면 분자적 정치로 전개된다. 배치 속에서 색다른 흐름을 만들어 내는 움직임이나 집합체를 말한다.

기관 없는 신체(corps sans organs): 들뢰즈와 가타리가 앙토넹 아르토에게서 빌려온 개념으로, 유기체화되기 이전의 신체를 가리키며 본성적으로 유기체화되기를 거부하는 신체를 의미한다. 유기체는 이 신체에 포섭과 배제의 어떤 특정한 질서를 부과함으로써 성립되는 것이다. 따라서 기관 없는 신체란 하나의 카오스 상태, 즉 어떤 고정된 질서로부터도 벗어나서 무한한 변이와 생성을 잠재적으로 품고 있는 것이다. 즉 단순한 인간의 신체가 아니라 인간 및 자연의 모든 요소가 지닌 파편들이 조립되는 하나의 장소라는 의미이다. 기관 없는 몸체는 기관이 없는 것이 아니라 기관들이 하나의 유기체로 통합되지 않고 부분대상 혹은 욕망하는 기계들 자체로 접속될 뿐임을 강조하는 용어이다. 그 기계들이 등록되는 표면이 기관 없는 몸체이며 그것은 배아상태의 알일 수도 있고 거대한 사회체일 수도 있지만, 하나의 동일성이 부여된 인격적 주체는 아니다. 주체는 욕망들의 연결과 분리를 통한 접합 접속의 결과로 발생하는 효과일 뿐이며 그렇게 이해될 때 욕망은 인간적 구속, 가족삼각형 및 사회제도를 넘어 분열증적 흐름을 이어갈 수 있다.

기의(signifié): 표시되는 것, 언어의 의미. 기호 속에 담겨 있는 추상적인 개념이나 내용. 뜻. 기표에 의해 마음속에 일어나는 정신적 추상적 개념 내용.

기표(signifiant): 표시하는 것. 언어의 기호. 음성 이미지를 가리키는 말(소쉬르). 의미의 운반체라는 뜻. 소쉬르 이후에 많은 기호학자들이 넓은 의미로 이 개념을 사용한다. 기호의 이미지라고 이해한다. 기표로 쓸 수 있는 이미지는 음성 이미지와 시각 이미지가 있다.

기표적 체제(regime signifiant): 각 기호가 다른 하나의 기호에 준거하여 결국 초월적 기표에 준거하는 기호체제.

기표적(signifiante): signifiante는 의미하다(signifier)의 현재 분사로서 '의미화하다'를 뜻한다. 이 말이 소쉬르에 의해 '기표'라는 명사로 사용되었고, 이 기표라는 말은 기호나 언어를 다루는, 또는 기호학적 관점에서 유행이든 사진이든 모든 것을 다루는 여러 분야에서 가장 빈번히 사용되는 개념이 되었다. 하지만 들뢰즈와 가타리는 이러한 기호학이 기표를 특권화한다는 점, 기호들의 의미작용을 특권화한다는 점을 비판한다. 따라서 기표적인 기호 외에 아이콘이나 지표 · 다이어그램 등의 다른 기호를 함께 다룬 퍼스의 기호론을 더 높이 평가하며. 그래서 몸짓이나 표정처럼 기표 이전적인 기호(의미화하기 이전에 작용하는 기호), '주체화'처럼 탈/후기표적인 기호, 암호처럼 반기표적인(의미화에 반하는) 기호 등의 다른 '기호체제' (régime de signes)를 부각시킨다.

기호(sign): 기표와 기의의 합성체. 세상의 모든 것이 기호이다.

기호계(semiotique): 기호론. 형용사로 사용될 때는 '기호적'이라고 한다. 기호계는 '기호학'(semio1ogie)과는 완전히 다른 말이다. 후자는 소쉬르에 의해 처음 사용되었으며, 기표-기의 관계를 다루는 기표작용(signification)을 연구한다. 들뢰즈와 가타리는 기호학을 비판하며, '기호 체제'(regime de signes)와 거의 같은 의미인 기호계를 중심으로 논의를 전개한다.

기호학(semio1ogie): 기호의 생성과 그 의미작용, 의미창출 과정 등에 관해 연구하는 학문이다.

기호화(sémiotisation): 기호가 인간 정신에 일으키는 작용. 기호와 인간 정신의 직접적 상호관계를 나타내며 인간의 능동성을 강조한 개념이다(sémiosis는 수동성을 지닌 개념이다).

내재성(immanence): 내재성이란 외적인 어떤 초월적 항(신, 왕, 일자[一者], 이데아, 대문자 주체)인 척도의 도입 없이 상호적으로 변화하는 관계를 표시한다. 욕망의 내재성이란, 인접한 대상으로 끊임없이 치환되는 변환이 정신분석처럼 아버지나 어머니 · 오이디푸스 등의 초월적 항에 소급되지 않으면서 말 그대로 내재적인 이유에 의해 내적인 방식으로 이루어진다는 것을 뜻한다.

내재성의 구도(plan de immanence): 모든 것이 자신을 구성하는 내재적인 관계에 따라 파악되는 절대적 수준. 사유와 존재의 본성에 관한 전제.

다수자(majorité): 모든 변이형태들이 그 준거에 따라 측정되는 모집단의 불변적 특징.

단성적(일의적)(univoque): 하나의 의미를 지닌.

단절(coupure): 욕망하는 기계들은 흐름을 단절하는 체계들로 특징지워진다.

담론(discours): 어떤 의미나 관념을 언술로 바꾸는 행위. 청자와 화자를 가정하고 이루어진 기호학적 틀이자 메커니즘이다. 흔히 이야기체나 텍스트로 나타난다.

대상(objet): 어린이는 발달단계에서 대상을 식별하면서 부모와의 관계를 맺어간다. 그 때 어린이는 다양한 육체적인 모습 가운데 태반 · 젖가슴 · 똥 · 시선 · 목소리 등의 대상을 통해 관계를 맺는다. 어린이는 발달단계에 따라 이 대상을 차례로 소비하고 비린다. 이러한 대상을 둘러싸고 어린이의 환상이 만들어지고 자아와 타자에 대한 관념이 형성된다. 이 대상을 부분대상(objet partiel)이라고 한다. 라캉은 이 부분대상을 좀 더 타자를 파악해나가는 과정에서 욕망을 담지한 것으로 보고 대상 a(objet a)라고 하였다. 소문자 a는 대문자 타자(Autre)와 대비되는 소문자 타자(autre)이다. 들뢰즈와 가타리는 대상 a에 덧붙여, 어린이가 부분대상과 실제대상과 사이에 가지고 놀거나 관계 맺는 대상을 과도적 대상(objet transitional)이라고 한 위니캇(Winnicott)의 용어를 적극적으로 받아들이려고 한다.

대상 'a'(objet 'a'): 정신분석에서 부분대상에 대한 일반이론의 틀 속에서 라캉이 제시한 용어. 작은 대상 'a'는 구순적 대상, 항문적 대상, 페니스, 시선, 목소리 등을 의미하는 하나의 기능물이다. 이러한 작은 대상 'a'에 대해서 가타리는 위니코트(Winnicott)의 과도적 대상에 일치하는 작은 대상 'b'를, 제도적 대상에 일치하는 작은 대상 'c'를 첨가하자고 제안하였다.

도상(icone): 현실의 지시대상을 대상으로 하여 만든 지시대상과 유사한 기호.

도표(diagramme): 고도로 코드화되고 정확한 생산규칙에 대응하는 것으로, 그림이 구체적 대상을 재생산하는 데 비해 도표는 추상적 대상을 재생산하는 경향이 있다. 대수적 공식과 지도를 도표라고 할 수 있다. 들뢰즈 · 가타리는 도표라는 개념을 대상들의 관계를 새롭게 인식해나가는 적극적인 도구로 생각한다.

동형성(isomorphisme): 송신자의 마음에서 일어난 의미와 수신자의 마음에서 일어난 의미가 똑같거나 적어도 서로 비슷한 현상을 뜻한다. 의미의 공유.

되기[생성](devenir): 욕망의 흐름은 그것이 인물 · 이미지 · 동일시로 전환될 수 있거나 없는 사실과는 무관하게 정서(affect)와 되기에 의해 진전한다. 그러므로 인간학적으로 여성적이라고 이름 붙여진 한 개인에게는 복수적이고 분명히 모순적인 욕망이 스며들 수 있다. 즉 여성 되기, 어린이 되기, 볼 수 없게 되기 등과 공존한다. 지배언어는 국지적으로는 소수자 되기에 받아들여질 수 있고, 그것은 소수언어라고 특징지을 수 있다. 예를 들어 카프카가 사용한 프라하의 독일어 방언, 주체나 목적을 지니지 않고 어떤 다양체가 다른 다양체에 의해 탈영토화될 때 겪는 과정, 조성과 기능을 확인해주는 생산 과정이다. 들뢰즈와 가타리가 말하는 되기는 적을 부수는 구성이 아니라 내가 스스로 다른 것으로 되어가는 과정을 강조한다. 이 되기가 혁명적인 방향으로 가기 위해서는 기존의 권력구성 방식과 다른 구성방식을 강조하고 그것을 '분자적인' 것이라고 한다.

랑그(langue): 발화. 언어의 형식적 체계. 파롤(parole)과 대립되는 개념(소쉬르). 랑그와 파롤은 언어의 두 가지 다른 면이다. 파롤은 언술(speech)처럼 랑그를 실생활에 이용하는 언어행위이며 과정이다. 이에 비해 랑그는 파롤이 점차 규범화되어 이루어지는 언어의 추상적 체제이다.

리좀(rhizome): 리좀은 '근경'(根莖), 뿌리줄기 등으로 번역되는데, 줄기가 마치 뿌리처럼 땅속으로 파고들어 난맥(亂脈)을 이룬 것으로, 뿌리와 줄기의 구별이 사실상 모호해진 상태를 의미한다. 들뢰즈와 가타리는 수목(arbre)형과 대비시켜 리좀 개념을 제기한다. 수목이 계통화하고 위계화하는 방식임에 비하여, 리좀을 제기하는 것은 욕망의 흐름이 지닌 통일되거나 위계화되지 않은 복수성과 이질발생, 그리고 새로운 접속과 창조의 무한한 가능성을 보여주려고 한다.

리토르넬르(ritournelle): 후렴구. 교향곡에서의 반복구를 말한다. 반복되면서 변화를 가져온다. 들뢰즈와 가타리는 리토르넬르를 실존적 정서(affect)를 결정화하는 반복적인 연속체라고 하였다. 이 반복구는 소리 차원, 감정 차원, 얼굴 차원 등을 지니고 있으며, 끊임없이 서로 침윤해간다. 시간의 결정(結晶)을 퍼뜨리는 리듬이라고 할 수 있겠다.

메타모델화(méta-modelisation): 모델화는 복잡한 현상을 특정한 틀로 설명해내는 것이다. 가타리는 프로이트적인 모델화가 환원론적인 설명에 치우친 것에 반대해서 분열분석적 모델화(메타모델화)를 강조한다. 분열분석적 모델화는 다른 모델화를 배제하고 하나를 선택하여 특권화해나가는 것이 아니라 하나의 모델을 이질발생성으로 향해 나가도록 하여 복잡화하고 그 과정을 풍부화하고 분기선과 차이들을 만들어내려는 것을 말한다. 하나의 모델화가 어떤 준거점으로 작용하지 않게 하면서 다양한 모델화로 나아가려는 것을 메타모델화라고 한다.

명시적 의미(dénotation): 어떤 기호의 직접적 객관적 의미 또는 사전적 의미. '집'의 명시적 의미는 '사는 곳'이다. ↔ 함축적 의미(connotation).

모사(simulacrum): 동일성이나 본질을 모사하는 이미지. 흉내.

몰(mole), 몰적(molaire): 통계 법칙에 따라 기능하여 정확한 미세함, 차이, 특이성의 효과를 버리는 경직된 침전화를 나타낼 때 쓰는 용어이다. 몰적 질서는 대상, 주체, 자신의 표상, 자신의 준거 체계를 한정짓는 지층화에 일치한다. ↔ 분자적

미분/미분적(différentielle): 미분은 아주 잘게 나누는 것이다. 공간을 아주 잘게 나누어서 아주 얇은 공간이 되는 게 아니라 그냥 하나의 면이 되도록 만드는 것, 또 면을 아주 잘게 나누어서 선으로 …… 만드는 것을 말한다. 그래서 3차원이 2차원이 되고 또 1차원으로 되는 것, 즉 차수가 낮아진다. 적분(intégral)은 그 반대로, 선을 무한히 많이 더해서 면적을 만들고 또 면을 무한히 많아 더해서 공간을 만드는 것이다.

미시정치(micro-politique): 개인 상호간 수준에서 작용하는 관력관계를 다루는 것.

반생산(anti-production): '욕망하는 생산'이란 개념을 통해 가타리는 마르크스주의의 생산개념을 확장하였다. 즉 실체의 생산만이 아니라 다양한 기호 및 작동방식의 생산도 포괄하는 생산개념을 제시한다. 이에 반해 욕망하는 생산을 억압하는, 모든 생성을 가로막고 초코드화하려는 전략을 취하는 국가를 '반생산'으로 규정한다.

배열장치(dispositif): 배치와는 달리 권력이나 지배적인 작용소들의 배열상태를 나타내는 개념이다.

배치(agencement): 다양한 기계장치가 결합되어 일체를 이룬 상태를 말한다. 이것은 구조 · 체계 · 형식 · 과정 등 보다 더 넓은 개념이다. 배치는 생물학적 · 사회학적 · 기계적 · 영적 · 상상적인 구성요소뿐만 아니라 이질발생적인 구성요소를 포함한다. 배치는 힘의 흐름 및 이 흐름에 부과된 코드 및 영토성과 관련되지만, 배치라

는 개념에서 이 흐름은 코드와 영토성에 의해 고정되지 않고 끊임없이 새로운 흐름을 생산한다는 점이 강조된다. 모든 배치는 영토화하는 성분을 갖지만, 동시에 이처럼 탈영토화의 첨점을 포함하고 있으며, 탈영토화의 양상에 따라 배치는 하나의 고정된 기계이길 멈추고 분해되어 다른 기계로 변형된다. 그래서 배치는, 그것의 영토성 이전에 그것의 탈영토성에 의해, 탈주선에 의해 정의된다고 말한다. 무의식에 대한 분열분석이론에서 볼 때, 배치는 구조주의적인 프로이트 해석에서 라캉이 말하는, 모든 것을 설명하는 준거가 되고 환원의 고정점인 '콤플렉스'를 대치하는 것이다.

복수성(multiplicité): 다양성 · 다기성. 절대자나 보편자가 아닌 무한자. 이러한 방향은 스피노자 철학의 핵심이라고 할 수 있다. 여기서 가타리가 제기하는 욕망하는 복수성은 특이성이 하나의 보편자나 절대자로 환원되지 않고, 강렬도를 지닌 채 다양한 방향으로 나아감으로써 만들어낼 수 있는 다양성을 의미한다.

부분대상(objet partielle): 무의식적 환영 속에서 만나는 기관으로서, 성적인 욕망이 젖가슴, 엉덩이 등에 관련될 때, 이것들을 성적인 욕망을 드러내주는 부분적 대상이라고 한다(↔ 완전한 대상). → 대상 a

분석장치(analyseur): 상호 변형될 수 있는 상태에 있는 분석 주체들의 집합이나 집합체를 말한다.

분석집단(groupe analysant): 기존의 집중적인 모형에 대비하여 가타리가 제기하는 조직의 상이다. 성원들 사이뿐만 아니라 성원들과 비성원 간에 명령구조가 아니라 상호 소통구조가 형성되어 서로를 변형시켜갈 수 있는 집단을 말한다.

분열분석(schizo-analyse): 분열분석의 기본 방향은 소극적으로는 라캉식의 주조주의적 프로이트해석에 대한 비판과 더 나아가 프로이트 자체에 대한 비판을 통해, 환원론을 반대하고 기계적 작동에 대한 분석을 지향한다. 적극적으로는 언어학과 기호학 비판을 통하여 변증법에 대한 대안적인 사유방식을 구성해나가려고 한다. 들뢰즈와 함께 가타리는 『앙티-오이디푸스』와 『천 개의 고원』을 통해 이를 수행하였다. 그러나 가타리 독자적으로는 『정신분석과 횡단성』, 『분자혁명』을 통해 그리고 『기계적 무의식』과 『분열분석적 지도제작』을 통해 분열분석을 소극적으로, 그리고 적극적으로 시도하였다. 분열분석은 환원론을 반대하고 '기계적 이질발생성'에서 생기는, 특정한 원인에서 생기는 것이 아니라 카오스에서 구성되는 '카오스모즈'라는 생성론으로 나아간다.

분자적인(moléculaire): 들뢰즈와 가타리의 욕망분석과 사회분석에서는 몰(mole)적/분자적이라는 개념쌍을 사용한다. 그러나 이 개념쌍은 변증법적인 것이라기보다는 움직임의 방향과 방식을 지칭하는 것이다. '몰(적)'이라는 것은 어떤 하나의 모델이나 특정 대상을 중심으로 모든 것을 집중해가거나 모아가는 것을 말하며 자본이 모든 움직임을 이윤메커니즘에 맞추어 초코드화하는 것을 몰적이라고 할 수 있을 것이다. 운동에 있어서는 모든 움직임을 노동운동이라는 단일 전선에 편제하여 다른 흐름을 통제하는 것을 말하기도 한다. 물론 몰적인 방향을 무조건 나쁜 것으로 생각하는 것이 아니다. 단지 몰적인 방향은 생성을 가져오는 것은 아니며 기존에 생성된 것을 특정하게 코드화할 뿐인 것이다. 이에 반해 '분자적'이라는 개념은 미세한 흐름을 통해 다른 것으로 되는 움직임(생성)을 지칭하는 것이다. 그러나 이러한 미세한 흐름은 반드시 작은 제도나 장치를 통해서만 이루어지는 것은 아니며 사회 전반적인 분자적 움직임도 가능하다. 따라서 미시구조에만 집착하는 것이 아니라 다양한 크기의 구조 및 제도 속에서 흐르는 미시적 흐름을 중시한다. 이러한 개념을 제시하면서 의도하는 것은 욕망의 흐름을 파악하려는 것이다.

블랙홀(trou noir): 검은 구멍이라고도 한다. 물질이 극단적인 수축을 일으키면 그 안의 중력은 무한대가 되어 그 속에서는 빛 · 에너지 · 물질 · 입사의 어느 것도 탈출하지 못한다. 양자역학적인 수단을 제외하고는 빛도 빠져나올 수 없을 정도로 밀집된 물체를 말한다. 어떤 질량 이상의 항성이 그 진화의 최종 단계에서 폭발하여 그 나머지가 현저하게 수축함으로써 초고밀도, 초강중력을 갖게 되고 자기의 빛조차 외계에 발할 수 없는 천체. 그 자체 비기표적 기호인 의미에 초점을 맞추어 빠져 들어가는 것을 가타리는 블랙홀에 빠진다고 한다.

블록(bloc): 배치라는 용어와 밀접하다. 라이히가 사용했던 개념이다. 어떤 정서지각의 선분을 나타낸다. 들뢰즈와 가타리의 카프카 분석에서 유년기의 블록은 유년기 콤플렉스에 대한 문제가 아니라, 가장 다양한 지각 체계를 통해 작동하기 쉬운, 정신 발생단계를 통해 나아가는 강도 체계의 결정화에 대한 문제이다. 또 다른 강도의 블록의 예는 뱅퇴이유의 소악절에 의해 영감 받은 프루스트에서 지속적으로 다시 나타나는 음악적 블록이다.

비기표적 기호(signe asignifiante): 순수한 사건이 되는, 자신을 벗어나서는 아무것도 의미하지 않는 기호.

비기표적(a-signifiante): 가타리는 기표적 연쇄와 기표적 내용을 접합하는 기표적 기호학과 의미의 효과를 생산하지 않고 자신의 준거와 직접적으로 접촉할 수 있는 통사체적 연쇄로부터 작동하는 비기표적 기호론을 구분한다. 비기표적 기호론의 예는 음악적 기보법, 수학적 자료군, 정보나 로봇의 통사법 등이다.

선분성(ségmentarité): 지속적인 과정을 분리된 단계로 자르는 것. 선분은 양끝을 갖는 직선이다. 선분성이란 그처럼 시작과 끝이 명확하게 절단되는 어떤 지속을 특징짓는 개념이다. 가령 집 · 학교 · 군대 · 공장 등으로 명확히 절단된 사회적 단위, 학기 단위로 시작과 끝이 명확히 절단되는 학교 학기제, 시간단위로 명확히 절단되는 수업시간. 출근시간과 퇴근시간이 명확히 절단되는 공장 규칙. 작업이나 업무로 명확히 절단되는 활동, 시간별 동작별로 명확히 절단되는 분업화된 동작 등이 모두 선분성을 특징으로 한다. "여기는 학교가 아니야", "이봐 지금은 작업 시간이야" 등은 권력이 선분적으로 작동하는 방식을 잘 보여주는 말들이다.

소수적(mineure): '소수적'이란 말은 '다수적'(majeur)이란 말과 반대인데, 단순히 수적으로 적고 많다는 개념이 아니다. 가령 곤충은 인간보다 수가 훨씬 많지만 이 세계에서 인간이 다수자(majorité)라면 곤충은 소수자(minorité)고, 여성이 남성보다 수가 적지 않지만 남성에 대해 여성은 소수자다. 즉 다수자 내지 다수성이란 척도로서 기능하며 그래서 척도의 권력을 장악하고 있는 것이고, 그것이 '표준적'인 것이 되는 것은 바로 그것 때문이다. 그런 점에서 '다수적'이란 '지배적' 내지 '주류적'이고, 언제나 권력이 함축되어 있는 어떤 것이다. 소수적인 것은 그 지배적인 것에서, 다수적인 것(권력)에서 벗어나는 것이다. 들뢰즈 · 가타리는 다수자적인(majoritaire) 것과는 다르게 움직이는 소수자 되기(devenir-minoritaire)를 강조한다.

소집단(groupscule): 68혁명 전후에 다양하게 만들어진 정파집단으로 거대한 조직에 연결되지 않고 자율적인 성격을 지녔지만 내부적으로는 집중제적인 조직모형으로 움직였다.

수학소(matheme): 라캉이 신화소(mytheme, 신화체계의 기본 구성요소를 나타내기 위해 레비스트로스가 제시한 용어)라는 용어와 대비를 이루어 '수학'이란 단어에서 만들어낸 조어이다. 라캉은 수학소로서 욕동을 위한 수학소와 환상을 위한 수학소라는 두 가지 공식을 말한다. 라캉은 수학소는 초월적 기표가 아니라 절대적 의미작용의 지표들이라고 주장한다.

신체(corps): 욕망의 주체는 기계이다. 여기서 기계란 인격성이 없는 그대로의 기계. 욕망의 개별 주체도 기계이지만 욕망의 집단적 주체인 사회 · 개인 · 제도 · 국가 · 자본주의도 기계이다. 이 욕망적 기계들을 신체라고 부른다.

신호(signal): 단일의미를 가진 기호체. 예를 들면 교통신호. 신호는 기호의 특수한 경우이다.

안면성(visagéité). 얼굴 · 말 · 몸짓 · 태도 등등 여러 가지 요소가 엮어져서 나타나는 한 인물상이나 사건 또는 현상의 특징.

에로스(Eros): Eros는 고대 그리스 신화에 나오는 사랑의 신이며, 기원전 7~6세기 서사시에서는 무서운 힘과 예측할 수 없는 습격을 하는 신, 사랑의 쾌락과 미(美)의 신으로 생각되었다. 그에 반해 타나토스(Tanatos)는 명계(冥界)의 신, 사자(死者)의 나라의 지배자인 동시에 지하의 부(富)를 인간에게 가져다준다고 해서 로마 신화에서는 플루톤[富者]이라고도 하였다. 한편 프로이트는 1920년 정신분석 용어로서 에로스라는 말을 사용하였으며, 에로스는 일종의 에너지와 같은 것이어서, 그 목적은 생명을 보존하고 추진시키는 데 있다. 그것이 성(性)의 본능과 결부될 때에는 리비도가 되고, 자기 보존의 본능과 결부될 때는 자아(自我) 리비도로 나타난다. 또한 그는 에로스를 생명의 극한이라고 한다면, 그 반대의 극한은 죽음의 본능(타나토스)이라고 말하였다.

역능(puissance): 들뢰즈와 가타리가 사용하는 역능 개념은 영국을 제외한 유럽언어에서는 권력(불어로는 pouvoir) 개념과 대비되어 쓰이는 개념이다. 니체가 권력의지라고 했을 때 권력의 의미도 바로 역능(力能) 개념이다. 역능 개념은 대표제 모델에서 생각하던 권력 개념과는 달리 모든 특이성[단독자](singularité)이 지닌 잠재력을 말하며, 데카르트적인 이성에 근거한다기보다는 스피노자적인 욕망에 기초한 개념이다. 역능을 지닌 특이성들이 차이를 확인하면서 서로 새로운 것을 구성해나가는 방식을 통해 권력 대표가 아닌 새로운 사회(공동체)를 만들어가자는 문제의식에서 사용하는 개념이다. 권력자의 지배 개념에서 벗어나 특이한 개별자가 지닌 새로운 것을 구성해내는 능력을 말한다.

영토(territoire), 영토성(territorialité), 영토화(territorialistion), 재영토화(reterritorialistion), 탈영토화(déterritorialistion): '영토성'이란 원래 동물행동학에서 나오는 텃세라고 번역되는 개념이다. 가령 호랑이나 늑대 · 종달새 등은 분비물이나 다른 사물 · 소리 등으로 자신의 영토를 만든다(영토화, territorialistion). 들뢰즈와 가타리는 이 개념을 변형시켜 다른 개념을 만들어낸다. 가령 '탈영토화'(déterritorialistion)는 기왕의 어떤 영토(territoire)를 떠나는 것이다. 이를 다른 것의 영토로 만들거나, 다른 곳에서 자신의 영토를 만드는 경우 '재영토화'(reterritorialistion)라고 한다. 그리고 이 개념을 다른 영역으로, 배치가 만들어지고 작동하는 모든 영역으로 확장해서 사용한다. 특히 자본주의는 다양한 흐름을, 그 흐름 자체의 방향에 따라 움직이도록 열어주면서도('탈영토화') 이윤획득메커니즘이라는 틀에 다시 포괄해나가는 방향으로 움직인다('재영토화')고 한다.

예속(assujettissement): 가타리는 예속(종속, assujettissement)과 제어(asservissement)를 구분한다. 예속은 우리가 흔히 말하는 권력관계로서 나타나는 종속을 말하고, 제어는 사이버네틱스에서 자동기계적 제어의 의미로 사용한다.

예속집단(assujetti-groupe): 스스로 만들어가기보다는 외부로부터 명령을 받는 위계제를 통해 자신을 유지하는 집단을 말한다. (↔ 주체집단)

오이디푸스화(oedipistion): 현실 과정에 의해서 영향을 받지 않는 이념세계나 구조에 초점을 맞춤으로써 욕망을 억압하거나 제거하는 것. 다양한 욕망의 흐름을 오이디푸스 콤플렉스 틀에 짜맞추는 것.

욕망(하는) 기계(machine désirant): 흐름과 이 흐름을 막는 제도라는 틀로 사회를 이해하려는 데서 만들어낸 개념이다. 여기서 욕망은 틀 지워진 제도 속에서 다양한 출구를 찾아나서는 선들로 작동되며 이러한 것을 지칭하기 위해서 '욕망하는 기계'라는 개념을 사용한다.

욕망(désir): 들뢰즈와 가타리는 물질과 정신의 이원론을 강조하는 교조적 유물론을 비판하고, 프로이트가 초기에 진전시켰듯이 정신적 작용에 대한 역동적인 분석을 리비도경제 분석이라고 하여 강조한다. 프로이트는 후기로 갈수록 이러한 리비도경제 분석을 문화에 종속시키는 경향을 지닌다. 들뢰즈와 가타리는 이 리비도경제 분석을 더욱 욕망문제와 생물학적인 에너지론으로 끌고 갔던 라이히의 문제의식을 받아들인다. 라이히가 리비도를 성에 너무 집중한다고 본 들뢰즈와 가타리는 신체적이고, 기계적이며, 분열적인 욕망을 제시한다. 욕망은 일차적으로 신체에 작용하여 물질적인 흐름과 절단을 생산하여 신체의 각 기관을 작동시키는 힘이다. 또한 이러한 신체는 흐름과 생산을 절단하고 접속과 채취를 행하는 욕망하는 수많은 기계로 이루어져 있어서 기계적으로 작동한다. 여기서 욕망은 틀 지워진 제도 속에서 다양한 출구를 찾아나서는 선들로 작동되며 이러한 것을 지칭하기 위해서 '욕망하는 기계'(machine désirant)라는 개념을 사용한다. 즉 이러한 '욕망하는 기계'는 특정한 모델에 따라 움직이는 것이 아니라 분열적인 과정을 따라 움직인다. 더욱이 여기서 욕망은 프로이트나 라캉이 말하는 결여로서의 욕망이 아니라 생산하는 욕망을 제기한다.

욕망경제(économie désirant): 욕망의 작동은 프로이트가 정신의 역동성을 말하듯이 역동적으로 움직인다. 실물생산과 관련하여 움직이는 현실의 역관계를 정치경제라고 한다면, 리비도적 욕망의 움직임을 지칭하기 위해 욕망경제라는 개념을 사용한다.

욕망이론(théorie désirant): 물질과 정신의 이원론을 강조하는 교조적 유물론을 비판하고, 프로이트가 초기에 진전시켰듯이 정신적 작용에 대한 역동적인 분석을 리비도 경제 분석이라고 하여 강조한다. 프로이트는 후기로 갈수록 이러한 리비도경제 분석을 문화에 종속시키는 경향을 지닌다. 가타리는 이 리비도경제 분석을 더욱 욕망문제와 생물학적인 에너지론으로 끌고 갔던 라이히의 문제의식을 받아들인다.

욕망투쟁(lutte désirant): 기존의 운동은 객관적 사회관계를 분석하고 객관적 이해에 입각한 투쟁을 생각한다. 노동자계급의 투쟁은 당연히 노조운동을 중심에 두고 나아간다. 그런데 가타리가 예로 들고 있는 것처럼 미국 노동자계급의 노조운동은 흑인이나 아시아인, 파트타임 노동자의 축을 이루는 학생 쪽에서 보았을 때에는 노조대표를 축으로 자기 이해를 지키려는 폐쇄된 경향을 지니며, 다른 이해나 다른 소수자와의 관계에서는 파시스트적인 자세로 나올 수 있다고 한다. 권력의 생성메커니즘 자체를 공격하고 역능에 기초한 구성을 생각하는 가타리는 여기서 이해라는 문제 설정을 넘어서 개인이나 집단의 움직임에 붙어다니는 욕망이라는 문제를 제기한다. 욕망투쟁은 기존의 이성적 판단과 이해의 관점에서 도외시되었던 문제들을 '물 밑에서 물 위로 드러나게' 하며, 결정적으로 그간 죽어지내던 '뜨거운' 주체들이 움직이도록 자극한다.

유비(analogie): 서로 다른 사물 간에 대응적으로 존재하는 유사성이나 동일성.

은유(métaphore): 어떤 낯선 것을 잘 아는 것이 지닌 공통점에 의해 표현하는 것.

의고주의(archïsme): 예술작품의 표현에서 고전적 작품의 양식을 본뜨려는 주의. 과거의 것에 집착하는 태도.

의미론(sémantique): 기호와 지시대상의 관계에 대해서 연구하는 것. 기호와 관련하여 일어나는 의미작용에 관한 이론체계.

의미작용(signification): 기표에 기의를 연결하여 기호를 만듦으로써 기호로 하여금 기의의 가치를 표현하게 하는 작용과, 기호에 담아놓은 기의의 가치를 추출해내는 작용. 즉 기호를 만드는 기호작용과 기호를 풀이하는 기호 해석의 과정. 하나의 기호를 만들기 위해서 기표와 기의를 결합시키는 작용. 정신적 개념을 현실에 부여하거나 또는 현실로부터 정신적 개념을 해독해내는 일.

의미화(signifiance): 기표연쇄의 생산. 의미작용을 통해서 의미를 해석하거나 드러내려는 것.

이상한 끌개(strange attractor): 이상한 끌개는 위상 공간 안에서 점이나 흐름으로 존재하면서 움직임을 주도한다.

이중분절(double articulation): 언어는 그 자체에 대해 말할 수 있을 뿐만 아니라 이미 언급된 말 자체를 포함하여 다른 것에 대해서 말할 수 있는 능력을 갖고 있다. 언어는 기호학적 양태와 의미론적 양태를 포괄한다. 기호학과 의미론, 기호와 담론, 인식과 이해. 해석하는 체제와 해석되는 체제, 언어적 기호체제와 비언어적 기호체제 등 두 가지 갈래를 지닌다. 이렇게 두 갈래로 나뉘는 것을 이중분절이라고 한다. 특히 기호학에서는, 메시지를 구성하는 기본적인 단위로서 '문장'이 그 자체 하나의 종합임과 동시에 보다 작은 '단어'라는 단위에서 생긴다(제1분절). 그리고 '단어'는 그 자체 하나의 종합임과 동시에 보다 작은 '음'이라는 단위에서 생긴다(제2분절). 이처럼 큰 단위로부터 보다 작은 단위로의 분절이 2단계로 나뉘어 행해지는 것을 이중분절이라고 한다. 들뢰즈와 가타리는 형식과 실체, 내용과 표현 등으로 나누는 기호학적 조작을 이중분절로서 지적하고 비판한다.

이질발생(hétérogenése): ↔ 동질발생(homogènèise). 지속적으로 특이화해나가는 과정을 말한다. 국가나 권력이 동질성을 부과하면서 포획해가려는 반면에, 각 운동들은 끊임없이 새로운 것으로 변화됨으로써 색다른 것을 만들어간다.

인칭론적(personnologique): 나 · 너 · 그 · 우리 · 너희들 · 그들이라는 인칭대명사에 속하는 것으로 판정하고 그 틀 속에 집어넣어 이해하려는 방식을 말한다. 사람(인칭)의 역할에, 동일성의 역할에, 동일시의 역할을 강조함으로써, 전형적인 인물이 연기하게 하고, 강도를 축소하며, 분자적 수준의 투여를 예를 들어 오이디푸스 삼각형에 한정한다. 사람(인칭)의 역할에, 동일성의 역할에, 동일시의 역할에 대한 강조는 정신분석의 이론적 관념을 특징짓는다. 정신분석적 오이디푸스는 사람, 전형적인 인물이 연기하게 하고, 강도를 축소하며, 분자적 수준의 투여를 '인칭론적 극장'에, 즉 실제적인 욕망하는 생산에서 단절된 표상체계(오이디푸스 삼각형화)에 투사한다.

일관성(consistance), 일광성의 구도(plan de consistance): 일관성이란 고정된 위계와 질서에 의해 단일하게 전체화된 통일체가 아니라, 고유한 차이들 속에서 상호작용할 때에 나타나는 경향성을 말한다. 흔히 준거(reference)는 어떤 표준을 상정하지만 일관성은 표준을 상정하지 않고 상호작용 속에서 만들어지는 것이다. 서로 딴소리를 지껄이는 정신병 환자들 사이에서 생기는 일정한 상호인식의 틀 같은 것을 예로 들 수 있을 것이다. 다시 말해서 일관성은 단일한 기호(taste)를 생산할 수 있도록 처방에서 요소들을 결속하는 것. 흐름들, 영토들, 기계들, 욕망의 세계들, 그것들의 성질의 차이가 무엇이든 그것들은 동일한 일관성의 구도(혹은 내재성의 구도)에 관련된다. 고정된 위계와 질서에 의해 단일하게 전체화된 통일체가 아니라, 고유한 차이들 속에서 횡단적 통일체를 구성하는 절대적으로 탈영토화된 흐름들의 연접을 가리키는 것으로, 어떠한 고정된 질서나 구조도 갖지 않는 탈영토화된 순수한 강렬도들의 응집성을 말한다.

일차적 과정(processus premier): 정신분석 이론에서 Id 안에서 작용하는 정신적 기능작용을 말한다. 쾌락-고통 원리에 지배당하며, 시공간과 상관없이 비합리적이고 무의식적인 것으로 개념화된다.

잉여성(redondance): 언어에서의 군말, 쓸데없는 말, 소음을 말하는 용어다. 가타리는 문법체계에 짜여진 언어를 넘어서서 다양한 요소들(몸짓 · 소리 · 모양 · 태도 등)을 포괄하여 말할 때 잉여성이라는 개념을 사용한다.

전이(transfer): 분석가와 환자 사이에 감정적 교류가 형성되는 것을 말한다.

전쟁기계(machine de guerre): 들뢰즈와 가타리가 국가장치의 포획기능과 대립적으로 사용하는 개념이다. 그렇다고 반드시 전쟁을 필연적으로 내재한 작동방식으로서 기계가 아니라 국가장치와 다른 방향으로 작동하면서 국가와 대결할 때는 구체적인 전쟁을 가져올 수도 있는 것으로 이해한다.

절대적 탈영토화(déterritorialisation absolue): 생산된 요소들이 자율적이고 기계적인 과정에 따라 자신의 고유한 세계를 구성하기 시작하는 어떤 문턱을 넘어서기.

접속[연결접속](connexion): 들뢰즈와 가타리는 접속, 이접[분리접속](disjonction), 통접[접합접속](conjonction)을 구별한다. 접속은 '·.·와 ·.·'로 표시되며, 이접은 '·..든 ……든' 내지 '·..이냐 ……끼냐'로 표시되며, 통접은 '그리하여'로 표시된다. 접속은 두 항(입과 숟가락. 입과 성기)이 결합되어 하나의 기계로 작동하는 것(식사-기계, 섹스-기계)이 되는 것이고, 이접은 배타적인 방식으로든(이성이냐 동성이냐) 포함적인 방식으로든(이성이든 동성이든) 선택적인 방식으로 결합되는 것이며, 통접은 이런저런 흐름이 결합하여 하나의 귀결(그리하여 그들은 변태가 되었다. 그 결과 그것은 소화기관이 되었다)로 귀착되는 것이다.

제도적 대상(objet institutionnelle): 특정 제도가 지닌 기본적 특성을 강조하면서 가타리가 사용하는 개념이다. 전체와 관련된다는 점에서 부분대상과 대비되며 고정적이라는 점에서 과도적 대상과 대비된다.

제도적 정신요법(psychoteraphie institutionnelle): 제도분석. 개인의 정신질환을 사회와의 관련 속에서 파악하고 그 관련 부분에 개재하는 다양한 제도들을 개조해나가면서 치유하려는 정신치료요법.

제어(asservissement): 가타리는 예속(assujettissement)과 제어를 구분한다. 예속은 흔히 말하는 권력관계로서 나타나는 종속을 말하고, 제어는 사이버네틱스에서 자동기계적 제어의 의미로 사용한다.

주체성(subjectivité): 들뢰즈와 가타리는 개별화된 주체 개념을 거부하고 '주체성'이라는 개념을 쓴다. 주체성은 사물 자체로 어떤 불변하는 본질로 파악되지 않는다. 언표행위배치가 그것을 생산하느냐 하지 않느냐에 따라서 그러그러한 성질의 주체성이 있거나 없다. 예를 들어 현대자본주의는 매체와 집단적 장비들을 통해 새로운 형태의 주체성을 대규모로 생산하기 시작한다. 개인적 주체성의 외관은 실제적인 주체화 과정을 분별하려는 데에 유용하다.

주체집단(sujet-groupe): 주체집단은 예속집단(assujetti-groupe)에 대비되는 것이다. 이 대비에는 미시정치적 함의가 있다. 주체집단은 외적인 규정력과의 관계 및 스스로의 내적 법칙과의 관계를 동시에 관리하는 것을 사명으로 한다. 그에 비하여 예속 집단은 모든 외적 규정력에 의해서 조정됨과 동시에 스스로의 내적 법칙에 의해서도 지배되는 경향성을 지닌다(예를 들어 초자아).

주체화(subjectivation): 하나의 주체의 자기구축 과정, 주체화(subjectifation)-특수한 고정된 주체성의 형성 과정.

지구별 정신의학(psychiatrie secteur): 프랑스에서는 국가가 주도하여 관청에서 지역별로 정신의료시설을 설치하여 운용하였다.

지도그리기(cartographie): 배치의 가변성과 유동성을 분석하기 위한 방법. 지도제작방법은 모사나 수목적인 방식과는 달리, 현실을 주체로부터 독립해 있는 물화된 실체로 다루지 않고 역동적인 실천에 의해 끊임없이 가변화되고 새롭게 구성되는 것으로 분석해나가려고 한다. 힘들과 그 힘들이 움직이는 선들을 벡터적인 움직임 속에서 파악해나가려는 구성주의적인 방법을 지도그리기라고 한다.

지층화(stratification): 가타리는 현실에서 대지 위에 두꺼워지는 현상으로 축적 · 응고 · 침전 · 습곡의 현상을 지층(strate)이라고 한다. 하나의 지층은 매우 다양한 형식과 실체, 다양한 코드와 환경을 나타내는 것이다. 지층화란 바로 사회현실 속에 지층이 만들어지는 것을 표현한다. 예를 들어 사회계층화는 지층화의 한 형태이다.

지표(index): 지시대상과 실존적 연결을 이루는 기호. 지표와 지시대상 사이에는 어떤 인과적 관계가 존재하기도 한다. 연기는 불의 지표이고 다이아몬드는 부의 지표이다.

집합적 언표행위배치(agencement collectif d'énonciation): 어떤 진술에 영향을 끼치고 그것을 생산하는 수많은 요인의 결집. 언표행위에 관한 언어학 이론은 언어가 본질적으로 사회적이고 주위 현실과 도표적으로 연결되어 있음에도 불구하고 개인적 주체 위에서의 언어적 생산에 집중한다. 개인화된 발화의 외관을 넘어서 실제적인 언표행위의 집단적 배치가 무엇인지 밝히는 것이 유용하다. '집합적'이라는 것은 사회적 집단이라는 의미로만 이해해서는 안 된다. 그것은 또한 기술적 대상, 물질적이고 에너지적인 흐름, 주체적인 무형적 대상, 수학적 아이디어, 예술 등의 다양한 것과의 관련을 함의한다.

초코드화(surcodage): → 코드화

추상기계(machine abstraite): 특수한 기계, 과정 또는 배치를 이루는 내재적 관계. 감옥 · 공장 · 학교 · 죄수 · 노동자 · 학생 등의 형태화된 내용이나, 형법 · 규약 · 법규 등의 형태화된 표현과는 달리 형태화되지 않는 순수한 기능으로서의 양자에 공통적으로 작용하는 메커니즘을 말한다. 푸코에게서 판옵티콘이 이에 해당한다고 할 수 있다. 들뢰즈와 가타리는 이러한 추상기계가 구체적인 과정 속에서 현실적으로 작동하고 있다는 점을 강조한다.

카오스모즈(chaosmose): 카오스가 일관성을 부여하고 사건들의 경과에 영향을 끼치는 과정. 카오스(Chaos, 혼돈)+코스모스(Cosmos, 질서)+오스모즈(Osmose, 상호침투)의 결합 신조어. 카오스와 복잡성 사이에서 일어나는 조직화 과정을 설명하기 위해서 가타리가 만들어낸 신조어이다.

카탕가(Katangais): 68혁명에서 학생들의 점거 동안 소르본으로 갔던 학생들을 모으고 건물들을 파괴했던 갱들에게 붙여진 별명이다. 이름은 콩고전쟁의 카탕가반군에서 유래한다.

코드(code): 코드는 어떤 관습이나 습관을 나타내기 위한 표식이나 기호이다. 코드 개념은 아주 넓은 의미로 사용된다. 사회적 흐름과 물질적 흐름뿐만 아니라 기호적 체계에도 적용할 수 있다.

코드의 잉여가치(surplus de code): 코드의 증식과 교차, 연결.

코드화(codage): 기호를 어떤 코드에 따라 엮어서 기호나 메시지를 만드는 조작. 코드작성. 코드화는 의미작용과 동시에 이루어지는데, 자의적이다. 송신자의 생각을 말이나 몸짓으로 또는 그림이나 글씨로 바꾸는, 즉 메시지를 바꾸는 과정이다. 초코드화(surcodage)는 다양한 코드의 의미를 하나의 대문자 기호나 기표에 결집해나가는 것을 말하고, 탈코드화(décodage)는 이미 소통되고 있는 코드화된 것을 해체하여 다른 것을 구성해나가는 과정을 의미한다. 따라서 탈코드화는 재코드화(recodage)로 되거나 횡단코드화(transcodage)로 될 수 있다.

탈주(도주)(fuite): 들뢰즈와 가타리가 쓰는 탈주(도주) 개념은 탈근대 사회사상을 대변하는 이름처럼 되고 있다. 사실 탈주 개념은 가타리에게서는 횡단성 개념 위에서 각 개인 및 집단이 자기 책임(아우토노미아) 하에 새로운 것을 구성해나가기 위한 시도를 나타낸다. 아나키즘적 분출로서의 탈주라기보다는 새로운 집단성을 구축해나가는 것을 강조한다. 따라서 탈주는 항상 탈주선(도주선)(ligne de fuite)을 타고 가며 되기(생성)를 동반한다.

탈코드화(décodage): 수신자가 송신자로부터 온 메시지에서 송신자가 표현하고자 한 원래의 생각을 뽑아내는 과정이다. 기호체나 메시지를 만들 때 사용된 코드에 따라서 수신된 메시지를 풀이하여 송신자의 의도를 찾아내는 조작. 코드 해독. 더 나아가 기호를 탈기호화한다. 즉 통상적인 기호가 갖는 기표와 기의의 관계를 해체하고 기표와 기의의 새로운 관계를 새로운 질서 위에서 재조립하는 것이다.

텐서(tenseur): 텐서란 벡터 개념을 확장시킨 것으로 자연과학에서는 물체의 관성 모멘트나 변형을 표시하는데 쓰인다. 들뢰즈와 가타리는 텐서 개념을 언어활동과 관련하여 사용한다. 가령 '오늘밤'이란 말을 어떤 어조, 어떤 강세로 말하는가에 따라 전혀 다른 '의미'를 갖게 된다. 음성적 긴장이 만드는 그것은 동일한 기표조차 전혀 다른 의미를 갖게 하는 요인인 것이다. 언어-외적인 것이지만, 언어활동에 본질적인 이 요소를 텐서라고 한다.

통사, 통사체(syntaxe, syntagmatique): 계열체로부터 선별한 기호 요소들을 조합한 결과 얻은 기호복합체. 구 · 절 · 문장 · 코드 · 메시지 · 이야기 · 지식 같은 것을 지칭한다. 통사체에서 중요한 것은 '관습의 문법'이라고 할 수 있는 조합의 원리이다. 즉 어떤 통사체이든 특정한 이유에서 특정한 방식으로 기호들을 선택, 조합한 것이다. 이 관습의 문법, 조합의 원리는 사회적인 판단과 연결되어 있다. 소쉬르는 계열체를 수평적 관계(공시성)로, 통사체를 수직적 관계(통시성)로 본다.

특이성(singularité): 들뢰즈와 가타리는 특수성(particularité)이라는 개념 대신에 특이성이라는 개념을 사용한다. 특수성은 언제나 보편성과 개별성의 이항대립 속에 머물며 보편성과 개별성의 연결고리로서만 인식되기 때문이다. 반면 특이성은 개체에 고유한 특성을 지니는 개별성으로도 동일자나 본질의 관념으로 귀속되는 보편성으로도 환원될 수 없다. 특이성은 오히려 일반적 법칙 혹은 보편적인 구조의 관념을 허물어뜨리고 특정한 시기와 특정한 장소에서 특정한 사회적 실천을 둘러싸고 구성되는 계열에 고유한 가치만을 인정한다. 그러한 실천의 장 및 관계에 고유한 유일무이한 것을 특이성이라고 한다. 그래서 한 개인이나 집단의 특이화(singularisation)나 재특이화(resingularisation)는 바로 스스로 다른 것이 되어가면서도 서로 소통해나가는 과정을 일컫는다.

특이점(pointe de singulanté): 터 탄생한 후 팽창하여 오늘의 우주에 이르렀다는 빅뱅이론에서 나오는 말로서, 우주팽창을 역으로 생각해서 과거로 거슬러 올라가보면 모든 물질이 한곳에 모여 있는 '시작점'에 이르게 된다. 즉 우주의 모든 질량이 무한 밀도로 압축되어 있는 상태를 말한다.

프랙탈(fractale): 모든 길이의 규모(척도)에서 똑같은 것으로 보이지만 불규칙한 모양(끝나지 않고 계속되는 그림 안의 그림)을 지니고 있는 것을 지칭한다. 언제나 부분이 전체를 닮는 자기유사성과 소수 차원을 특징으로 갖는 형상을 말한다. 하나의 단순한 과정의 반복을 통해 복잡한 실체를 생산하는 것을 프랙탈화라고 한다.

함축적 의미(connotation): 기호에서 발생되는 주관적 의미. '집'은 가정에 아무 문제가 없고 행복한 사람에겐 '낙원'이지만 불화가 많은 사람에게는 '지옥'이라는 함축적 의미를 띤다.

혁명기계(machine révolutionnaire): '나쁜' 장치를 대체하는 '좋은'(혁명적) 장치라는 발상을 넘어서기 위해서 가타리는 기계라는 개념을 도입했고, 더욱이 사회변혁을 위한 새로운 기계의 설립을 촉구한다. 이 새로운 기계는 기본의 작동방식을 전혀 다르게 움직이게 하면서 대중의 욕망을 해방하는 방향이어야 하며 그래야 혁명적인 것이 될 수 있다고 한다.

화용론(pragmatique): 어구 · 표현 · 기호와 그 사용자 사이에 있을 수 있는 갖가지 관계를 다루는 기호학의 한 분야. 언어 실천론.

환유(métonymie): 어떤 것을 다른 것으로 대체해서 어떤 것의 전체인 것처럼 표현한 기호체. '워싱턴은 북한의 핵무기 생산을 좌시하지 않을 것이다'라고 했을 때, 워싱턴은 미국행정부의 환유이다.

횡단성(transversalité): 고슴도치의 우화—추운 겨울 어느 날 고슴도치들은 추위를 이기기 위해 서로 몸을 밀착시켰다. 그러자 서로 찔려 아파서 다시 떨어졌다. 밀착하고 떨어지기를 반복하면서 고슴도치들은 아프지도 않고 춥지도 않은 가장 적절한 거리를 유지하면서 서로를 감쌌다—로 예시되는 횡단성 개념은 수직적 위계와 수평적 칸막이를 깨려는 문제의식에서 출발한다. 무엇보다도 가타리는 60년대에 정신병원 의사로서 활동하면서 의사－간호사－환자라는 제도적으로 결합된 3자 관계를 종래의 틀에서 해방하고 거기에 새로운 사회변혁 모델을 찾으려고 시도하는 과정에서 '횡단성' 개념을 착상하였다. 그러나 횡단성 개념은 단순히 그러한 소극적인 의미를 갖기보다는 새로운 집단적인 표현양식, 새로운 무의식적 집단주체가 드러나는 장소 및 과정으로서 의미를 갖는 것이었다. 특히 가타리는 그러한 횡단성을 가능케

하는 집단의 욕망에 대해 천착해나간다.

흐름(flux): 구조나 경계를 넘나드는 물질적 기호적 과정. 물질적 기호적 흐름은 주체와 대상에 '앞서 일어난다.' 욕망, 즉 흐름의 경제는 그렇기 때문에 주체적이지 않고 표상적이지 않다.

가타리 문헌목록

가타리의 단독 저서들

Guattari, Félix, *Psychanalyse et Transversalité: Essais d'analyse institutionnelle*, Editions de Maspero, 1972.

Guattari, Félix, *La Révolution Moléculaire*, Editions de Recherhes, 1977(Union Générale d'Édition, 10/18, 1980).

Guattari, Félix, *L'inconscient Machinique*, Editions de Recherhes, 1979.

Guattari, Félix, *Les Années D'hiver 1980-1985*, Editions Bernard Barault, 1985.

Guattari, Félix, *Cartogaphies Schizoanlytiques*, Editions Galilée, 1989.

Guattari, Félix, *Les Trois Ecologies*, Editions Galilée, 1989.

Guattari, Félix, *Chaosmose*, Editions Galilée, 1992.

Guattari, Félix, *La philosophie est essentielle à l'existence humaine: Entretien avec Antoine Spire*, Editions de l'Aube, 2003.

Guattari, Félix, *Ritournelles*, Lume, 2007.

Guattari, Félix, *Soixante-cinq Rêves de Franz Kafka et autres textes*, Lignes, 2007.

가타리의 공저들

Deleuze, Gilles et Guattari, Félix, *L'Anti-Oedipe*, Editions de Minuit, 1972.

Deleuze, Gilles et Guattari, Félix, *Kafka: Pour une Litterature Mineure*, Editions de Minuit, 1975.

Deleuze, Gilles et Guattari, Félix, *Rhizome: Introduction*, Editions de Minuit, 1976(나중에 *Mille Plateaux*에 수록됨).

Deleuze, Gilles et Guattari, Félix, *Politique et Psychanalyse, Des Mots Perdus*, Editeur, 1977.

Deleuze, Gilles et Guattari, Félix, *Mille Plateaux*, Editions de Minuit, 1980.

Deleuze, Gilles et Guattari, Félix, *Qu'est ce que la Philosophie?*, Editions de Minuit, 1991.

Guattari, Félix, (avec Toni Negri), *Les Nouveaux Espaces de Liberté*, Editions Dominique Bedou, 1985.

Guattari, Félix, (avec J. Oury et F. Tosquelles), *Pratique de l'institutionnel et politique*, Matrice éditions, 1986.

〈한글본〉

가타리의 단독 저서들

가타리, 윤수종 옮김, 『기계적 무의식』, 푸른숲, 2003.

가타리, 윤수종 옮김, 『분자혁명』, 푸른숲, 1998.

가타리, 윤수종 옮김, 『세 가지 생태학』, 동문선, 2003.

가타리, 윤수종 옮김, 『욕망과 혁명』, 문화과학사, 2004.

가타리, 윤수종 옮김, 『정신분석과 횡단성』, 울력, 2004.

가타리, 윤수종 옮김, 『카오스모제』, 동문선, 2003.

가타리, 윤수종 옮김(편역), 『가타리와의 대화』, 미간, 2007.

가타리의 공저들

들뢰즈 · 가타리, 김재인 옮김, 『천 개의 고원』, 새물결, 2001.

들뢰즈 · 가타리, 이정임 · 윤정임 옮김, 『철학이란 무엇인가』, 현대미학사, 1995.

들뢰즈 · 가타리, 최명관 옮김, 『앙띠 오이디푸스』, 민음사, 1994.

들뢰즈 · 가타리, 이진경 옮김, 『카프카』, 동문선, 2001(조한경 옮김, 『소수집단의 문학을 위하여: 카프카론』, 문학과지성사, 1992).

가타리 · 네그리, 조정환 옮김, 『자유의 새로운 공간』, 갈무리, 2007(이원영 옮김, 1995).

가타리 · 롤니크, 윤수종 옮김, 『미시정치』, 도서출판b, 2009(예정).

참고문헌

Beradi "Bifo", Franco, *Felix Guattari: Thought, Friendship, and Visionary Cartography*, Palgrave Macmillan, 2008.

Berke, J. ed., *Counter-Culture: The Creation of an Alternative Society*, Peter Owen Ltd, and Fire Books, 1970.

Cameron, Dan ed., *Fever: The Art of David Wojanarowicz*, New Museum Books, 1999.

Colletif A/Travaso, *Radio Alice, radio libre*, Delarge, 1977.

Conley, Verena, *Ecopolitics*, Routledge, 1997.

Dalle, Matthieu Stephane, *Unchained Airwaves: A Cultural Analysis of Free Radio in France*, 1977-1981 (French text), The Pennsylvania State University, 2002.

Deleuze and Guattari, *Anti-Oedipus*, University of Minnesota Press, 1983.

Dosse, François, *Gilles Deleuze et Félix Guattari*, La Découverte, Paris, 2007.

Genosko, Gary, *Felix Guattari: An Aberrant Introduction*, Continuum, 2002.

Genosko, Gary, *The Party Without Bosses*, Arbeiter Ring Publishing, 2003.

Genosko, Gary, *Félix Guattari: A Critical Introduction*, Pluto Press, 2009.

Guattari and Rolnik, *Molecular Revolution in Brazil*, Semiotext(e), 2008.

Guattari et Rolnik, *Micropolitiques*, Les Emêcheurs de penser en rond/Le Seuil, 2007.

Guattari, "David Wojnarowicz", *Rethinking Marxism*, vol 3. no 1(원문은 1989), 1990.

Guattari, Félix, (avec J. Oury et F. Tosquelles), *Pratique de l'institutionnel et politique*, Matrice éditions, 1986.

Guattari, Félix, *Cartogaphies Schizoanlytiques*, Editions Galilée, 1989.

Guattari, Félix, *Chaosmose*, Editions Galilée, 1992.

Guattari, Félix, *La philosophie est essentielle á l'existence humainne*, Éditions de l'Aube, 2000.

Guattari, Félix, *La Révolution Moléculaire*, Editions de Recherhes, 2e éd., 10/18, 1980(일역본: Félix Guattari, 『分子革命』, 杉村昌昭 譯, 法政大出版局, 1988).

Guattari, Félix, *Les Années D'hiver 1980-1985*, Editions Bernard Barault, 1985.

Guattari, Félix, *Les Trois Ecologies*, Editions Galilée, 1989.

Guattari, Félix, *L'inconscient Machinique*, Editions de Recherhes, 1979.

Guattari, Félix, "Microphysique des Pouvoirs et Micropolitique des Désirs", *Les Années d'hiver 1980-1985*, Barrault, 1986.

Guattari, Félix, "Pour une refondation des pratiques sociales", *Le Monde Diplomatique*, Oct. 1992.

Guattari, Félix, *Psychanalyse et Transversalité: Essais d'analyse institutionnelle*, Editions de Maspero, 1972.

Guattari, Félix, *Soft Subversion*, Semiotext, 1996.

Guattari, Félix, ed., Sylvere Lotringer, *Chaosophy*, Semiotext(e), 1995.

La Boétie, *Le discours de la servitude volntaire*, Petite Bibliothéque Payot, 1993.

Negri and Hardt, *Multitude: War and Democracy in the Age of Empire*, The Penguin Press, 2004.

Negri, A., *Le Pouvoir Constituant*, Presses Universitaires de France, 1997.

Negri, A., M. Lazzarato & A. Corsani, *Le Bassin de Travail Immateriel(BTI) dans La Metropole Parisienne*, L'Harmattan, 1996.

Negri, A., M. Lazzarato & A. Corsani, *Le Bassin de Travail Immateriel(BTI) dans La Metropole Parisienne*, L'Harmattan, 1996.

Oury, Jean, *Vers une pedagogie institutionnelle*, Matrice, 2003.

Reich, Wilhelm, *The Function of the Orgasm*, The Noonday Press, 1973.

Reich, Wilhelm, *The Murder of Christ*, A Touchstone Book, 1953.

Rotello, Gabriel, *Sexual Ecology*, A Dutton Book, 1997.

Scruton, Roger, *Thinkers of the New Left*, Longman, 1985.

Steakley, James D., *The Homosexual Emancipation Movement in Germany*, Arno Press, 1975.

Sylbester, David, *Interview with Francis Bacon: The Brutality of Fac*, Thames and Hudson, 1995.

Turkle, Sherry, *Psychoanalytic Politics*, The MIT Press, 1981.

Viénet, René, *Enragés and Situationists in the Occupation Movement, France, May '68*, Autonomedia, 1992.

Watson, Janell, *Guattari's Diagrammatic Thought: Writing Between Lacan and Deleuze*, Continuum, 2009.

Wolff, *Magnus Hirschfeld: A Portrait of a Pioneer in Sexology*, Salem House Publishers, 1987.

가타리, 윤수종 옮김, 「노동운동과 생태학」, 『가타리와의 대화』(미출간), 2007.

가타리, 윤수종 옮김, 「분열분석의 방향으로」, 『비판』 3호, 박종철출판사, 1997.

가타리, 윤수종 옮김, 「분자적 무의식과 혁명」, 『가타리와의 대화』(미출간), 2007.

가타리, 윤수종 옮김, 「통합된 세계자본주의와 분자혁명」, 『진보평론』 26호(2005년 가을), 2005.

가타리, 윤수종 옮김, 『기계적 무의식』, 푸른숲, 2003.

가타리, 윤수종 옮김, 『분자혁명』, 푸른숲, 1998.

가타리, 윤수종 옮김, 『세 가지 생태학』, 동문선, 2003.

가타리, 윤수종 옮김, 『욕망과 혁명』, 문화과학사, 2004.

가타리, 윤수종 옮김, 『정신분석과 횡단성』, 울력, 2004.

가타리, 윤수종 옮김, 『카오스모제』, 동문선, 2003.

가타리 · 네그리, 조정환 옮김, 『자유의 새로운 공간』, 갈무리, 2007.

글리크, 박배식 · 성하운 옮김, 『카오스』, 동문사, 1993.

김연숙, 『레비나스: 타자윤리학』, 인간사랑, 2001.

김인애, 「프랑스 신좌파에 대한 비판적 고찰」, 이화여자대학교 교육대학원 석사논문, 1984.

네그리, 윤수종 옮김, 『귀환』, 이학사, 2006.

네그리, 윤수종 옮김, 『마르크스를 넘어선 마르크스』, 새길, 1994.

네그리 · 하트, 윤수종 옮김, 『제국』, 이학사, 2001.
들뢰즈, 하태완 옮김, 『감각의 논리』, 민음사, 1995.
라이히, 윤수종 옮김, 『성혁명』, 새길, 2000.
라이히, 윤수종 옮김, 『오르가즘의 기능』, 그린비, 2005.
라이히, 황선길 옮김, 『파시즘의 대중심리』, 그린비, 2006(오세철 · 문형구 옮김, 『파시즘의 대중심리』, 현상과인식, 1986).
레닌, V. I, 김영철 옮김, 『국가와 혁명』, 논장, 1988.
마투라나, 움베르토와 바렐라, 프란시스코, 최호영 옮김, 『인식의 나무』, 자작아카데미, 1995.
민진영, 「여성이 될 것인가? 여성되기를 할 것인가?」, 『진보평론』 31호, 2007년 봄, 2007.
발리바르, 「프로이트-마르크스주의의 교훈: 빌헬름 라이히의 『파시즘의 대중심리』에 관하여」, 윤소영 옮김, 『문화과학』, 제3호, 1993년 봄, 1993.
백산서당 편집부, 『프랑스 5월 혁명』, 백산서당, 1985.
베이컨, 최영미 옮김, 『화가의 잔인한 손』, 강, 1998.
베이트슨, 박대식 옮김, 『마음의 생태학』, 책세상, 2006.
杉村昌昭, 『分裂共生論』, 人文書院, 2005.
杉村昌昭, 『資本主義と横斷性』, インパクト出版會, 1995.
서관모, 「아주 특이한 '프로이트 마르크스주의'」, 『진보평론』, 22호, 2004년 겨울, 현장에서 미래를, 2004.
서울사회과학연구소 경제분과, 『한국에서 자본주의의 발전』, 새길, 1991.
서울사회과학연구소, 『사회주의 이론 · 역사 · 현실』, 민맥, 1991.
양희정, 「냉전 이데올로기와 미국 미술계」, 『진보평론』 8호, 현장에서 미래를, 2002.
요나스, H, 이진우 옮김, 『책임의 원칙: 기술 시대의 생태학적 윤리』, 서광사, 1994.
윤수종 외, 『우리 시대의 소수자운동』, 이학사, 2002.
윤수종, 「가따리의 삶과 사상」, 『비판』 3호, 박종철출판사, 1998.
윤수종, 「가타리의 생태학적 문제제기: 세 가지 생태학」, 『진보평론』, 35호, 2008년 봄, 2008.
윤수종, 「마르크스주의의 확장과 소수자운동의 의의」, 『진보평론』, 창간호, 현장에서 미래를, 1999년 가을, 1999.
윤수종, 「무의식분석의 새로운 시도」, 『경제와사회』, 제57호, 2003년 봄호, 한울, 2003.
윤수종, 「분자혁명과 투쟁방향」, 『비판』 3호, 박종철출판사, 1998.
윤수종, 「분자혁명론」, 제3회 마르크스코뮤날레 조직위원회 엮음, 『21세기 자본주의와 대안적 세계화』, 문화과학사, 2007.
윤수종, 「분자혁명에서 생태철학으로: 펠릭스 가타리의 사상추이」, 『진보평론』, 31호, 2007년 봄, 2007.
윤수종, 「성정치: 빌헬름 라이히의 활동을 중심으로」, 『진보평론』, 36호, 메이데이, 2008.
윤수종, 「안또니오 네그리의 정치경제학 비판」, 『비판』, 창간호, 1997.
윤수종, 「역자서문」, 네그리, 윤수종 옮김, 『야만적 별종』, 푸른숲, 1997.
윤수종, 「욕망과 혁명」, 『마르크스주의 연구』 6호, 2006년 제3권 제2호, 한울, 2006.
윤수종, 「제국시대의 대중운동」, 『마르크스주의 연구』, 창간호, 2004.
윤수종, 「제도요법과 집단적 주체성」, 서울사회과학연구소 편, 『탈주의 공간을 위하여』, 푸른숲, 1997.
윤수종, 「카오스모제의 생태학 2: 주체성생산에 관하여」, 『한국프랑스학회 발표집』, 2008년 11월 15일, 경상대학교 인문관, 2008.
윤수종, 「카오스모제의 생태학」, 『사회이론』, 제33호, 2008년 봄/여름, 한국이론사회학회, 2008.
윤수종, 「파업의 일상성」, 『진보평론』 3호, 2000년 봄, 2000.
윤수종, 「펠릭스 가타리의 실천활동에 대하여」, 『진보평론』, 32호, 2007년 여름, 2007.
윤수종, 『자유의 공간을 찾아서』, 문화과학사, 2002.
이구표, 「욕망의 형이상학에 거는 탈주체적 정치(학)의 포스트모던적 모험」, 『진보평론』, 창간호, 1999년 가을, 현장에서 미래를, 1999, pp. 408~412.
정수복, 「유럽 환경운동의 형성과 전개: 프랑스와 독일을 중심으로」, 『현대의 위기와 새로운 사회운동』, 문원, 1994.
카치아피카스, 윤수종 옮김, 『정치의 전복』, 이후, 2000.
페르바르트, 「'볼 수 없는 것'의 생태학」, 『세 가지 생태학』, 동문선, 2003.
푸코, 이규현 옮김, 『성의 역사』, 나남, 1990.

허재영, 「정신분석과 정치는 어떻게 만나는가?」, 『탈주의 공간을 위하여』, 푸른숲, 1997.

ガタリ 外, 『東京劇場: ガタリ, 東京を行く』, UPU, 1986.

ガタリ, 紛川哲夫 · 杉村昌昭 譯, 『政治から記號まて』, インパクト出版會, 2000.

ガタリ, 杉村昌昭 編譯, 『〈横斷性〉から〈カオスモーズ〉へ』, 東京: 大村書店, 2001.

ガタリ, 『分子革命』, 法政大學出版局, 1988.

ガタリ, 「我我の運動はいかなる國家權力にも從屬しない」, 小田實 · 郭東儀 編, 『韓國に自由と正義を!: 81韓國民主化支援緊急世界大會』, 第三書館, 1981.

출전

이미 발표된 글

2장: 「분자혁명에서 생태철학으로: 펠릭스 가타리의 사상 추이」, 『진보평론』, 제31호, 2007년 봄호, pp. 182~206.

3장: 「제도요법과 집단적 주체성」, 서울사회과학연구소 편, 『탈주의 공간을 위하여』, 푸른숲, 1997, pp. 156~191.

4장: 「욕망과 혁명」, 『마르크스주의 연구』, 6호, 2006년 제3권 제2호, 한울, pp. 108~135.

5장: 「분자혁명론」, 제3회 마르크스코뮤날레 조직위원회 엮음, 『21세기 자본주의와 대안적 세계화』, 문화과학사, 2007, pp. 770~794.

6장: 「무의식분석의 새로운 시도」, 『경제와사회』, 제57호, 2003년 봄호, 한울, pp. 227~255.

7장: 「카오스모제의 생태학」, 『사회이론』, 제33호, 2008년 봄/여름, 한국이론사회학회, pp. 33~59.

8장: 「펠릭스 가타리의 실천활동에 관하여」, 『진보평론』, 제32호, 2007년 여름호, pp. 303~324.

9장: 「카오스모제의 생태학 2: 주체성생산에 관하여」, 『한국프랑스학회 발표집』, 2008년 11월 15일, 경상대학교 인문관, pp. 45~66.

부록(서평)

이구표, 「욕망의 형이상학에 거는 탈주체적 정치(학)의 포스트모던적 모험」, 『진보평론』, 창간호, 1999년 가을, 현장에서 미래를, pp. 408~412.

서관모, 「아주 특이한 '프로이트 마르크스주의'」, 『진보평론』, 22호, 2004년 겨울, 현장에서 미래를, pp. 309~317.

찾아보기

ㅈ

ㅊ

ㅋ

ㅌ